Knaur

Über die Autorin:

Beryl Bender-Birch, Jahrgang 1943, lebt in New York und hat den Begriff Power-Yoga für das von ihr gelehrte Ashtanga-Yoga entwickelt. Sie ist eine der bekanntesten Yoga-Lehrerinnen in den USA und betreibt eine eigene Yoga-Schule in New York City.

Beryl Bender-Birch

POWER-YOGA

Wie Sie mit östlicher Yoga-Technik und westlichem Fitneß-Denken Körper und Geist trainieren

Aus dem Amerikanischen von Franchita Mirella Cattani

Knaur

Die amerikanische Originalausgabe erschien unter dem Titel »Power-Yoga«
bei Simon & Schuster, New York

Fotografien von Nicholas DeSciose

Vollständige Taschenbuchausgabe Januar 1999
Droemersche Verlagsanstalt Th. Knaur Nachf., München

Umschlaggestaltung: Agentur Zero, München
Umschlagillustration: Tony Stone, München/Brian Bailey
Druck und Bindung: Ebner Ulm
Printed in Germany
ISBN 3-426-82156-7

5 4 3 2 1

Inhalt

1. Teil · Das Harte und das Weiche

Ashtanga-Yoga – der achtfache Pfad

Im Februar 1981 besuchte ich in New York einen Yogakurs. Was ich an diesem Samstagmorgen erlebte, war eine völlig andere Form des Yoga als die mir bis dahin vertraute, die ich bereits seit zehn Jahren praktizierte. Norman Allen, ein Amerikaner, der gerade erst aus Indien zurückgekehrt war, leitete den Kurs.

Die erste Hälfte des Kurses bestand aus einer Demonstration. Allen und seine etwa fünfzigjährige Assistentin begannen mit Aufwärmübungen. Diese Übungen, auch Sonnengruß genannt, waren mir zwar bekannt, aber was ich nun zu sehen bekam, unterschied sich tiefgreifend von dem, was ich bislang selbst geübt und gelehrt hatte. Dann folgte eine Serie von Yogastellungen – oder *Asanas,* wie sie im Sanskrit heißen –, wobei Allen und seine Helferin die einzelnen Stellungen zu einer fließenden Abfolge ohne Pausen dazwischen miteinander verbanden.

Ich war völlig fasziniert von diesem jugendlich wirkenden Mittvierziger und konnte kaum glauben, daß das, was er da vorführte, wirklich Yoga sein sollte. Denn die Stellungen erschienen mir viel mehr als sonst üblich mit Kraftanstrengung verbunden zu sein, sie waren eine Art Balance zwischen Anspannung und Elastizität, zwischen hart und weich. Mir wurde schlagartig bewußt, daß ich das selbst lernen mußte. Die Vorführung motivierte mich wie noch keine andere Yogaform zuvor.

Noch nie hatte ich eine so harmonische Verbindung von Kraft, Anmut und Gleichmaß gesehen. An keiner Stelle war der Bewegungsablauf unterbrochen, die Asanas flossen förmlich wie ein Tanz dahin. Mir wurde klar, daß ich genau danach viele Jahre lang gesucht hatte. Es erschien mir so vertraut wie etwas, das man verloren hat und Jahre später wiederfindet. Als ich mit den anderen Teilnehmern dann in der zweiten Hälfte des Kurses die Übungen selbst durchführte, fühlte ich mich, als wäre ich heimgekehrt.

Die spezielle Yogaform, die ich an jenem Tag kennenlernte, war der *Ashtanga-Yoga.* Im Sanskrit bedeutet *ashtanga* «achtgliedrig», von *ashta,* «acht», und *anga* «Glied» oder «Teil». Der Begriff «Achtgliedriger Yoga» bezieht sich auf den klassischen achtgliedrigen Yogapfad, der in den berühmten *Yoga-Sutras* des Patanjali beschrieben wird. Dieser Text entstand vermutlich zwischen 400 und 200 v. Chr. Patanjali, ein großer Philosoph und spiritueller Führer, «erfand» den Yoga nicht, sondern verglich damals existierende Techniken miteinander und systematisierte sie. Dadurch wurde der Yoga in den Rang eines philosophischen Systems erhoben und als eine der sechs Schulen der indischen Philosophie anerkannt.

Die meisten der Stellungen, die Norman Allen vorführte, kannte ich bereits. Sie waren nicht neu für mich, aber was war es dann, das meine Aufmerksamkeit fesselte? Allmählich fand ich heraus, daß das Besondere daran in einer Vielzahl verschiedener

Aspekte bestand. Einer davon war *Vinyasa,* die Verbindungsbewegung zwischen den einzelnen Asanas, ein anderer ihre Abfolge oder, wie es im Ashtanga-Yoga heißt, die «Serie». Hinzu kamen noch die kraftvolle Atmung und die daraus resultierende Körpererwärmung. Alle diese Aspekte zusammen machten das Einzigartige dieser Yogaform aus. Außerdem lag die Betonung nicht darauf, elastisch auszusehen oder seinen Körper sonderbar zu verrenken, sondern auf Kraft und Gleichmäßigkeit, Konzentration und Rhythmus. Norman Allen bei seinen Übungen zu beobachten war, als ob man einem Kunstturner zusähe. Während er scheinbar mühelos und ohne Unterbrechung eine anstrengende und anspruchsvolle Asana-Serie absolvierte, begann sein Körper vor Schweiß zu glänzen. Nie zuvor hatte ich jemanden bei Yogaübungen so kontinuierlich schwitzen sehen.

Norman Allen war der erste Nichtinder, der Ashtanga-Yoga bei Sri K. Pattabhi Jois lernte, einem bekannten Sanskritgelehrten und Yogi, der aus einer wohlhabenden Brahmanenfamilie im südindischen Mysore stammte.

In den dreißiger Jahren studierte Jois Yoga bei dem berühmten Krishnamacharya, dessen Hauptschüler er wurde. Krishnamacharya entwickelte eine spezielle Yoga-Schulung, die wieder an den uralten Wurzeln anknüpfte und die er deshalb Ashtanga-Yoga nannte; diese Form des Yoga war es, die Norman Allen bei K. Pattabhi Jois erlernte und später nach Amerika mitbrachte.

Der Übungsbeginn

Das einzige, was ich mit Sicherheit sagen kann, ist, daß ich von dieser Art Yoga sofort hingerissen war. Ich interessierte mich nicht dafür, ob sein Ursprung in einem alten heiligen Text, vergleichbar den Qumran-Rollen, zu suchen sei oder in einer untergegangenen Kultur wie Atlantis oder ob es sich einfach jemand ausgedacht hatte. Die Entdeckung, die ich an jenem Tag machte, hatte etwas sehr Aufregendes für mich, obwohl ich schon seit Jahren selbst Yoga praktizierte und lehrte. *Hatha-Yoga* ist der allgemein übliche Fachbegriff, wenn man von Yoga als einer Form der Körperschulung spricht. *Hatha* wird allgemein als «Kraft» oder «kraftvoll» übersetzt, und schon seit langem lehrte ich in meinen Yogakursen eine Technik, bei der es auch auf Krafteinsatz ankommt, besonders wenn ich mit Skiläufern arbeite. Aber irgendwas fehlte noch, und genau das hatte ich nun gefunden.

Am Tag nach der Vorführung nahm ich bei Norman Allen das Studium des Ashtanga-Yoga auf. Zwei Jahre lang war ich eine eifrige Schülerin, doch dann zog er weit weg von New York, und ich sah ihn nie wieder. Als ich die Gelegenheit hatte, machte ich seinen Lehrer, Sri K. Pattabhi Jois, ausfindig und verbrachte im Laufe der Jahre viele Monate mit ihm. In dieser Zeit erfuhr ich einiges über die Ursprünge dieser außergewöhnlichen Yoga-Form.

Dabei lernte ich, daß ein langsamer Beginn wichtiger ist als die technische Seite; Tag für Tag sollte man das üben, was man kann, und sich auf den Augenblick konzentrieren. Die Ausbildung von Kraft und Disziplin gleicht dem Erbauen einer Sandburg: Schaufel für Schaufel Sand aufeinander häufen, eine nach der anderen. Rückblickend denke ich, daß es die Disziplin war, was mich am Ashtanga-Yoga anzog, besser gesagt, die Art und Weise, wie dieser Yoga mich in die Lage versetzte, Genauigkeit und Disziplin zu erlernen. Das Übungssystem zwang mich, in ständiger Wachsamkeit zu praktizieren, was sich nach und nach auf alle Bereiche meines Lebens übertrug.

In den siebziger und achtziger Jahren wurde Yoga so gelehrt, daß man eine Körperhaltung einnahm, eine Pause machte, die nächste Haltung ausführte, wieder eine Entspannungspause einlegte und so weiter. Ich hatte stets den Eindruck, als würde der Übungsablauf immer wieder unterbrochen, kaum daß er begonnen hatte. Man ist ein paar Minuten bei der Sache, und dann kann der Geist schon wieder abschweifen. Dies ändert sich zwar gegenwärtig, teils wegen des Einflusses des Ashtanga-Yoga, teils weil die Erfordernisse sich mit der Zeit gewandelt haben, aber in der Regel wird Hatha-Yoga weiterhin so bruchstückhaft gelehrt. Für Anfänger ist diese Methode geeignet, doch niemand wird damit je die tiefere Yoga-Erfahrung machen, nämlich die Errichtung und Aufrechterhaltung wirklicher Geistesruhe bzw. die bewußte Kontrolle der

gedanklichen Aktivität. Mir jedenfalls ist dies nie gelungen.
Im Ashtanga-Yoga hingegen geht es nicht darum, sich ein oder zwei Minuten lang zu konzentrieren, um sich dann wieder zu entspannen, sondern darum, geistige Ausdauer zu entwickeln. Der Körper wird auf physische Ausdauer trainiert, damit er die Übungen ohne Pause hintereinander ausführen kann. Noch wichtiger ist jedoch die Auswirkung beständiger Praxis auf den Geist, weil dieser darauf trainiert wird, während der Dauer der Übung voll konzentriert zu bleiben. Dieser Gesichtspunkt war für mich schon damals entscheidend. Heute, viele Jahre später, nach Tausenden von Übungsstunden und intensivem Studium der Yoga-Literatur, in erster Linie der *Yoga-Sutras,* bin ich zu meinem eigenen Verständnis des authentischen und ursprünglichen Bedeutungsgehalts des Hatha-Yoga gekommen.

«Focus»

Im Jahre 1971 schenkte mir mein Freund Edward Ruscha, ein Künstler aus Los Angeles, eines seiner Gemälde, das er «Focus» nannte. Es hängt immer noch über meinem Schreibtisch. Obwohl mein Leben zu jener Zeit eigentlich in recht geordneten Bahnen verlief, konnte ich mit der Wortbedeutung nicht viel anfangen. Erst viel später kam ich dahinter, welchen Bezug dieses Wort zu meiner eigenen Situation hatte. Ich versuchte etwas zu erlernen, das mich vom ersten Moment an magisch anzog. Aber ich wollte möglichst rasch am Ziel sein. Ich wußte nicht, wie ich die nötige Disziplin aufbringen sollte, um das Ziel zu erreichen. Also begann ich einfach zu üben. Ich fing nicht mit dem Kopfstand oder Rückwärtsbewegungen an, sondern mit Aufwärmübungen, wie Sie es im 3. Teil ebenfalls lernen werden. Dann ging ich zu den Haltungen im Stehen über, die den Einstieg in die erste Übungsfolge bilden und die Grundlage des Ashtanga-Yoga darstellen. Wie jeder, der sich damit beschäftigt, werden auch Sie feststellen, daß einige Haltungen leichter und andere schwieriger sind. Zunächst dürfte es wohl eine ziemliche Mühe für Sie sein, aber nach einiger Zeit, wenn Sie den Ablauf und die korrekte Ausrichtung beherrschen, werden Sie bemerken, wie Ihre Kraft, Elastizität und Konzentrationsfähigkeit zunehmen.

Die frühen Jahre

Ein Jahr nachdem ich mein Studium des Ashtanga-Yoga aufgenommen hatte, begann ich selbst Kurse darin zu geben. Norman Allen hatte diese Yogaform als das «einzig Wahre» bezeichnet, Pattabhi Jois sprach von der «korrekten Methode»; etwas anderes zu praktizieren oder zu lehren wäre für mich undenkbar und nichts als Zeitverschwendung gewesen. Der erste Ort, wo ich Power-Yoga, wie ich es mittlerweile nannte, unterrichtete, war der New York Road Runners Club (NYRRC). Anfangs hatte ich Bedenken, es überhaupt als Yoga auszugeben, weil ich befürchtete, dieser Begriff könnte negativ besetzt sein, denn es gibt immer noch Menschen, die Vorurteile gegen asiatische Religiosität hegen. Deshalb nannte ich mein Programm «Das Harte und das Weiche».
Der NYRRC hatte gerade ein Haus in der Nähe des Central Park gekauft, und die ersten Jahre hielt ich dort meine Kurse ab. Der Übungsraum faßte maximal fünfzehn Teilnehmer, von denen jeder genug Platz hatte. Doch als sich der Kurs langsam unter den Läufern herumsprach und die Teilnehmerzahl sich erhöhte, mußten wir in eine größere Halle im gleichen Gebäude umziehen. Je mehr Läufer ich in meinem Kurs sah, desto deutlicher wurde mir, wie dringend sie dieses Programm brauchten. Sie waren furchtbar verspannt und plagten sich außerdem ständig mit Verletzungen herum, die nicht nur von ihrem Training herrührten, sondern auch von Muskelverhärtungen, Fehlhaltungen und sonstigen Unausgeglichenheiten.
In den frühen achtziger Jahren kamen die Leute praktisch nur dann in den Kurs, wenn sie sich eine Verletzung zugezogen hatten. Das Power-Yoga-Training glich damals eher einer Rehabilitationsmaßnahme für kranke Läufer. Ich konnte eingehend beobachten, mit welchen Blessuren sie die Übungen begannen: mit Gelenkschmerzen, Rückenbeschwerden, Muskelrissen, Sehnenentzündungen, Zerrungen und Verstauchungen. Aber ich konnte auch

feststellen, wie sich ihre Leiden besserten, wie Bewegungsfähigkeit, Behendigkeit, Flexibilität, Kraft, Lungenkapazität, Ausdauer und Körpergefühl zunahmen.

Ordnung, Fließen und Hitze

Als Gesundheitsdirektorin des NYRRC, der weltweit über 30 000 Mitglieder zählt, habe ich über die Jahre Hunderte von sogenannten Dehnübungen, Trainingsanleitungen, Fitneßprogrammen und ähnliches zur Begutachtung und Auswertung auf meinem Schreibtisch gehabt. Viele davon versprachen wortreich, Schnelligkeit, Bewegungsablauf, Kraft und Geschmeidigkeit zu steigern und eine stattliche Reihe von allen möglichen Sportverletzungen zu kurieren. Doch aus verschiedenen Gründen war kein Programm, kein Gerät, kein Patentrezept – einfach nichts – so vollständig, wirkungsvoll, gründlich und abgerundet wie der Ashtanga-Yoga.

Erstens ist diese Übungsabfolge äußerst ausgewogen. Die Haltungen innerhalb einer Folge ergänzen einander und führen gleichermaßen zu Kraft und Dehnbarkeit. Ashtanga-Yoga stellt die ausgefeilteste Körpertherapie dar, die ich je kennengelernt habe. Ich habe jede Haltung der ersten Folge (der ersten Gruppe von Asanas) im Detail analysiert und sie nicht nur als Einheit in sich, sondern auch als Teil eines synergetischen Systems untersucht. Nach vielen Jahren der Praxis und Lehre bin ich immer noch über die Bedeutung dieses Systems verblüfft. Zweitens finde ich die Idee, die Haltungen untereinander durch verbindende Bewegungen und eine Atemtechnik zu verknüpfen, um den Gesamtablauf fließend und lebendig zu gestalten, bemerkenswert. Dieses Konzept eines ununterbrochenen Fließens (Vinyasa) im Einklang mit einer kraftvollen Atmung unterscheidet diese Yogaform grundsätzlich von allen anderen. Dadurch wird im Körper Wärme erzeugt und aufrechterhalten, was den Heilungs- und Therapieprozeß ermöglicht. Vinyasa und die besonderen Atemtechniken, die im 2. Teil erläutert werden, sowie die in späteren Kapiteln behandelten Achtsamkeitsübungen verleihen diesem Yoga seinen besonderen Charakter.

Von jeher bezieht sich das Wort «Yoga» auch auf das spirituelle Bestreben, den Geist zu kontrollieren und auszurichten. Dazu sind hingebungsvolle Praxis und volle Bewußtheit notwendig. In den *Yoga-Sutras* sagt Patanjali, Yoga sei das Zur-Ruhe-Bringen aller Bewegungen im Bewußtsein (Vritti), was unbeirrbare Übung (Abhyasa) und Nicht-Anhaften (Vairagya) erfordere. Yoga beseitigt die Schwankungen unseres Bewußtseins, es bewirkt, daß man in jedem Augenblick standhaft, gesammelt und gegenwärtig ist. Wenn Sie die Haltungen und das Atmen wirksam üben wollen, müssen Sie mental im Hier und Jetzt verweilen; Sie können nicht Gedanken an die Vergangenheit oder Zukunft nachhängen. Sobald Sie Ihre Übungen nicht eben als geordnete Abfolge von Bewegungen und Haltungen ausführen, verlieren Sie Ihre Konzentration und tendieren unwillkürlich dazu, an etwas anderes zu denken. Das lenkt Sie immer wieder aufs neue ab. Nur bei ohne Unterbrechung dahinfließenden Übungen ist es möglich, die geistige Dimension des Yoga zu erfahren. Beständigkeit und innere Sammlung sind die Grundvoraussetzungen und ein integraler Bestandteil des Trainings, sie geben ihm seine ideale Form.

Drittens handelten die Yogis schon vor Tausenden von Jahren nach der Erkenntnis der heutigen Sportmedizin, daß Dehnübungen ohne entsprechende Muskelerwärmung reine Zeitvergeudung sind. Anfang der achtziger Jahre stand ich allein da mit der Behauptung: «Um sich zu dehnen, muß der Körper erwärmt sein» (1. Grundsatz des Power-Yoga). Zu jener Zeit dachten die meisten noch, daß Dehnübungen dazu dienten, sich vor der sportlichen Betätigung aufzuwärmen, und nicht umgekehrt. Der nächste Schritt, den ich in diesem Buch vorstelle, besteht darin, daß man nicht nur warm sein muß, um sich zu dehnen, sondern auch *während* des Dehnens warm bleiben soll – und zwar so warm, daß man schwitzt. Mit dem Dehnen und Strecken geht eine kontinuierliche Kraftarbeit einher.

In meinen Kursen erwähne ich oft, daß für einen aktiven Sportler oder fitneßbewußten Menschen nichts sinnloser ist als die herkömmliche Art der Körperdehnung. Genausogut könnte man zu Hause bleiben und Gummibärchen essen, in der Erwartung, dadurch biegsamer zu werden.

Ich kenne in der sportmedizinischen Literatur keine einzige Studie, die belegen würde, daß das übliche Dehnen auch nur das geringste bewirkt. Warum nicht? Weil alle diese Studien offensichtlich von einem halbherzigen, passiven Strecken ausgegangen sind, das oft noch mit kalten oder nur schwach erwärmten Muskeln ausgeführt wurde. Vor allem athletisch gebaute Menschen ziehen daraus keinerlei Nutzen.
Viele Leichtathleten, Männer wie Frauen, haben es mit dem einen oder anderen Dehnprogramm versucht, mit dem Ergebnis, daß sie sich dabei verletzen oder das Gefühl hatten, wertvolle Trainingszeit zu verlieren. Außerdem hat das Dehnen den Ruf, wegen seiner Sanftheit eher etwas für Frauen zu sein. Männliche Trainer und Sportler denken gern, das sei nichts für «echte» Männer. Dies hat immerhin den Vorteil, daß es stark verspannte Athleten oft davor bewahrt, sich beim Strecken zu verletzen.
Es ist schon merkwürdig: Viele Menschen fühlen sich steif und sind demzufolge der Meinung, sie sollten elastischer sein. Aber wenn man einen aktiven Sportler fragt, ob er Dehnübungen praktiziert, werden nur wenige stolz antworten: «Ja, ich mache meine Übungen sehr gewissenhaft.» Die meisten jedoch schauen betreten drein und reden sich heraus.
Wir sind tatsächlich zu verspannt, und unser Gefühl, wir müßten biegsamer sein, hat seine Berechtigung. Denn Elastizität verhindert Verletzungen und verbessert die Leistungsfähigkeit. Doch leider sind die verfügbaren Dehnübungen überwiegend nutzlos. Um die negativen Auswirkungen unserer Fitneßanstrengungen auszugleichen – verkürzte Muskeln, verminderte Beweglichkeit und ein unausgewogener Körperbau –, müssen wir mehr tun, als uns nach einem Lauf ein bißchen aufzulockern oder vorher etwas herumzuhüpfen.
Die Hauptfrage lautet demnach, wie wir dehnen können, ohne uns dabei zu verletzen. Die Antwort: Praktizieren Sie Power-Yoga! Als Folge des Kraftzuwachses wird der Körper dann auch dehnbarer. Der 2. Grundsatz des Power-Yoga besagt: «Kraft, nicht Schwerkraft fördert die Biegsamkeit.» Ohne Einsatz von Kraft entsteht keine Wärme, und folglich sind die Dehnübungen weder effektiv noch sicher – sie sind nicht einmal auf vernünftige Weise möglich.

Alle Sportverletzungen entstehen durch Unausgewogenheit

Ein Yoga-Programm, dessen Ziel Aufbau und Erhalt von Kraft, Flexibilität, Fitneß und Gesundheit ist, kann man in der heutigen Sportwelt lange suchen. Deshalb breitet sich Power-Yoga in den USA unter Sportlern wie ein Lauffeuer aus – es gibt offenbar ein großes Bedürfnis danach. Sport allein ist nämlich keine Lösung, wenn man wirkliche Fitneß und Ausgeglichenheit erreichen will. Natürlich bedeutet Sport auch Spaß, wir können uns bewegen und sind in der freien Natur. Einige Sportarten haben sogar einen echten gesundheitlichen Nutzen. Aber wenn man Sport treiben will, um eine bessere Figur zu bekommen oder an Gewicht zu verlieren, oder wenn man Wert auf Fitneß legt und regelmäßig trainiert, dann sollte man sich an den 3. Grundsatz des Power-Yoga erinnern: «Sport bringt den Körper nicht in die richtige Form.» Sport erzeugt steife Muskeln und ein körperliches Ungleichgewicht, weil im Training die einzelnen Muskelpartien oder eine Körperseite ungleichmäßig beansprucht werden. Laufen zum Beispiel ist gut für das Kreislaufsystem, aber es versteift die Kniegelenkbeuger und bezieht den Rest des Körpers kaum in die Bewegung ein. Und jede intensive, ungleichmäßige Belastung der Muskeln führt zu irgendeiner Unausgeglichenheit im Körper.
Je härter man trainiert, desto steifer wird der Körper – dies gilt für nahezu jeden Sport. Einen positiven Aspekt gibt es dabei, besonders wenn man gerade erst angefangen hat, Sport zu treiben: Das Gewicht wird reduziert, und man fühlt sich besser in Form. Die Kehrseite ist jedoch, daß man sich ohne eine Ergänzung durch Power-Yoga mit großer Wahrscheinlichkeit früher oder später verletzen wird und das Training zeitweise aufgeben muß oder gezwungen ist, nach einer anderen Sportart Ausschau zu halten.
Das fehlende Bewußtsein für ein bereits vorhandenes Ungleichgewicht oder für die Notwendigkeit

eines umfassenden Fitneßtrainings und was dazugehört, führt unweigerlich zu Sportverletzungen. Der 4. Grundsatz des Power-Yoga bringt deshalb klar zum Ausdruck: «Alle Sportverletzungen entstehen durch Fehlhaltungen und einseitige Muskeltätigkeit», jene Verletzungen natürlich ausgenommen, die durch Unfall geschehen. Wenn Sie im unausgewogenen körperlichen Zustand ein Training aufnehmen, sei es, daß Sie den Körper jahrelang falsch gehalten haben, daß Sie eine alte Verletzung mit sich herumtragen oder konstitutionell geschädigt sind, wird sich die Unausgewogenheit irgendwann schmerzhaft bemerkbar machen.

Weil viele Athleten die altmodischen Dehnübungen nicht mögen, keine Zeit dafür haben oder nichts davon halten, werden ihre Körper fester und fester. Zuerst stellen sie das vielleicht erfreut fest, aber dann folgt die Ernüchterung. Sie fühlen sich steifer und steifer. Wehmütig denken sie daran zurück, wie sie ihre Zehen mit den Händen berühren konnten, bevor sie zu trainieren begannen. Morgens quälen sie sich aus dem Bett, nehmen eine heiße Dusche und steigen in ihren Trainingsanzug, nachdem sie vielleicht sogar noch ein oder zwei Schmerztabletten geschluckt haben. Sie laufen durch die Stadt und suchen einen Chiropraktiker, Physiotherapeuten oder Orthopäden. Ihr Training geben sie erst dann auf, wenn sie Lähmungserscheinungen bekommen, zum Invaliden werden oder einen Schicksalsschlag erleiden, und manchmal auch dann noch nicht. Obwohl eine chronische Verletzung meistens schleichend fortschreitet – in dem Maß, in dem der Körper außer Form gerät –, kann plötzlich der Tag kommen, an dem die Unausgewogenheit als peinigender Schmerz hervorbricht. An diesem Punkt haben wir keine andere Wahl mehr, als etwas gegen die Unausgewogenheit zu unternehmen oder unser Training abzubrechen. Wenn wir aufmerksamer gewesen wären, hätten wir eventuell die trainingsbedingte, langsam zunehmende Einschränkung unserer Beweglichkeit und Spannkraft wahrnehmen können. Aber für gewöhnlich sind wir nicht aufmerksam, und wenn, dann ignorieren wir die Symptome. Wir wollen trainieren, wir wollen fit sein und fit bleiben, weil wir uns dann gut fühlen. Dafür nehmen wir gerne ein paar Unannehmlichkeiten in Kauf. Aber unvermittelt ist es da: ein deutlicher Schmerz und, schlimmer noch, eine Verletzung! Verletzungen sind ein sehr wirksames Mittel unseres Körpers, um unsere Aufmerksamkeit zu erzwingen.

Ausgleichstraining ist nicht die Lösung

Wie korrigieren wir nun körperliche Unausgewogenheiten? In der Hoffnung, daß sie dadurch ihre Verletzungsanfälligkeit reduzieren, beginnen manche mit einem Ausgleichstraining, das den Körper in Form halten soll, während die Muskeln, die für die Hauptsportart benötigt werden, sich erholen können. Sie handeln nach dem Motto: Wenn ich schon nicht laufen kann, will ich wenigstens radfahren oder schwimmen.

Das kann helfen, ist aber nicht der Weisheit letzter Schluß. Obwohl die Wirkungen eines einseitigen Spezialtrainings auf diese Weise ausgeglichen werden können und man auch in einer Verletzungsphase nicht gänzlich auf Sport verzichten muß, ist ein bloßer Trainingswechsel keine ausreichende Antwort auf die komplexen Zusammenhänge zwischen Vorbeugung, Erholung und Ausgewogenheit. Zwei Gründe sprechen grundsätzlich dagegen. Zum einen, und dics ist äußerst wichtig, behebt eine Trainingspause nicht die Funktionsstörungen, die durch eine bestimmte Sportart ausgelöst oder verstärkt wurden. Die Ruhigstellung unterstützt zwar die Ausheilung von Bindegewebs- und Muskelverletzungen, beseitigt aber nicht die Ursache des Problems. Sobald man wieder mit dem Training beginnt, wird die gleiche Störung stets zu den gleichen Verletzungen führen. Zu feste Muskeln werden nicht automatisch locker, und Verspannungen verschwinden nicht von selbst. Jemand, der in seiner Schulzeit ein aktiver Leichtathlet war und sich anschließend nicht mehr sportlich betätigt hat, weist zwanzig Jahre danach genauso steife Muskeln auf wie an dem Tag, als er sein Training beendete. Sogar sportbedingte Verletzungen, die er in Schülertagen hatte, können Jahrzehnte später wieder aufbrechen, falls er die gleichen Bewegungsabläufe ausführt wie damals.

Stellen Sie sich zum Vergleich vor, Sie seien mit Ihrem Auto durch ein tiefes Schlagloch gefahren und die vordere Achse wäre leicht beschädigt. Sie fahren weiter, ohne den Schaden zu registrieren. Einige Tage später platzt ein Vorderreifen, weil er sich durch die verstellte Spur zu stark und ungleichmäßig abgenutzt hat. Nun müssen Sie eine Zwangspause einlegen (die Verletzung kurieren), bis Sie den Reifen gewechselt haben (die Schmerzen vergehen). Da die Spur nicht neu eingestellt wurde, haben Sie wahrscheinlich den Ersatzreifen auch bald ruiniert.

Diesen Vergleich bringe ich in jedem meiner Anfängerkurse. Dann frage ich, ob jemand ähnliche Erfahrungen gemacht hat, also sich einmal verletzt hat, eine Ruhepause einlegte, das Training wieder aufnahm und sich erneut an derselben Stelle verletzte.

Erstaunlicherweise bejahen jedesmal Dutzende von Teilnehmern meine Frage.

Daraus können wir die Schlußfolgerung ziehen, daß es darum geht, den Körper zu stärken! Oder wie es im 5. Grundsatz des Power-Yoga heißt: «Muskuläre Unausgewogenheit und Fehlhaltungen verschwinden nicht von allein.» Sie müssen etwas tun, und zwar das Richtige. Wenn Sie als Mutter Ihr Baby zwei Jahre lang auf einer Seite getragen haben, nun eine aktive Joggerin sind und sich mit Knieproblemen plagen, dann können Sie entweder noch ein Baby bekommen und es zwei Jahre lang auf der anderen Seite tragen, oder Sie können einfach Power-Yoga üben.

Der zweite Grund, der dagegen spricht, bei Verletzungen Abhilfe in einem Wechsel der Sportdisziplin zu suchen, liegt darin, daß biomechanisch gesehen keine Trainingsart perfekt und vollständig durch eine andere ausgeglichen wird. Dies gelingt immer nur annähernd. Skilanglauf und Jogging ergänzen sich relativ gut, Basketball und Jogging weniger. Bei einigen Disziplinen werden die Muskeln in sinnvoller Weise abwechselnd benutzt, wie beim Rollschuhlaufen und Radfahren oder Bergsteigen und Rudern, während Radfahren und Dauerlauf wiederum kaum einen Ergänzungseffekt hervorbringen. Außerdem haben die meisten Sportler wenig Neigung, ihre Trainingsprioritäten so weitgehend zu verändern, daß sie den Verlust ihres hart erarbeiteten Leistungsstands in ihrer Lieblingsdisziplin riskieren würden. Nur ein Programm, das speziell darauf angelegt ist, Kraft und Elastizität harmonisch aufzubauen und aufeinander abzustimmen, taugt als Gegenmittel gegen die negativen Folgen des Sports und zur Erhaltung unserer Gesundheit.

Hartes wird weich, wenn man es erwärmt

Wenn die Stoßstange unseres Autos verbeult ist, lassen wir sie in einer Reparaturwerkstatt wieder geradebiegen. Dies geschieht durch Erhitzen und anschließendes Neuformen der schadhaften Stelle. Ganz ähnlich verhält es sich mit dem menschlichen Körper: «Hartes wird weich, wenn man es erwärmt» (6. Grundsatz des Power-Yoga). Bei vielen Menschen, die seit Jahren trainieren, fühlen sich die Muskeln und das Bindegewebe «eisenhart» an. Die einzige Möglichkeit, dies rückgängig zu machen, besteht darin, das «Material» zu erwärmen und es wieder «geradezubiegen». Nehmen wir einmal an, Sie hätten eine ernsthafte Verletzung und müßten sich in die Behandlung eines Chirurgen begeben. Der Chirurg könnte Knochen, Bänder oder Muskeln operieren, aber das Gewebe wäre nicht mehr so elastisch und geschmeidig wie vorher. Die betreffende Körperstelle wird die Verletzungsfolgen so lange aufweisen, bis Sie sich entschließen, etwas dagegen zu tun.

In der Regel sind unsere Verletzungen nicht traumatisch, dennoch verspüren wir Schmerzen. Um sich Erleichterung zu verschaffen, nehmen viele die Hilfe eines Sportmediziners oder Orthopäden in Anspruch und hoffen dabei auf ein Wunder. Der Arzt informiert uns vielleicht darüber, wo die Ursachen unserer Beschwerden liegen, und wenn er ein Anhänger der Schulmedizin ist, wird er uns Pillen, Schmerztabletten, Entspannungsmittel oder Entzündungshemmer verschreiben. Und dann? Bestenfalls sind wir unsere Schmerzen, Krämpfe oder Entzündungen losgeworden, aber höchstwahrscheinlich nicht die zugrundeliegende Störung. Die Chirurgie mag ein Organ wieder ins Gleichgewicht bringen, doch ein Arzneimittel sicherlich nicht!

Selbst eine ausgiebige Erholung ist keine Dauerlösung, denn der 7. Grundsatz des Power-Yoga belehrt uns: «Ein Trainingsstopp allein behebt noch

kein Ungleichgewicht.» Während der Rekonvaleszenz kann die Verletzung ausheilen, aber sobald wir wieder Sport treiben, kehren die Symptome zurück. Die Erklärung dafür ist einfach: In einer schlecht eingestellten Maschine reiben die beweglichen Teile gegeneinander; in bezug auf den Körper heißt das, wir empfinden Schmerzen. Solange wir unseren Bewegungsapparat nicht neu justieren, bringt eine Trainingsunterbrechung nur vorübergehende Linderung, denn sobald wir wieder anfangen, funktioniert die Biomechanik wie zuvor.
Das läßt sich nur abstellen, wenn wir das Übel an der Wurzel packen. Sie müssen die kranke Stelle «kneten wie einen Brotteig» und das Trauma förmlich herausmassieren. Dehnen und kontrahieren Sie das Gewebe in alle Richtungen. Aber die Umformung und Neugestaltung kann nur gelingen, wenn Sie während der Körperarbeit für genügend Wärme sorgen. Ohne eine gründlich aufgewärmte Muskulatur ist ein sicheres Üben zum Zweck der optimalen Ausrichtung des Körpers nicht gewährleistet.

Die innere Alchemie

Das wichtigste Element des Power-Yoga-Trainings, das es als Körpertherapie so besonders geeignet macht, ist Hitze. Sie wissen wahrscheinlich, was ein Glasbläser aus erhitztem Glas alles herzustellen vermag, wie er es zu ganz verschiedenen Kunst- und Gebrauchsgegenständen formen kann. Ohne Hitze wäre diese Bearbeitung des Glases nicht möglich.
Hitze vermag jedoch noch mehr, als uns zu ermöglichen, unseren Körper gefahrlos zu trainieren. Wenn wir uns während der Übungen richtig aufwärmen, wird das Bindegewebe geschmeidig. Die Muskeln geben nach und lassen sich formen. In diesem Zustand beginnen wir mit der Umformungsarbeit. Körperstellen, die lange Zeit verhärtet waren oder vielleicht durch altes Narbengewebe undurchlässig geworden sind, öffnen sich und werden wieder normal durchblutet. Das vernarbte Gewebe, Ablagerungen und andere Nebenprodukte des seinerzeitigen Heilungsprozesses werden nun herausgespült, zusammen mit Umweltgiften, die sich im Körper angesammelt haben.
Yoga löst die Verhärtungen und unterstützt die Stoffwechseltätigkeit, so daß die Zellen Nährstoffe erhalten und Giftstoffe abgeben können. Daher bewirken die Übungen nicht nur die Gesundung verletzter Bereiche und die Wiederherstellung ihrer normalen Funktion, sondern auch eine Entgiftung und Vitalisierung des ganzen Körpers.
Gold wird zunächst als Erz zutage gefördert. Dies sieht schmutzig aus und erinnert kaum an goldene Ringe oder Ketten, wie wir sie kennen. Um es von den Fremdpartikeln zu reinigen, muß es erhitzt werden, ohne Hitze läßt sich Gold nicht in reiner Form gewinnen. In vergleichbarer Weise verfahren wir mit unserem Körper, wir erzeugen Hitze, um ihn innerlich zu säubern und die unerwünschten Stoffe auszuscheiden: das ist die innere Alchemie.
Jede Verletzung, gleich, ob chronisch oder akut, ist von irgendwelchen Ablagerungen umgeben. Die durch Power-Yoga hervorgebrachte Wärme weicht die Ablagerungen auf, und anschließend können die Gewebe, Gelenke und Knochen sie abstoßen und ihren Ursprungszustand wiedererlangen.
Wenn wir spüren, daß etwas mit uns nicht in Ordnung ist, hoffen wir meist auf medizinische Hilfe. Manchmal kann uns wirklich geholfen werden, aber die Yogapraxis lehrt uns, daß wir über ein großes Selbstheilungspotential verfügen. Eine aktive Teilnahme am Heilungsvorgang ist häufig das entscheidende Element einer medizinischen Behandlung und der beste Garant für eine dauerhafte Gesundheit.

Yoga ist durch nichts zu ersetzen

Die erste Übungsfolge des Ashtanga-Yoga heißt in Sanskrit *Yoga-Chikitsa,* was «Yogatherapie» bedeutet. Der Hauptzweck der ersten Folge besteht darin, den Körper richtig auszurichten und ihn vor Verletzungen zu schützen bzw. ihn davon zu heilen. Meines Wissens funktioniert keine andere Methode so gut und zuverlässig.
Wenn Sie sich beispielsweise beim Jogging verletzt haben, können Sie eine Weile radfahren, um sich auszukurieren und in dieser Zeit Ihre Kondition nicht zu verlieren. Obwohl Radfahren ein großartiger Sport ist, trägt es an sich nichts dazu bei, die Verletzung zu heilen. Oder nehmen Sie an, Sie

hätten eine Schienbeinabsplitterung. Ihr Arzt könnte Ihnen empfehlen, sich auf einen Tisch zu setzen, einen Eimer auf die Zehen zu hängen und dann die Zehen nach oben zu bewegen. Dies wird die Schienbeinmuskeln stärken, und Sie dürfen hoffen, dadurch die Absplitterung loszuwerden. Aber die Übung selbst wird nichts zur Heilung beitragen. Anstatt die Wadenmuskulatur zu entspannen (steife Waden sind fast immer die Ursache einer Schienbeinabsplitterung), haben Sie nun am gesamten Unterschenkel verhärtete Muskeln, und keiner von ihnen kann dem anderen mehr nachgeben, wie es normalerweise üblich ist. Mit anderen Worten, Sie versuchen das Problem – die steifen Wadenmuskeln – zu lösen, indem Sie auch noch die Schienbeinmuskeln verhärten.
Ein spezielles Muskeltraining mag im Zusammenhang eines umfassenden Fitneßprogramms wirkungsvoll sein, aber gemäß der Yogatherapie ist es sehr viel besser, die Wadenmuskeln zu dehnen und *gleichzeitig* die Schienbeinmuskeln zu stärken. Das Wunderbare und Einmalige der Yogatherapie liegt darin, daß sie den ganzen Körper einbezieht, was völlig verschieden ist von den Fitneßprogrammen, die nur auf bestimmte Körperteile abzielen. Power-Yoga überzeugt durch seine Vollständigkeit, Einfachheit und leichte Erlernbarkeit. Jeder kann damit beginnen, gleichgültig, wie alt er ist.

Wie Sie beginnen sollten, was Sie erwarten können

Power-Yoga eignet sich hervorragend zur Körperertüchtigung und ergänzt jede Sportart in idealer Weise. Man kann diese Form des Yoga auch in Verbindung mit anderen Methoden praktizieren. Dabei werden Sie sich allmählich Disziplin und Selbstbeobachtung aneignen – keine strenge, unnachgiebige Disziplin, sondern eine, die den Notwendigkeiten angepaßt ist. Sie werden wissen, wann es Zeit ist, hart gegen sich selbst zu sein, und wann Sie Entspannung brauchen. Ihr Körper, Ihr Geist, Ihre ganze Persönlichkeit können davon profitieren. Sie müssen sich jedoch darüber im klaren sein, daß dies nicht über Nacht passiert. Wenn Sie es eilig haben, ist Power-Yoga nicht das Richtige für Sie. Halten Sie sich an den 8. Grundsatz des Power-Yoga: «Auch ein durchtrainierter Körper muß neue Übungen langsam beginnen.» Bisher unbenutzte Muskeln werden in ungewohnter Weise trainiert, deshalb können Sie nicht erwarten, daß Sie auf Anhieb den gleichen Perfektionsgrad erreichen wie in Ihrer herkömmlichen Sportdisziplin. Sollten Sie diese Erwartung hegen, dann muß es zwangsläufig zu einer Enttäuschung kommen.
Für jede Art sportlicher Übung gilt die Regel, daß man langsam beginnt. Eine jahrelange Untätigkeit ist nicht dadurch wettzumachen, daß man krampfhaft versucht, die verlorene Zeit in einem Schnellprogramm aufzuholen oder da wieder anzusetzen, wo man vor Jahren mit seinem Training aufgehört hat. Es spielt keine Rolle, ob die Pause eine Woche oder ein Jahr dauerte – nach jeder Unterbrechung muß man sich erst langsam wieder eingewöhnen.
Es sollte völlig klar sein, daß das hier vorgestellte Programm Ihnen weder verspricht noch im entferntesten andeutet, Sie könnten schlagartig fit werden, Fehlhaltungen korrigieren, Verletzungen heilen, Disziplin erwerben oder eine schlanke Figur bekommen. Vielmehr sollen Sie ermutigt werden, regelmäßig zu üben, tief zu atmen, aufmerksam zu sein und die kleinen Fortschritte immer weiter auszubauen.

Langsam, aber stetig

Es gibt die hübsche Geschichte vom eifrigen Yogaschüler, der an ein Flußufer kommt und begierig ist, das andere Ufer zu erreichen, weil er erwartet, dort die Antwort auf die Frage nach dem Sinn des Lebens zu finden. Er erblickt ein kleines Ruderboot auf dem Fluß und winkt es herbei, damit es ihn übersetze. Die Leute in dem Boot halten freundlicherweise an und nehmen ihn mit. Unterwegs sieht der Yogaschüler ein schnittiges Segelboot. Da er begeistert ist vom mühelosen, schnellen Dahingleiten des Segelbootes und da das anstrengende Rudern ihn erschöpft hat, gestikuliert er wild, um sein Transportmittel zu wechseln. Das Segelboot geht längsseits, und er springt hinüber.
Doch kurz danach tritt eine Windstille ein, und das Segelboot dümpelt nur noch vor sich hin; nun wird es

von der Strömung flußabwärts getragen, statt den Fluß zu überqueren. Ungeduldig wegen dieser Verzögerung wechselt der Schüler abermals über, diesmal auf ein Motorboot, das ihm für seinen Zweck am geeignetsten erscheint. Aber hier stören ihn Motorenlärm und Abgasgestank, und als dann auch noch der Treibstoff ausgeht, ist er vollkommen verärgert. Er sieht sich um und bemerkt, daß das Ruderboot mit seiner hart arbeitenden Mannschaft sich stetig dem anderen Ufer nähert. Wäre er doch bloß in diesem Ruderboot geblieben!

Das Power-Yoga-Training

Im Herbst 1992 erhielt ich eines Tages einen Anruf von einem Triathleten. Er war gerade von Kalifornien nach New York gezogen, und Freunde hatten ihm empfohlen, sich mit uns in Verbindung zu setzen. Er zeigte sich interessiert an den Möglichkeiten, die ihm Yoga für sein Training eröffnen könnte. «Ein Yoga-System, das als Krafttraining dient?» fragte er.
«Ja, Kraft und Ausdauer», antwortete ich. Besonders wenn ich mit einem Ausdauersportler über den Kraftaspekt des Yoga spreche, versuche ich, mich möglichst einfach auszudrücken.
«Nun, wie wird dabei Kraft aufgebaut?»
«Durch statische Muskelkontraktionen und Arbeit mit Gewichten», erklärte ich.
«Sie verwenden im Yoga Gewichte?»
«Nein, aber Sie müssen bei den Übungen Ihr Körpergewicht auf verschiedene Weise und in verschiedenen Kombinationen hochdrücken oder -stemmen, was durchaus einem Hanteltraining gleicht.» Er schwieg für einen Moment.
«Ist es Aerobic?»
«Nein. Obwohl der Pulsschlag bei einem Anfänger im Yoga gelegentlich die Frequenz wie beim Aerobic erreicht, ist es doch etwas anderes. Ich vermute, daß Ihr Pulsschlag nicht so hoch wäre wie bei einem untrainierten Menschen. Yoga hat zum Ziel, Pulsschlag und Atmung zu verringern und den Geist zu beruhigen. Durch bewußte Anstrengung und Konzentration lernen Sie schrittweise die Funktionen des vegetativen Nervensystems zu kontrollieren, wie den Herzschlag, die Muskelkontraktionen, die Gehirnstromwellen und so weiter. Dann verwenden Sie diese Kontrolle dazu, Wärme und Kraft zu erzeugen.»
«Das klingt schwierig! Sagten Sie nicht, Yoga steigere auch die Ausdauer? Wie geschieht das, wenn es kein Aerobic ist?»
«Mit diesem Programm trainieren Sie die Lungen darauf, ein größeres Volumen und Fassungsvermögen zu entwickeln, und das Herz, seine Leistungsfähigkeit zu verbessern. Untersuchungen an fortgeschrittenen Praktizierenden haben ergeben, daß die Auswirkungen der Yogaübungen auf Herz und Lunge denen eines Aerobic-Trainings sehr ähnlich sind: Der Pulsschlag sinkt, Herz und Lunge können die Muskeln besser mit Sauerstoff versorgen, und Ihre allgemeine Fitneß nimmt zu.

Bewußtheit entwickeln

Es ist wohl überflüssig, zu erwähnen, daß man am Telefon dieses Yoga-Programm kaum verständlich erklären kann. Die Frage, mit der ich am meisten in Schwierigkeiten gerate, lautet etwa: «Power-Yoga? Ist das nicht ein Widerspruch in sich?» Die Mehrzahl der Fragesteller verbindet mit Yoga Sanftheit und Entspannung. Was die Leute nicht wissen, ist, daß Yoga auch etwas mit Stärke und Energie zu tun hat. Wenn Yoga richtig gelehrt wird, sollten die Übungen die nötige geistige und körperliche Kraft vermitteln, um die schädlichen Einflüsse unserer heutigen Umwelt zu kompensieren und abzuwehren. Daher geht es im Yoga sehr wohl um Stärke, nämlich um persönliche Widerstandskraft.
Obwohl der Bekanntheitsgrad des Yoga in den vergangenen Jahren zugenommen hat, ruft der Begriff bei vielen immer noch Unverständnis hervor und beschwört Gedanken an Hokuspokus oder fremdartige Rituale herauf. Das rührt überwiegend von daher, daß der Öffentlichkeit Yoga in seiner ganzen Bandbreite von Lehrmeinungen und Techniken präsentiert wurde. Die meisten Menschen erkennen nicht, daß es schlicht darum geht, aufmerksamer und achtsamer zu werden. Doch je mehr die Einsicht wächst, wie hilfreich die Förderung der Achtsamkeit für ein erfülltes Leben ist, desto mehr Menschen sind in der Lage, die Bedeutung dieser Praxis für ihre

eigene Situation wahrzunehmen und zu verstehen, daß sie mit jedem religiösen Glauben zu vereinbaren ist. Sobald wir mit der Yogapraxis tatsächlich beginnen und unsere Achtsamkeit schulen, können wir bemerken, wieviel Zeit wir achtlos verbringen und wieviel von unserem Leben vorüberzieht, ohne daß wir es mitbekommen. Wir erkennen es, wenn unser Geist abschweift und das Geschenk der Gegenwart verpaßt, weil er sich von äußeren oder inneren Reizen ablenken läßt. Statt jeden Augenblick bewußt zu leben, sind wir in Gedanken an die Vergangenheit oder Zukunft gefangen. Einer meiner Freunde beschreibt diesen mentalen Zustand gleichnishaft: «Das Licht ist an, aber niemand ist zu Hause.» Wir grübeln darüber nach, was wir anders hätten machen sollen oder was wir in Zukunft planen. Ein rastloser Geist ist eine der Hauptursachen für Ärger, Streß und Angst, woraus wiederum Verspannungen, Verletzungen und Krankheiten resultieren. In diesem Buch will ich Ihnen unter anderem zeigen, wie Sie die Yogatechniken dazu verwenden können, die Ruhelosigkeit Ihres Geistes unter Kontrolle zu bringen.

Ashtanga-Yoga und das Power-Yoga-Training sind beides Methoden, Bewußtheit zu erlangen, und stellen somit ein nützliches Mittel dar, die Anforderungen und Konflikte des Lebens zu meistern. Der Geist wird klar, und der Körper erhält neue Kraft. Mit zunehmender Übungspraxis bekommen Sie das Gefühl, Ihr Leben selbst bestimmen zu können, statt den Wechselfällen des Schicksals hilflos ausgeliefert zu sein. Es gibt Ihnen ein Gefühl von Kraft und Selbstbewußtsein. Damit meine ich die Fähigkeit, die Gestaltung des eigenen Lebens selbst in die Hand zu nehmen und auf Störfaktoren jeglicher Art erfolgreich zu reagieren. Wir werden Schritt für Schritt in die Lage versetzt, unser körperliches und geistiges Wohlbefinden aufrechtzuerhalten. Ich kann Ihnen nicht theoretisch erklären, wie Sie sich nach zwei Monaten oder auch zwei Jahren der Praxis fühlen werden. Um es zu erfahren, müssen Sie es einfach selbst probieren! Bei einem Hausbau legen Sie auch zuerst die Fundamente und fangen nicht mit dem Dachstuhl an.

Im Power-Yoga geht die geistige Disziplin mit der körperlichen einher. Das Ergebnis der Atemübung, der Kraftarbeit, der Wärmeerzeugung oder der Bewegungslosigkeit in einem Asana besteht darin, daß Ihnen auch die kaum spürbaren Unausgewogenheiten bewußt werden. Das aber nicht sofort, sondern erst im Fortgang Ihrer Praxis! Wenn die Zeit reif ist, lösen sich urplötzlich alte Blockaden im Körper auf, und die Lebensenergie kann in neuen Bahnen fließen. Sie werden es nicht verstehen, bis Sie es selbst erlebt haben.

Der Weg zur Meisterschaft

Um etwas perfekt zu erlernen, sei es der Umgang mit dem Computer, das Spielen eines Musikinstruments, eine Wissenschaft oder Kunst, braucht man viel Zeit. Es mag Ihnen so vorkommen, als würden Sie trotz Ihrer hingebungsvollen Praxis nie einen Fortschritt erzielen, aber wenn Sie es am wenigsten erwarten, tritt eine Änderung ein, und Sie haben die nächste Stufe erklommen. Für längere Zeit auf einem bestimmten Übungsniveau zu verharren, wird den Geist mitunter langweilen, weil er ständig nach neuen Reizen verlangt. Nur wer selbst schon einmal etwas meisterhaft beherrschen wollte, kann ermessen, wie steinig der Weg zum Ziel ist. Der Weg des Yoga ist ein Weg der Meisterschaft, er verlangt uns täglich Disziplin ab, ohne uns eine sofortige Belohnung in Aussicht zu stellen.

Wir können dies mit einem Marathonlauf vergleichen. Sie sehen die Läufer im Fernsehen und fühlen sich ermuntert, es selbst zu versuchen, obwohl Sie bis zu diesem Zeitpunkt eher bequem und unsportlich waren. Doch schon bald stellen Sie fest, daß es nicht genügt, sich ein Paar Laufschuhe und ein modisches Trikot zu kaufen und einige Runden zu drehen, um ein guter Läufer zu werden. Vielmehr müssen Sie fünf Tage in der Woche trainieren, bei Hitze und Kälte, bei Regen und Schnee. Ihr anfänglicher Enthusiasmus schwindet dahin, Sie zweifeln, daß dies wirklich der richtige Sport für Sie ist. Dies ist die erste Stufe, auf der Sie wenig Spaß haben, und ehe Sie sich versehen, stehen die Laufschuhe wieder in der Ecke.

Aufmerksam und beständig seinen Atem zu beobachten bedeutet, sich darin zu üben, mit den Lebensvorgängen selbst in Verbindung zu treten – Tag für Tag bewußt zu bleiben, die Verspannungen, die körperlichen und geistigen Einschränkungen, die falschen Gewohnheiten wahrzunehmen. Dann sehen Sie auch, wie sich alle diese Dinge verändern, umwandeln und schließlich auflösen. Dadurch gewöhnen Sie sich daran, auf dieser mentalen Stufe zu bleiben, was eine unabdingbare Voraussetzung für jeden Lernprozeß ist.

Man selbst sein

Einige meiner Kursteilnehmer kommen mit der Absicht, Entspannungstechniken zu erlernen oder ihren Körper biegsamer zu machen. Manche haben jahrzehntelang eine Sportart ausgeübt und sind unglaublich verspannt, nicht nur physisch, sondern auch mental. Oft sagen sie, ihr Arzt hätte gemeint, sie sollten sich entspannen, was mich jedesmal überrascht. Es ist eigentlich unnötig, diesen Leuten mitzuteilen, sie seien verspannt und müßten etwas dagegen tun, denn im Grunde wissen sie das selbst. Sie wissen bloß nicht, wie sie es anstellen sollen. Von Jon Kabat-Zinn, dem Direktor der Streßklinik an der Universität von Massachusetts, stammt folgende dazu passende Episode:
«Vor zehn Jahren kam ein Mann mit Rückenschmerzen in die Klinik, er war ganz steif und konnte seine Beine kaum bewegen, weil er in Vietnam auf eine Mine getreten war. Sein Arzt hatte ihm gesagt, er müsse sich entspannen, was für den Mann allerdings gar nichts änderte, denn das wußte er selbst. Er mußte nur lernen, *wie* er sich entspannen sollte. Als er erst einmal angefangen hatte (Yoga zu praktizieren), kam er schnell dahinter, was er zu tun hatte, und seine Beinmuskulatur erlangte ihre gesunde Spannkraft wieder.» Bevor solche Menschen nicht lernen, ihren Körper und Geist zu öffnen und durchlässig zu machen, hat kein Ratschlag irgendeinen Wert.
Ich beobachte in meinen Kursen, wie die Verspannung Angst hervorruft und die Angst wiederum Ungeduld, was nur noch mehr Verspannungen erzeugt. Deshalb empfehle ich meinen Schülern, geduldig zu sein, weil sie ihre Dehnbarkeit nicht unmittelbar wiedergewinnen werden. Doch oftmals hören sie nicht richtig hin. Sie sind zu abgelenkt, schauen im Raum umher und vergleichen sich mit den übrigen Übenden. Während ich ihnen die Tugenden der Geduld und regelmäßigen Praxis erläutern will, bestaunen sie die Elastizität der anderen. Sie machen zunächst keinerlei Fortschritt, weil sie mir nicht zugehört haben, wenn ich ihnen etwas erklärte. Alles, was ihnen auffällt, ist ihr Rückstand gegenüber den Fortgeschrittenen, wodurch sie sich irritieren lassen. Am Ende gehen sie zum Chiropraktiker oder Sportmediziner, um zu erfahren, warum sie chronisch gestreßt, verletzt oder krank sind.
Sich mit anderen zu vergleichen ist das Schlechteste, was Sie machen können! Es kostet Energie, untergräbt Ihr Selbstwertgefühl und hat nichts mit Ihrem eigenen Weg zu tun. Wie Kabat-Zinn sagt: «Es ist unmöglich, so zu werden wie die anderen. Die einzige Hoffnung besteht darin, mehr man selbst zu sein. Dies ist das Hauptmotiv, um (Yoga) zu praktizieren.»
Die Herausgeberin eines Modemagazins wurde einmal gefragt, ob es sie je gekümmert hätte, was die anderen Magazine machen, und sie entgegnete, dazu sei sie zu beschäftigt gewesen. Sie wußte, daß niemand die Dinge so wahrnahm wie sie selbst. Deshalb konzentrierte sie ihre Aufmerksamkeit strikt darauf, was sie persönlich wollte und für richtig hielt.
Wenn Sie das Bedürfnis haben, Ihr Leben in den Griff zu bekommen, kann Ihnen dieses Buch gute Dienste leisten. Arbeiten Sie es Seite für Seite durch, so als ob Sie ein Fachbuch studieren, eine wissenschaftliche Abhandlung verfassen, sich auf einen sportlichen Wettkampf vorbereiten oder ein Kunstwerk schaffen wollen. Allmählich werden Sie dann an sich feststellen, wie Sie mit Freude lernen, Disziplin zu erwerben und täglich an sich zu arbeiten. Wer diese Lektion bereits hinter sich hat, für den ist das Buch eine nützliche Hilfe, alle Aspekte der Bewußtheit, Konzentration und Praxis zu vertiefen und zu vervollkommnen.

Das einzig Wahre

Das Wort «Yoga» stammt von der Sanskritwurzel *yuj,* was «anbinden, anschirren, ausrichten» bedeutet. Es kann auch «Einheit» oder «Verschmelzung» heißen. Im 3. oder 4. Jahrhundert v. Chr., zur Zeit der Abfassung der *Bhagavad Gita* (ein wichtiger Text zur Yoga-Philosophie), bezog sich der Begriff allgemein auf die spirituellen Traditionen, in denen verschiedene Wege zur Erleuchtung bzw. Selbstverwirklichung beschrieben wurden.

In den *Yoga-Sutras* definiert Patanjali Yoga als «Aufhören aller Bewegungen im Bewußtsein». Damit will Patanjali sagen, daß man den wahren Gehalt des Yoga dann erfährt, wenn man die beständig aktiven Bewußtseinswellen zu beruhigen vermag. Nach dem Stillwerden des Geistes verwirklicht der Mensch seine ursprüngliche Natur: glückseligen Gleichmut. Nun ist er frei von den wechselhaften Höhen und Tiefen seines unruhigen Bewußtseins und den daraus entstehenden Aufregungen und Leiden. In *Yoga-Sutra* I,12 werden zwei Möglichkeiten genannt, um an dieses Ziel zu gelangen: Übung (Abhyasa) und Loslösung (Vairagya), das heißt Nicht-Anhaften an den Dingen bzw. Begierdelosigkeit. Übung besteht in dem unermüdlichen Bemühen, diesen Ruhezustand zu erreichen, und entfaltet ihre Wirkung, wenn sie lange, ununterbrochen und hingebungsvoll praktiziert wird.

Sutra II,29 zählt die acht Glieder der Yoga-Praxis einzeln auf. 1. *Yama* (Beachtung äußerer Regeln), 2. *Niyama* (Selbstdisziplin), 3. *Asana* (Körperhaltungen), 4. *Pranayama* (Atemkontrolle), 5. *Pratyahara* (Zurückziehen der Sinne), 6. *Dharana* (Konzentration), 7. *Dhyana* (Meditation), 8. *Samadhi* (reines Sein, Erleuchtung).

Das Einzigartige am Ashtanga-Yoga liegt meiner Ansicht nach darin, daß jedes dieser acht Glieder in gewisser Weise mit den Körperhaltungen verbunden ist. Wenn Sie sich beispielsweise während der Übung auf die Atmung konzentrieren, *erfahren* Sie tatsächlich das Anfangsstadium von Pranayama, das heißt die Kontrolle der Lebenskraft (Prana) durch den Atem. Sie müssen darauf achten, was Sie tun, was zum Zurückziehen der Sinne (Pratyahara) von der Außenwelt führt. Die gesamte Praxis erfordert Konzentration (Dharana), welche in die Meditation (Dhyana) übergeht. Somit haben Sie hier ein praktisch anwendbares System vor sich, das alle acht Einzelglieder des Ashtanga-Yoga beinhaltet und es Ihnen ermöglicht, durch Übung und Loslösung die geistige Aktivität zu kontrollieren und zu vollkommener seelischer Ruhe zu finden.

2. Teil · Atmen heißt Leben

Falsches Atmen

Mindestens die Hälfte aller Menschen atmet nur von der Brustmitte an, auch Sportler und Fitneßbewußte, was sich leicht nachprüfen läßt, wenn man eine Gruppe von Leuten bittet, die Arme an den Seiten herunterhängen zu lassen, tief einzuatmen und den Atem anzuhalten. Sie pressen den Bauch ein, blähen die obere Hälfte des Brustkorbs auf und ziehen die Schultern hoch. Nachdem ich jahrelang meine Kurse mit dieser einfachen Aufforderung begonnen und gesehen habe, wie geatmet wird, ist mir erst klargeworden, wie viele Menschen völlig unbewußt atmen und ihre Lungenkapazität nicht voll ausschöpfen.
Als Kleinkinder konnten wir alle richtig atmen. Aber im Laufe der Zeit ändert sich unsere Atemtechnik, und wir machen etwas falsch. Aus irgendeinem Grund verkrampfen wir in der Gegend des Sonnengeflechts, sei es gefühlsmäßig oder körperlich. Wir weigern uns, wahrscheinlich unbewußt, den Atem frei fließen zu lassen, die Lungen ganz zu füllen oder, in einem übertragenen Sinn, die Fülle des Lebens anzunehmen und unsere Gefühle unbefangen auszudrücken. Ein Plexus ist ein Energiezentrum des Nervensystems, wo sich zahlreiche Nerven und Nervenknoten treffen. Der Solarplexus (auch Sonnengeflecht genannt) versorgt alle Unterleibsorgane mit «Nervenenergie». Der yogischen Überlieferung zufolge ist das Sonnengeflecht ein großes *Prana*- oder Lebensenergielager; das Wort «Sonne» ist hier sehr angebracht, da dieses «Gehirn der Bauchhöhle» tatsächlich Kraft und Energie ausstrahlt. Die meisten östlichen und westlichen Überlieferungen stimmen darin überein, daß der zwischen dem Magen und der Wirbelsäule liegende Solarplexus der Sammelpunkt unserer Gefühle ist. Wenn Gefühle unterdrückt werden, entsteht oft eine ungenügende und flache Atmung, die sich auf den oberen Brustbereich beschränkt. Allerdings können auch ständige Sorgen und Streß zu flachem Atmen führen. Gleichgültig, ob die Bauchregion wegen einer emotionalen Anspannung oder wegen ständiger Angst derart verkrampft ist, daß das Atmen eingeschränkt wird – in beiden Fällen wird die volle Energieausstrahlung des Sonnengeflechts behindert und damit auch die Verteilung dieser Energie an die Eingeweide unterbunden.

Auf den Atem achten

Mit einem ganz einfachen Test können wir feststellen, wie wir atmen: Hängen Sie die Daumen etwa in der Höhe des Nabels in den Gürtelbund. Legen Sie die Hände auf den Unterbauch, und atmen Sie tief ein. In welche Richtung bewegt sich der Bauch? Wenn er sich beim Atmen einzieht, flach wird und die ganze Luft in die Schultern hochzufließen scheint, dann atmen Sie falsch. Wenn sich der Bauch hingegen entspannt und sogar etwas ausdehnt, dann

atmen Sie so natürlich wie ein Säugling und somit richtig.
Nachdem man herausgefunden hat, daß die Atmung bei weitem nicht so tief ist, wie sie sein könnte, kann man die im nächsten Abschnitt vorgestellte Übung durchführen. Diese Atemübung dient den Anfängern als sinnvolle Vorbereitung für die fortgeschrittenere Atmung des Power-Yoga.
Auf die naheliegenden Fragen: «Was ist eigentlich geschehen? Warum atme ich verkehrt?», gibt es mehrere Antworten.
Erstens liegt der Fehler nicht bei Ihnen, sondern nur bei Ihrer Atemtechnik, und die läßt sich ändern. Es gibt unzählige Gründe dafür, weshalb Leute anfangen, «rückwärts» zu atmen, wie der bekannte Opernsänger Luciano Pavarotti zu sagen pflegt. Möglicherweise haben Ihre Eltern Ihnen als Kind immer wieder gesagt, Sie sollten den Bauch einziehen. Vielleicht hat Sie auch ein Sportlehrer oder Trainer dazu aufgefordert. Oder Sie haben irgendwann einmal mit Ihren Gefühlen Schiffbruch erlitten (was bei den meisten der Fall ist), und daraufhin erschien es Ihnen wohl sicherer, nicht mehr so stark «mit dem Bauch zu denken». Es könnte auch sein, daß die Streßbelastung am Arbeitsplatz oder in der Familie ziemlich hoch ist. Daneben gibt es noch eine Reihe weiterer Gründe für eine flache oder schwache Atmung.
In der Yoga-Philosophie ist *Prana* der Sanskritbegriff für die Lebenskraft. Prana bezeichnet die Energie, die durch den Körper fließt und uns am Leben erhält, und Prana nehmen wir auch mit dem Einatmen in uns auf. Es ist das Bindeglied zwischen Materie und Energie, zwischen Körper und Geist. Prana wird mit dem Atem aufgenommen, aber es ist viel mehr als Luft oder Sauerstoff und deshalb auch nur schwer definierbar.
Viele Yogaschüler und auch viele Bücher über Yoga verstehen unter Prana irrtümlicherweise einfach nur den Atem. Es ist jedoch mehr, nämlich eine lebensnotwendige universelle Kraft, die sowohl die geistige und körperliche als auch die gesamte kosmische Aktivität in Gang hält. Diese geheimnisvolle Macht existiert überall, sie sorgt für Gleichgewicht und bewahrt vor Unausgeglichenheit und Unordnung. Sie beruht auf einer realen Grundlage, unterscheidet sich aber völlig von allen bekannten physikalischen Kräften. Bis heute ist selbst unsere moderne Technologie nur sehr unvollkommen imstande, eine so subtile Kraft wie Prana zu messen. Letztlich geht es im Power-Yoga um die Kontrolle des Prana und dessen richtigen Einsatz.
Träger des Prana ist nicht der grobstoffliche physische Körper, sondern der feinstoffliche Ätherleib, der die sichtbare menschliche Gestalt ganz durchdringt und in enger Verbindung mit ihr steht. Der ätherische oder magnetische Körper ist das genaue Gegenstück der physischen Hülle. Das Prana durchströmt den Menschen in eigens dafür vorgesehenen Kanälen oder *Nadis,* wie sie im Yoga heißen. Diese liefern allen Organen und Körperzellen die nötige Energie und beleben sie. Obgleich es Unterschiede zwischen Atem und Prana gibt, besteht doch eine enge Wechselbeziehung zwischen beiden.
Der erste Schritt, um mehr Prana in den Körper aufzunehmen, ist die Einübung einer tiefen und achtsamen Atmung. Tiefes Atmen fördert nicht nur die geistige und körperliche Gesundheit durch die vermehrte Aufnahme von Sauerstoff und Energie, sondern bewußtes, achtsames Atmen konzentriert unsere Aufmerksamkeit auf den gegenwärtigen Augenblick. Diese Achtsamkeit erhöht die Wahrnehmung der einzelnen Lebensmomente. Wenn man die Achtsamkeit richtig praktiziert und aufmerksam die geistigen Vorgänge beobachtet, wird man erstaunt sein, wie schnell die Gegenwart entschwindet, wenn sich der Geist mit der Vergangenheit oder der Zukunft beschäftigt. Das Bedauern über vergangene Ereignisse oder die Sorge um die Zukunft verbraucht ungeheure Energiemengen. Die daraus resultierende Erschöpfung und Schwäche öffnet Unausgeglichenheit und Krankheit Tür und Tor. Durch achtsames Atmen ist die Aufmerksamkeit ganz auf das «Hier und Jetzt» gerichtet. Dann beruhigt sich die rastlose Aktivität des Geistes, und wir gewinnen Friedfertigkeit und gesteigerte Energie. Das folgende Zitat aus Thich Nat Hanhs Buch *Das Wunder der Achtsamkeit* veranschaulicht, wie der Atem als kraftvolles Werkzeug im Dienste einer körperlichen und seelischen Gesundung angewendet werden kann: «Stellen wir uns eine sehr hohe Mauer vor, von der aus wir weit in die Ferne sehen können – aber offenbar gibt es keine Möglichkeit, sie zu er-

klimmen; nur ein dünner Faden hängt beiderseits der Mauer herunter. Ein intelligenter Mensch würde eine dickere Schnur an das Ende des Fadens knüpfen, um die Mauer herumgehen und die Schnur am Faden auf die andere Seite ziehen. Danach würde er ein starkes Seil an das Ende der Schnur knüpfen und das Seil herüberziehen. Wenn das Seil auf der einen Seite bis zum Boden reicht und auf der anderen Seite befestigt ist, kann die Mauer leicht erklommen werden.

Unser Atem ist ein solcher dünner Faden. Wenn wir ihn erst einmal richtig anzuwenden wissen, kann er zu einem wunderbaren Werkzeug werden, das uns Situationen überwinden hilft, die uns sonst hoffnungslos erschienen wären. Unser Atem ist die Brücke, die Körper und Geist verbindet, er allein bringt sie zusammen, er allein erhellt beide, und Frieden und Ruhe kehren in sie ein.»

Der Anfang: *Aktives Ausatmen*

Um loslassen zu können, sich zu öffnen und dafür zu sorgen, daß Prana in alle versteiften, verschlossenen oder geschädigten Bereiche des Körpers gelangt, stelle ich Ihnen eine Methode vor, die ich *aktives Ausatmen* nenne. Sie setzt voraus, daß Ihre gesamte Aufmerksamkeit auf das Ausatmen gerichtet ist, ohne daß Sie sich um das Einatmen kümmern. Obwohl dies den natürlichen Vorgang umkehrt, bei dem wir aktiv einatmen und passiv ausatmen, liegt darin doch eine ausgezeichnete Methode, um mit der Bewegung des Zwerchfells vertraut zu werden und, wenn nötig, den Bereich um das Sonnengeflecht wiederzubeleben.

Setzen oder stellen Sie sich gerade hin. Schließen Sie den Mund. Legen Sie die Handflächen auf den Unterbauch. Die Aufmerksamkeit ist auf das Ausatmen gerichtet. Atmen Sie mit geschlossenem Mund aus, wobei Sie den unteren Teil des Brustkorbs zusammenpressen und gleichzeitig den Bauch so weit wie möglich einziehen. Damit wird alle Luft aus den Lungen gepreßt. Halten Sie den Atem eine Sekunde lang an, und entspannen Sie sich dann. Wiederholen Sie dies ein paarmal. Was geschieht?

Im Idealfall wird die Luft beim Einatmen ganz von selbst hereingesogen, wenn Sie Bauch und Brustkorb entspannen. Vergleichen wir dies mit einem Akkordeon. Was geschieht, wenn wir ein Akkordeon auf beiden Seiten zusammendrücken, die ganze Luft herauspressen und es dann einfach mitten im Raum auf den Boden stellen? Nach und nach dehnt es sich von selbst wieder aus, füllt sich mit Luft und nimmt erneut seine ursprüngliche Form an.

Genau dasselbe geschieht mit den Lungen. Wenn Sie die Unterleibs- und Zwischenrippenmuskeln zusammenziehen, um alle Luft herauszupressen, dann saugt die Lunge praktisch von alleine wieder Luft ein, sobald Sie sich entspannen.

Versuchen Sie es noch einige Male. Konzentrieren Sie sich nur auf das Ausatmen: den Atem ausstoßen; anhalten; Bauch und Brustkorb locker lassen. Achten Sie darauf, daß der Mund geschlossen bleibt und Sie nur durch die Nase aus- und einatmen.

Sollte es Ihnen nicht allzu gut gelingen, dann denken Sie daran, das Einatmen beim Entspannen einfach geschehen zu lassen, ohne bewußt nachzuhelfen, so, als wären Sie nur ein Beobachter. Üben Sie diese Atemtechnik immer wieder. Mit der Zeit spüren Sie, wie der wichtigste Muskel für die Atmung, das Zwerchfell, beim Ausatmen in die Brust hinaufgezogen wird, sich dann automatisch zusammenzieht und beim Einatmen in den Bauch hinunterdrückt.

Bei dieser Übung werden Sie sich zusehends wohler fühlen und schließlich richtig atmen. Auf den Atem zu achten, wird Ihnen immer leichter fallen und irgendwann zur Selbstverständlichkeit werden. Dann können Sie damit etwas experimentieren: den Atem ausstoßen und dann bewußt einatmen – länger und immer länger. Schließlich werden Sie das aktive Ausatmen durch eine fortgeschrittenere Technik des Power-Yoga, die *Ujjayi*-Atmung, ersetzen, die wir auf den folgenden Seiten kennenlernen. Vorläufig aber ist das aktive Ausatmen eine ausgezeichnete Methode, um besser zu atmen und Achtsamkeit zu entwickeln.

Die sieben Chakras

Im Yoga gibt es sieben Hauptchakras (Energiezentren) im Körper. *Chakra* bedeutet wörtlich «Rad», im übertragenen Sinn «Nervenzentrum». Diese Nervenzentren fungieren gleichsam als Prana-Aggregate im ätherischen Körper. Ihre Lage entspricht bestimmten Bereichen entlang der Wirbelsäule, wo sich die Nadis – die Kanäle, in denen das Prana fließt – kreuzen. An diesen Knotenpunkten entstehen Energiefelder oder «Lichtkreise», wie sie im Yoga heißen. Interessant ist, daß ihre Position mit wichtigen Nervengeflechten des Zentralnervensystems in etwa übereinstimmt. Schauen wir uns einmal an, was die Yogis zu diesen verschiedenen Zentren oder Chakras zu sagen haben.

Das erste Zentrum liegt an der Wirbelsäulenbasis knapp oberhalb des Afters, es fällt mit dem Kreuzgeflecht (in der Kreuzbeingegend) zusammen und heißt im Sanskrit *Muladhara-Chakra. Mula* bedeutet «Wurzel» oder «Quelle», *adhara* «Stütze» oder «lebenswichtiger Teil». Dieses erste Chakra ist die Wurzel oder das Fundament des physischen Körpers. Im Yoga entspricht es dem Element Erde. Dieses Zentrum ist der Sitz des Sicherheitsgefühls, und in ihm sind unsere elementarsten Überlebensinstinkte angesiedelt. In diesem Erdzentrum wurzeln aber auch unsere ureigenen Wünsche nach Besitz, Erwerb, persönlicher Durchsetzung. Folglich entstammen auch alle grundlegenden Ängste und Unsicherheiten diesem Chakra. Wenn es im Gleichgewicht und mit Prana gefüllt ist, fühlen wir uns sicher, ruhig und erdverbunden. Wir sind gleichsam geerdet, und unser Gefühl der Sicherheit hängt von äußeren Dingen ab.

Das zweite Chakra liegt direkt über den Geschlechtsorganen, entspricht dem Nervengeflecht beiderseits des Mastdarms (Plexus hypogastricus) in der Bauchhöhle und heißt im Sanskrit *Svadhishthana-Chakra,* «Ort des Ursprungs». *Sva* bedeutet «eigene» und *adhishthana* «Behausung, Wohnstatt» oder «Ursprung». Zum zweiten Chakra gehört das Element Wasser, und es symbolisiert die Schöpferkraft, die Quelle der physischen, sexuellen und erschaffenden Energie. Es ist Sitz unseres körperlichen Ursprungs und bildet den «Treibstoff» für unseren Fortpflanzungstrieb. Wenn dieses Chakra richtig funktioniert, sind der Kreativität und Liebe keine Grenzen gesetzt. Dann stehen wir mit unserer Intuition in Verbindung, und Unentschlossenheit weicht Sicherheit. Allerdings gehen aus diesem Chakra auch Eifersucht, Ärger, Promiskuität, sexuelle Abhängigkeit und die Überbewertung von Sex als Grundlage aller Beziehungen hervor.

Das dritte Chakra, *Manipura-Chakra,* liegt in der Nabelgegend und fällt mit dem Sonnengeflecht (Solarplexus – Plexus solaris oder coeliacus) zusammen. *Mani* bedeutet im Sanskrit Juwel, *pura* Stadt oder Wohnstatt. *Manipura* ist also die Stadt oder der Ort, wo sich das leuchtende Juwel der inneren Kraft befindet. Es ist das Zentrum der Macht, des persönlichen Ausdrucks und der Ausdehnung. Ihm wird das Element Feuer zugeordnet, das wesensgemäß Licht und Wärme ausstrahlt und stets nach oben strebt. Im Yoga heißt es, mit der Einstimmung auf dieses Zentrum beginne man, die beschränkende Egonatur zu durchbrechen und eine immer innigere Einheit mit seinem wahren Wesen zu erlangen. Da wir diesem Chakra beim Atmen – und der Wärmeentwicklung, einem entscheidenden Aspekt des Power-Yoga – viel Aufmerksamkeit schenken, werde ich später eingehend darauf zurückkommen.

Das vierte Chakra nennt man im Sanskrit *Anahata-Chakra,* «das, was ewig neu ist; das, was ständig widerhallt, ohne daß es angeschlagen worden wäre; das, was sich selbst erhält». Dieses Chakra liegt in der Herzgegend und fällt mit dem Herz- (Plexus cardiacus) und Lungenplexus (Plexus pulmonalis) zusammen. Es ist das Zentrum des Mitgefühls und der bedingungslosen Liebe. Ihm wird das Element Luft zugeordnet. Wenn ein Yogi über das vierte Chakra meditiert, nimmt er sich Zeit, sich des Elementes Luft, das sich in ihm und um ihn herum bewegt und das Leben im Inneren und Äußeren aufrechterhält, bewußt zu sein. Yogis sagen, wenn man über das Herzchakra in Beziehung zu seiner Umgebung trete, dann fließe die Liebe wie Luft in Form der Ehrerbietung sowohl denen zu, die ein größeres Maß an Vollkommenheit erlangt haben, als auch in Form des wohltätigen Dienstes denjenigen Mitmenschen, die auf dem Lebensweg der Hilfe bedürfen.

Das fünfte Zentrum, *Vishuddha-Chakra,* liegt in der Kehle und fällt mit dem Nervengeflecht des Arms (Plexus brachialis) zusammen. *Vishuddha* bedeutet

«rein inmitten aller Reinheit». Es ist das Zentrum der Fülle und wird auch *Jalandhara-Pitha* oder «das große Tor zur Befreiung» genannt. Ihm wird als «Element», d.h. als kosmisches Bildeprinzip, der Raum zugeordnet. Nach der Überwindung von Groll, Ärger und Bitterkeit werden wir frei und können uns der grenzenlosen Weite unseres inneren Raumes erfreuen. Dann ist unsere Rede rein, und wir werden dem yogischen Gedankengut zufolge zu meisterhaften Rednern und Lehrern.
Das sechste Chakra, das *Ajna-Chakra,* entspricht dem Plexus choroideus (eine Ansammlung von Aderngeflechten). *Ajna* ist das «dritte Auge», das Auge der inneren Bewußtheit. Es liegt in der Stirnmitte zwischen den Augenbrauen und ist zuständig für die Verarbeitung fremder und eigener Gedanken. In der Yoga-Philosophie ist das dritte Auge das «senkrechte Auge der Weisheit», das uns aus der physischen – horizontalen – Realität heraushebt und mit der senkrechten Ebene der Göttlichkeit verbindet. Das «Element» dieses Zentrums ist der Geist bzw. das Denken.
Im Sanskrit heißt das siebente Chakra *Sahasrara-Chakra,* «Zentrum der tausend Blätter». Es ist das höchste Chakra, sowohl in bezug auf seine Lage im Körper als auch auf die spirituelle Bedeutung. Es liegt am Scheitel des Kopfes, also in der Körperregion des Gehirns. Dargestellt wird es durch eine tausendblättrige Lotosblume. Symbolisch gesehen, gehen tausend Lichtstrahlen aus diesem Chakra hervor, wie tausend Speichen aus der Nabe eines Rades. Wenn man über dieses Chakra meditiert, erfährt man, wie alle Dualität in der Einheit mit der universellen Lebenskraft verschmilzt. Es gibt keine Trennung mehr zwischen mir und irgend etwas anderem. Es gibt nur noch Einheit.

Uralte Techniken

So faszinierend die spekulativ-philosophischen Aspekte der yogischen Energiezentren auch sein mögen – wir sollten uns doch jederzeit darüber im klaren sein, daß dieses Buch sich vor allem mit den konkreten Wirkungen des Ashtanga-Yoga befaßt, d.h. damit, seine natürliche Ordnung wiederzugeben, das Nervensystem zu reinigen und Konzentration und Achtsamkeit zu fördern. So werden Verletzungen, Streß, Schmerzen, Leiden und Unwohlsein beseitigt.
Zwar ist es interessant, daß die Lage der sieben Chakras im ätherischen Körper den Schaltzentren des physischen Körpers in etwa entspricht, aber es ist ebenso wichtig, sich klarzumachen, daß die Chakras keine Nervenzentren sind. Sie sind mit herkömmlichen Mitteln nicht nachweisbar. Weder sieht man sie auf einem Röntgenbild, noch kann sie ein Arzt bei einer Operation lokalisieren. Doch obwohl unsichtbar, beeinflussen sie den physischen Körper und die mentale Verfassung in hohem Maße.
Bei unrichtigem oder oberflächlichem Atmen werden die Nervenzellen im Sonnengeflecht nicht richtig versorgt. Die Aufgabe einer Nervenzelle besteht darin, elektrochemische Energieformen, die man Nervenimpulse nennt, zu erzeugen und weiterzuleiten. Ohne selbst mit genügend Prana versorgt zu sein, befördern die Zellen die Nervenenergie auch nur unzureichend. Darunter haben alle Organe zu leiden, die vom Sonnengeflecht mit Lebenskraft versorgt werden. In psychologischer Hinsicht wird es dem Gefühls-«Zentrum» ebenfalls verwehrt, seine ganze Fülle auszudrücken. Daher fördert das aktive Ausatmen das dritte Chakra auf jeden Fall, ganz egal, wie weit es entwickelt ist. Diese Übung bringt uns stärker mit unserem körperlichen und emotionalen «Zentrum» in Berührung. Und wenn wir dazu übergehen, die eigentliche yogische Ujjayi-Atmung zu üben, ist der Nutzen noch größer.
Im Yoga heißt es, daß das dritte Chakra, das als Flamme dargestellt wird, für die Entwicklung besonderer psychischer Kräfte zuständig sei. Auch in der chinesischen und japanischen Kriegskunst herrscht die Auffassung, daß der Nabelbereich das Zentrum der psychischen Kraft, des *chi* (China) oder *ki* (Japan), sei, die beide dem Prana vergleichbar sind. In der esoterischen yogischen Literatur gilt das Schüren des «Feuers» im unteren Teil der Brusthöhle durch Atem- und Meditationstechniken als eine der uralten Methoden zur Erweiterung der Lungenkapazität und Leistungssteigerung.
Genau das können wir, wenn auch nur sinnbildlich, auf unsere eigene Übungspraxis übertragen: Wir können durch Entspannung und «Öffnung» des Zentrums in der Bauchhöhle lernen, sein Feuer dazu zu

verwenden, unseren Körper von Giften zu reinigen oder einfach Wärme und Energie in Körper, Geist und Leben auszustrahlen. Wenn wir im Augenblick auch nur versuchen, besser zu atmen, so ist es doch aufschlußreich, sich einige weitergehende Aspekte des Power-Yoga bewußt zu machen und zu erahnen, über welches Potential wir eventuell verfügen könnten.

Die wissenschaftliche Erforschung des Prana

Es gibt bereits einige wissenschaftliche Untersuchungen, in denen die tatsächliche Wirkung von gelenkter Pranaenergie in Form verbesserter Leistungsfähigkeit oder vermehrter Kraft gemessen wurde. Jedenfalls herrscht sowohl in der östlichen als auch westlicher Literatur kein Mangel an Hinweisen darauf vor, daß Yogis, Zen-Meister, Kampfsportmeister, Sportler und sogar ganz gewöhnliche Menschen Außerordentliches vollbrachten, nachdem sie diese Kraft «geweckt» hatten.
Vor einiger Zeit wurde ich von einer Zeitschrift für einen Artikel über Gesundheitsaspekte der Atmung interviewt. Die Reporterin sagte, sie hätte mit einer ganzen Reihe von Physiologen und Sportärzten gesprochen, die alle sagten, es gebe keinerlei Untersuchungen, in denen nachgewiesen würde, daß Atemübungen Leistungen verbessern, zusätzliche Kraft verleihen oder die Lungenkapazität vergrößern. «Was halten Sie davon?» wollte sie wissen, in der Annahme, daß ich widersprechen würde.
«Das stimmt wohl», antwortete ich. «Wenn die Untersuchungsleiter nicht einfach die Resultate falsch abgelesen haben, haben sie offensichtlich Atemmethoden getestet, die keinen Einfluß auf die Lungenkapazität oder Leistung hatten. Das will allerdings nichts heißen, außer, daß diese bestimmten Atemübungen, die untersucht wurden, die Leistungen nicht beeinflußt haben. Es bedeutet aber nicht, daß es überhaupt keine Atemtechniken gibt, die sich auf die Leistungsfähigkeit auswirken.»
Interessante Ergebnisse erbrachte im Jahre 1986 eine Untersuchung an der Universität Toledo. Eine Reihe von Radfahrern und Triathleten wurde vor und nach Anwendung der aktiven Ausatmung und von einfachen Yoga-Atemübungen untersucht. In praktisch allen Fällen wurde eine Verbesserung der Körperfunktionen in Verbindung mit einer bestimmten Leistung festgestellt. In der Augustausgabe 1986 der Zeitschrift *Ultra Sport* wird folgendes festgehalten: «Die Testpersonen konnten bei gleichbleibender Körperarbeit ihren Blutdruck und Puls um 10 bis 15 Prozent senken, und ein ähnlicher Anstieg ließ sich bei der maximalen Sauerstoffverwertung pro Atemzug feststellen. Die Sportler vermochten außerdem die Fettverbrennung zu verlangsamen und dadurch die Ermüdung hinauszuschieben.»
Hier ist offensichtlich die Rede von einigen der uralten Techniken, zu denen einst nur wenige Auserwählte Zugang hatten. Viele dieser Methoden sind über Tausende von Jahren mündlich weitergegeben worden. Leistungssteigernde Techniken wie die, auf welche das Power-Yoga zurückgeht, waren der breiten Öffentlichkeit lange Zeit nicht zugänglich. Seine besondere Abfolge der Haltungen und die Methode des *Vinyasa,* des Bewegungsablaufs zwischen den Haltungen, kamen in Indien erst vor etwa fünfzig Jahren ans Licht der Öffentlichkeit.

Das Zwerchfell trainieren

Das Zwerchfell ist ein Muskel, der wie jeder andere Muskel trainiert und gestärkt werden kann. Ich habe festgestellt, daß selbst fitneßbewußte Menschen ebensowenig über ihr Zwerchfell wissen wie beispielsweise über ihre Bauchspeicheldrüse. Mit Übung und Konzentration jedoch läßt es sich unter Kontrolle bringen. Gemeinsam mit den anderen Atemmuskeln kann es so trainiert werden, daß die Lungenkapazität nachweislich größer und die pauschale Leistungsfähigkeit verbessert wird.
Auch ich konnte mir früher nicht vorstellen, wie ein Zwerchfell aussieht. Ist es wie ein großer Gummiball, der sich quer durch den Brustkorb zieht? Was liegt darüber, was darunter?
Nach einigen anatomischen Studien vermochte ich mir davon ein besseres Bild zu machen. Ich werde dies hier ausführlich beschreiben, weil es zeigt, wie unsere Atmung funktioniert, und was geschieht,

wenn man die *Yoga-Bandhas* oder «Sperren» anwendet, die noch eingehend beschrieben werden.
Stellen wir uns also einen breiten, fächerförmigen Muskel vor, der die Brusthöhle und deren Organe von der Bauchhöhle und den Eingeweiden trennt. Das ist der Hauptmuskel für die Atmung. Seine Ränder bestehen aus Fasergewebe, das die Innenwand der gesamten Brusthöhle auskleidet. Diese Muskelfasern ziehen sich nach oben und nach innen und laufen in einer Hauptsehne in der Mitte zusammen. Von unten betrachtet, würde das Zwerchfell wie die Innenseite eines Gewölbes aussehen. Von oben erschiene es als eine runde Erhebung oder ein Hügel.
Die Einatmung beginnt, wenn die Muskelfasern des Zwerchfells sich zusammenziehen. Seine Wölbung nimmt ab, es wird beinahe flach, und das zieht die Hauptsehne und damit den «Boden» der Brusthöhle nach unten. Dadurch wird der senkrechte Durchmesser der Brusthöhle größer, und es entsteht mehr Raum für die Lungen. Gleichzeitig fangen die kleinen Zwischenrippenmuskeln an zu arbeiten. Die äußeren Zwischenrippenmuskeln ziehen sich zusammen, die inneren geben nach (beim Ausatmen ist es umgekehrt). Dadurch dehnt sich der Brustkorb in Zusammenarbeit mit dem Zwerchfell; der Luftdruck in der Brusthöhle wird verringert, bis er niedriger ist als der äußere Luftdruck, und dann fließt Luft von außen herein, um das Vakuum zu füllen.
Wenn sich das Zwerchfell senkt, übt es Druck auf die Unterleibsorgane aus. Der rechte Teil bildet einen Bogen, der sich über die konvexe Oberfläche der Leber legt und sanft dagegen preßt. Über dem rechten Teil des Zwerchfells befindet sich der konkav geformte rechte Lungenbogen. Leber und Lunge liegen wie zwei Löffel übereinander, und dazwischen ist das Zwerchfell.
Der linke Teil bildet einen ganz ähnlichen, aber engeren Bogen, weil der Herzbeutel dazukommt. Der linke Teil des Zwerchfells bedeckt Magen, Milz und die linke Niere und stützt den linken Lungenbogen.
Wenn sich das Zwerchfell senkt und Druck auf Leber, Magen und die anderen Organe ausübt, massiert es diese sanft, stimuliert sie und hilft ihnen dadurch, ihre jeweilige Funktion zu erfüllen. Die inneren Organe bewegen sich ähnlich wie die Muskeln an der Körperoberfläche, und das Zwerchfell ist dafür Hauptwerkzeug. Durch seine Bewegung werden die wichtigen Verdauungs- und Ausscheidungsorgane bei jedem Ein- und Ausatmen massiert. Blut wird in die Organe gedrückt und wieder herausgepreßt.
Das Ausatmen geschieht passiv und ist eine mühelose Bewegung. Die Wände des Brustkorbs nehmen dank ihrer Elastizität einfach wieder ihre Ruhestellung ein. Und was geschieht beim forcierten, aktiven Ausatmen? Dazu werden hauptsächlich die flachen (schrägen und querverlaufenden) Bauchmuskeln und die kleinen, an der Innenseite der Rippen liegenden inneren Zwischenrippenmuskeln betätigt. Wenn sich die inneren Zwischenrippenmuskeln zusammenziehen, verengen sie den Brustkorb und tragen dazu bei, auch den letzten Rest Luft nach dem Ausatmen aus den Lungen zu pressen.
Wenn die Luft beim Einatmen bis in die äußersten Winkel der Lunge strömen soll, darf ihr nichts im Wege stehen. Jedes Hindernis hat oberflächliches Atmen zur Folge. Wenn man aktiv ausatmet und die Luft beim Ausatmen mit den schrägen Bauchmuskeln und Zwischenrippenmuskeln hinauspreßt, diese danach entspannt oder losläßt, dann wendet man eine einfache Technik an, die mit der Zeit alle Blockaden im dritten Chakra löst und beseitigt.
Sie möchten gerne wissen, worin sich dieses Atmen von der Bauchatmung unterscheidet? Bauchatmung wird in vielen Streßmanagementkursen und einigen Yogakursen unterrichtet. Sie wurde – wie beinahe alle westlichen Atemtechniken – von alten östlichen Methoden abgeleitet. Beide Methoden ähneln sich und sind doch verschieden voneinander.
Ähnlich sind sie insofern, als daß die Luft beim Atmen in beiden Fällen bis in den Bauch hinunterfließt. Damit aber sind schon alle Gemeinsamkeiten genannt. Bei der Bauchatmung etwa wird das Einatmen betont, nicht das Ausatmen; der Bauch wird beim Einatmen aktiv gedehnt, um die Luft in den Lungenraum hinunterzuziehen. Das erfordert weitaus mehr Energie als aktives Ausatmen. Es ist auch schwieriger für diejenigen, die normalerweise verkehrt atmen.
Die vorbereitende yogische Übung, die Luft beim Einatmen hereinfließen zu lassen, anstatt sie angestrengt einzusaugen, bringt eine größere Kontrolle

über den Atem. Sie lehrt, die Lunge zu leeren, bevor man sie füllt. Auch die Gifte im Körper werden besser ausgeschieden. Diese Übung bedeutet auf der energetischen Ebene dasselbe wie die Entleerung des Darms auf der körperlichen Ebene. Sie verdeutlicht die Notwendigkeit und den Vorteil des Entleerens vor dem erneuten Nachfüllen.

Die *Ujjayi*-Atmung

Nachdem man gelernt hat, aktiv auszuatmen, und mit dieser Atemform vertraut geworden ist, folgt als nächster Schritt das Erlernen der eigentlichen Ujjayi-Atmungstechnik. Dabei muß man wissen, daß sich die eigene Atmung im Power-Yoga verändert und entwickelt. Man kann die fortgeschrittenen Stufen der Atmung in den ersten Wochen oder Monaten ebensowenig meistern wie die fortgeschrittenen Haltungen. So werden wir beispielsweise im 4. Teil in der Atemtechnik weitere Fortschritte machen, wenn wir die inneren Sperren, die Bandhas, zu unserer Übung hinzunehmen. Diese tragen ebenfalls dazu bei, die Zwischenrippen- und Zwerchfellmuskeln zu kräftigen, was wiederum die Lungenkapazität vergrößert und, dank vermehrter Konzentration, auch den Geist stärkt. Allerdings sind die Bandhas kaum verständlich, wenn nicht zuvor die Grundlagen geklärt sind.
Oft werden Schauspieler gefragt, wie sie es schaffen, so viel Text zu behalten. Jeder Schauspieler weiß, daß das Auswendiglernen aber nur der erste Schritt dazu ist. Es ist wie beim Lernen von Tanzschritten oder Tonleitern. Erst wenn man die Texte, Schritte oder Tonleitern vollständig beherrscht, kann man sich mit dem wahren Wesen dieser Kunst befassen.
Die Sanskritvorsilbe *ud* bedeutet ausdehnen, und *jaya* heißt Erfolg oder Sieg. Mit der Ujjayi-Atmung beginnt das Erlernen der Sprache des Power-Yoga. Wie Schauspieler oder Tänzer ihre Texte oder Schritte üben, wenden wir bewußt die Ujjayi-Methode an, um die Fülle unserer Möglichkeiten optimal auszuschöpfen. Im Yoga heißt es, daß man den Geist beherrschen kann, wenn man den Atem zu kontrollieren lernt.
Um einen Strom unter Kontrolle zu bringen, beispielsweise von Menschen, Autos oder Wasser, machen wir gewöhnlich den Durchgang dafür enger. Dasselbe gilt für den Atem. Wird der Durchgang im Hals verengt, durch den die Luft fließt, wird der Atemfluß verlängert und kontrolliert. Durch eine bewußte leichte Verengung des Halses entsteht beim Ujjayi-Atmen ein besonderer Zischlaut, wenn der Atem im Kehlkopf über die Stimmbänder streicht. Beim Flüstern, wenn wir unbewußt dasselbe tun, um leiser zu sprechen, entsteht derselbe Laut. Wenn der Durchgang verengt wird, fließt die Luft schneller durch ihn hindurch. Das bewirkt den Zischlaut. Auch wenn die eigentliche Ujjayi-Atmung bei geschlossenem Mund ausgeführt wird, ist es leichter, sie anfangs mit offenem Mund zu erlernen.
Beginnen Sie damit, nach dem Ausatmen mit offnem Mund ein «Aahhh» oder «Uuhhh» zu flüstern. Machen Sie die Lungen mit diesem Laut vollständig leer. Dann atmen Sie ein, und flüstern Sie dabei den «Aahhh»- oder «Uuhhh»-Laut. Füllen Sie beim Einatmen die Lungen vollständig. Wiederholen Sie dies mit geschlossenem Mund. Beim Einatmen hören Sie einen leisen gehauchten Laut und beim Ausatmen einen kehligen Zischlaut. Das ist die Ujjayi-Atmung, oder zumindest der Anfang davon.
Wenn man sich beim Atmen beobachtet, gleich, ob beim Üben oder bei sonstigen Beschäftigungen, dann kann man große Schwankungen im Luftstrom feststellen. Manchmal ist der Atem langsam, manchmal schnell, manchmal oberflächlich – in Abhängigkeit von der jeweiligen physischen oder psychischen Belastung. Beim Laufen, Treppensteigen oder Gewichtheben geht der Atem natürlich schneller. Wenn man Angst hat oder besorgt ist, atmet man oberflächlicher.
Mehr noch als mit der körperlichen Belastung hängt der Atem mit der geistigen Aktivität zusammen. Bei einem ruhigen Geist ist auch der Atem ruhig, bei Aufregung wird der Atem unregelmäßig. Wenn der Geist schwer und träge ist, ist der Atem ebenfalls schwer und bleiern.
In der Yoga-Philosophie heißt es, die Lebenskraft (Prana) sei der Herr des Geistes, der Herr des Prana aber sei der Ton. Der Ton, der bei der Ujjayi-Atmung entsteht, ist also ein wichtiger Teil der Übung. Beim Atmen kann sich der Geist darauf konzentrieren. Das Hören auf diesen Ton ist eine Methode, um die Aufmerksamkeit zu schulen, und

außerdem wird Achtsamkeit geübt. Das Hören auf den Atem verfeinert diesen und beruhigt den Geist. Wenn wir den Luftstrom durch die Kehle etwas eindämmen, erzeugen wir einen beständigen Fluß und ein feststehendes Muster.

Ist dieses Atemmuster erst einmal gefestigt, folgt ihm auch der Geist. Wenn man unachtsam ist, kann man nicht nach der Ujjayi-Methode atmen, weil diese nicht von selbst geschieht. Man muß sie mit jedem Atemzug neu durchführen. Sobald der Geist abschweift, wird der Atem unregelmäßig. Es ist für Anfänger nicht leicht, sich auf «nichts» zu konzentrieren. Daher stellt das Hören auf den Ton eine Hilfe dar.

Bei einer ständigen Veränderung des Atemmusters – was im Alltag der Fall ist – wird es ganz deutlich, daß die Atmung die geistigen Aktivitäten spiegelt. Im Yoga versuchen wir, den Geist unter die Kontrolle des Atems – und schließlich des Prana – zu bringen. Das ist das genaue Gegenteil dessen, was wir gewohnt sind! Die yogische Philosophie besagt jedoch, daß wir die Kontrolle über den Geist erwerben, sobald wir gelernt haben, den Atem zu kontrollieren.

Eine Möglichkeit, den Geist darauf zu schulen, auf den Atem zu achten, besteht darin, ihm etwas Stetiges zu geben, worauf er sich beständig konzentrieren kann. Wenn sich alles fortlaufend ändert, bleibt auch der Geist rastlos. Bei unregelmäßiger Atmung ist es daher schwierig, die Aufmerksamkeit auf den Atem gerichtet zu halten. Deshalb besteht unsere anfängliche Arbeit in dieser Übungsform größtenteils darin, ein stetiges, regelmäßiges Atmen zu schulen.

Man könnte auch den Vergleich mit einem Holzofen anstellen: Wenn Sie ein möglichst sauberes Feuer wollen, das viel Wärme spendet, achten Sie auf eine gleichmäßige Sauerstoffzufuhr. Bei wechselnder Luftzufuhr brennt das Feuer nämlich nicht gut. Bei zu viel Luft verbrennt das Holz zu schnell, und Energie geht verloren. Das entspricht beim Üben einem schnellen, oberflächlichen Keuchen, bei dem Energie verbraucht und eine mühevolle Anstrengung sichtbar wird. Anstatt nach dem Üben energiegeladen zu sein, wie es sein sollte, fühlt man sich erschöpft. Dann stimmt etwas nicht.

Wenn die Luft dagegen zu langsam einströmt, reicht der Sauerstoff nicht aus, um das Feuer in Gang zu halten; es geht aus, und der Ofen kühlt ab. Dem entspricht eine träge, unzureichende Atmung. Der Geist schweift ab, die Atmung nimmt ab und damit auch die durch die Übung erzeugte Körperwärme. Das macht sich oft als Gähnen bemerkbar. Gähnen bedeutet zu wenig Sauerstoff. Wer beim Üben gähnt, atmet nicht richtig, ist von daher auch nicht richtig konzentriert.

Die Ujjayi-Atmung zu meistern erfordert Übung und Geduld. Lassen Sie sich nicht entmutigen, wenn es nicht gleich gelingt. Beim Ausatmen kann man leichter einen Laut erzeugen als beim Einatmen; daher arbeiten Sie am Anfang besser mit dem Ausatmen. Manchmal kann es auch vorkommen, daß man sich räuspern muß oder das Gefühl hat, man müßte etwas heraushusten. Das zeigt in der Regel eine zu große Anstrengung an. Richtig ausgeführt reizt diese Atmung den Hals nicht. Bleiben Sie geduldig, bis es Ihnen gelingt.

Die Ujjayi-Atmung ist eine faszinierende Methode, die in gewöhnlichen Yoga-Kursen selten gelehrt wird. Sie gehörte zu jenen uralten Techniken, die nur wenige erlernen konnten. Sie ist jedoch von einem so großen Nutzen, daß sie eigentlich uns allen zugänglich sein sollte. Sie ist ein wichtiges Werkzeug, hilfreich in allen Lebenslagen.

3. Teil · Wärme erzeugen · Der Sonnengruß

Sonnengruß A und B

Der Sonnengruß – die Grundlage des Power-Yoga

Die ersten Schritte des Power-Yoga-Trainings sind die Aufwärmübungen oder der sogenannte Sonnengruß – im Sanskrit *Surya-Namaskara,* was wörtlich «Verneigung vor der Sonne» bedeutet. Alle Übungen beginnen mit dem Sonnengruß (in beiden Formen), der als Grundlage des gesamten Power-Yoga dient. Er stellt ein eigenständiges Training dar, das jedes Gelenk und jede Muskelfaser auflockert und wärmt. Wie stets beim Power-Yoga liegt das Besondere darin, daß alle Körperfunktionen einbezogen werden.
Es gibt zwei Formen des Sonnengrußes. Sie bestehen aus einer Folge von neun bzw. siebzehn Haltungen. Im Power-Yoga ist die Wirbelsäule das tragende Element jeder Bewegung. Der Sonnengruß leitet einen Prozeß ein, in dessen Verlauf wir uns der Wirbelsäule wieder bewußt werden. Bei vielen ist die Funktion der Wirbelsäule infolge einer schlechten Haltung, von Verletzungen oder einseitigen Trainings stark gestört; wir werden später darauf zurückkommen. Beim Ausführen der verschiedenen Haltungen des Sonnengrußes können wir feststellen, wie sehr die Elastizität und Biegsamkeit der Wirbelsäule im Laufe der Jahre abgenommen haben, aber die Übungen verhelfen uns auch dazu, die natürliche Geschmeidigkeit dieses wichtigen Körperteils wiederzuerlangen.
Die Analyse der einzelnen Phasen der Aufwärmübungen zeigt, aus wie vielen verschiedenen Abläufen sie bestehen. Wir bewegen uns auf und ab, strecken uns nach vorne und nach hinten. Arme und Beine sind nötig, um das Körpergewicht zu tragen. Die Vorder- und Rückseite des Körpers werden abwechselnd kontrahiert und gedehnt.
Zusammenziehen und Ausdehnen bilden das harte und das weiche Element im Power-Yoga. Sie sind wie Bewegung und Ruhe. Dadurch, daß wir einen Muskel zuerst anspannen und ihn danach ausruhen lassen, also entspannen, und diesen Vorgang die gesamte Übungsfolge hindurch wiederholen, lernen die Muskeln, zwischen diesen beiden grundsätzlichen Zuständen zu unterscheiden und ihr eigenes natürliches Gleichgewicht herzustellen. So setzt der Sonnengruß den kräftigenden und harmonisierenden Prozeß des Power-Yoga-Trainings in Gang. Die einzelnen Muskeln werden nicht nur nacheinander zusammengezogen und gedehnt, sondern stehen gleichzeitig in einer Wechselwirkung mit allen anderen Muskeln. Das ist eines der Geheimnisse für den Erfolg dieser Yogaform.

Richtiges Dehnen

Verglichen mit der Wirkung des Sonnengrußes sind alle anderen Fitneß-Methoden nicht mehr als ein Aufwärmtraining. Joggen oder Radfahren bringen Beine und das Herzkreislaufsystem in Schwung, aber was ist mit dem Oberkörper, den Armen, den Schultern und der Wirbelsäule? Aerobic erzeugt zwar Wärme, die Muskeln werden aber nicht in der vorteilhaften Art des Sonnengrußes betätigt, ebensowenig profitieren Gelenke und Bindegewebe von einem sinnvollen Rhythmus von Bewegung und Entspannung.

Viele versuchen, sich mit Dehnübungen für sportliche Betätigung aufzuwärmen. Der 9. Grundsatz des Power-Yoga-Trainings aber hält fest: «Dehnen ist nicht Aufwärmen!» Man streckt sich nicht, um die Muskeln auf ihre Betätigung vorzubereiten, sondern sie müssen schon vor dem Strecken warm sein, also bevor man mit den Asanas oder Haltungen beginnt. Danach geht es darum, die Wärme gezielt aufrechtzuerhalten. Denken Sie an den 1. Grundsatz des Power-Yoga-Trainings, der lautet: «Um sich zu dehnen, muß der Körper erwärmt sein.» Damit ist nicht die normale Körperwärme gemeint, ebensowenig genügt ein heißes Bad. Die Wärme muß von innen heraus kommen, so sehr, daß man schwitzt. Kalte oder steife Muskeln zu strecken ist nicht nur völlig nutzlos, sondern sogar gefährlich. Sich nach einem Aerobictraining in der Abkühlphase zu strecken ist viel sicherer als im kalten Zustand, aber die Wirkung bleibt gering.

Das Besondere der hier vorgestellten Methode liegt darin, daß man sich erst dann streckt, wenn der Schwitzmechanismus eingesetzt hat. Es gibt grundsätzlich fünf Faktoren, die zum Schwitzen beitragen und die Wärme während der Übungen aufrechterhalten: (1.) Die Ujjayi-Atmung, die im 2. Teil erläutert wurde; (2.) Konzentration oder «Achtsamkeit»; (3.) statische Muskelkontraktionen (mit letzteren beginnen wir in diesem Kapitel zu arbeiten); (4.) Vinyasa oder «Fluß», womit die Bewegungen gemeint sind, die die Haltungen untereinander verbinden; und (5.) Bandhas, innere Sperren oder inneres Zusammenziehen, die im 4. Teil erläutert werden.

An dieser Stelle wären wir überfordert, wollten wir auf alle fünf Faktoren gleichzeitig achten. An die Atmung und die Bandhas zu denken, sich intensiv anzustrengen, achtsam zu sein und auch noch Vinyasa einzuhalten, scheint fast unmöglich zu sein. Aber auch so große Vorhaben wie ein Universitätsstudium, das Verfassen einer Doktorarbeit, das Komponieren einer Symphonie oder das Malen eines kunstvollen Bildes sind anfangs eine gewaltige Herausforderung, die sich jedoch schließlich bewältigen läßt. Mit dem Fortgang der Praxis wird die Verbindung dieser fünf Komponenten so selbstverständlich, wie Flüsse zu einem großen Strom zusammenfließen. Wenn Sie bereit sind, mit den Aufwärmübungen zu beginnen, werden Sie einige dieser Komponenten am eigenen Leib erfahren. Beschäftigen Sie sich nacheinander mit jedem einzelnen der fünf Faktoren, und haben Sie dabei Geduld.

Der Sprung ins Wasser

Für das folgende Kapitel sollte man sich genügend Zeit lassen. Es ist wichtig, die Aufmerksamkeit auf jede Haltung der beiden Varianten des Sonnengrußes zu richten. Die Übung ist so aufgebaut, daß immer nur wenig Neues dazukommt. Ein nachlässiges oder ungenaues Einüben in diesem Frühstadium hat später negative Folgen. Achten Sie deshalb vom ersten Tag an mehr auf die korrekte innere Einstellung als darauf, die Haltung perfekt auszuführen.

In Anfängerkursen sage ich oft: «Was wir hier tun, ist, Ordnung ins Chaos zu bringen», wobei das Chaos ein Mangel an Bewußtheit bzw. Achtsamkeit ist, ein Mangel, der sich körperlich als Ungleichgewicht äußert. In unserer Übung schließen wir Körper und Bewußtsein wieder zusammen. Es geht nicht darum, verspannten, «unbewußten» Körperteilen eine Technik aufzuzwingen, sondern darum, diese Bereiche durch Achtsamkeit neu zu beleben. Wenn wir unsere Aufmerksamkeit nach innen richten und uns der eigenen Begrenzungen und Blockaden bewußt werden, erlangen wir mit der Zeit ganz natürlich unser ursprüngliches, wohlausgewogenes Gleichgewicht wieder. Wenn ich also sage, daß wir mit dieser Übungsform Ordnung in ein Chaos bringen, meine ich damit die allmähliche Erinnerung an unsere ursprüngliche Ordnung und unser natürliches Gleichgewicht. Schließlich hat diese Ordnung den ganzen Körper wieder durchdrungen und das Ungleichgewicht behoben.

Vergessen Sie nicht zu atmen!

«Das klingt zwar alles wunderbar», mögen Sie jetzt sagen, «aber wie macht man das genau: ‹den Körper wieder an das Bewußtsein anschließen›, und ‹die verspannten Bereiche neu beleben›?» Vielleicht denken Sie auch: «Ich bewege mich doch! Ich hebe Gewichte, laufe, fahre Rad, rudere, tanze, spiele Tennis und so weiter, und dennoch werde ich immer verspannter. Warum sollte diese Bewegungsform mich ‹neu beleben›, wenn andere Bewegungsformen das nicht tun? Wo liegt der Unterschied?» Eine gute Frage: Der Ashtanga-Yoga fußt auf dem Grundsatz, daß durch das Strömen subtiler Kräfte im physischen Körper Bewußtseinsveränderungen herbeigeführt werden können. Der erste Schritt also ist, den Körper zu einem gesunden und geeigneten Vehikel für die Bewegung und für den Umgang mit diesen Kräften zu machen. Bewegung allein läßt die subtilen Kräfte noch nicht fließen. Was den Körper mit dem Bewußtsein verbindet, ist der Atem, und Bewegung in Verbindung mit der Ujjayi-Atmung ist das besondere Merkmal, das diese Übungsform von anderen unterscheidet.
In der *Hatha-Yoga-Pradipika* des Yogi Swami Svatmarama, der alten klassischen Sanskritschrift über den Yoga, heißt es, der Geist sei Herr des Körpers und Prana – die Lebenskraft – Herr des Geistes (Kapitel XI, Vers 29–30). Da wir Prana anfänglich als Atem erfahren, stellen wir fest, daß der Atem als Brücke zwischen Bewegung und Bewußtsein dient. Wenn wir also bewußter atmen, nehmen wir die natürliche Beschaffenheit unseres Körpers besser wahr; wenn wir unsere Haltungen genauer ausrichten, fließt der Atem leichter und intensiver. Das eine hängt unmittelbar mit dem anderen zusammen: Der Atem ist für die Haltungen notwendig, und die Haltungen ermöglichen das richtige Atmen.
Aus Erfahrung kann ich sagen, daß beides sich gemeinsam entwickelt. Wenn Nerven und Muskeln besser arbeiten, die Achtsamkeit zunimmt und uns Bereiche bewußt werden, die verspannt oder unbewußt waren, dann wird die Atmung stärker, ruhiger und wirkungsvoller. Und je tiefer und vollständiger Atmung wird, desto leichter sind die Haltungen auszuführen, und man spürt, wie sich der Körper wieder mit seiner lebenspendenden Quelle, dem Bewußtsein, verbindet.
Als Bindeglied zwischen Bewegung und Bewußtsein ist der Atem eines der wichtigsten Elemente bei der eigentlichen Ausführung der *Asanas* (oder Yoga-Haltungen). Er wird als Werkzeug verwendet, um die Übung wirksam zu machen und zu erleichtern. Ein- oder Ausatmen begleiten jede Haltung im Sonnengruß. Am Anfang gibt es soviel zu beachten, daß es eine Herausforderung ist, überhaupt einigermaßen regelmäßig zu atmen. Wenn es nicht auf Anhieb gelingt, den Atem mit der Bewegung zu synchronisieren, dann ist dies kein Grund zur Sorge. Dazu braucht man einfach Zeit!

Der rote Ferrari

Die Aufwärmübungen sollten nach und nach intensiviert werden. Es ist ratsam, ganz langsam und sachte zu beginnen und sich mit großer Bewußtheit zu bewegen, sich Zeit zu nehmen, um die Verspannungen, die Energie und den Allgemeinzustand seines Körpers zu *erspüren.* Wenn die Wärme ansteigt, werden die Bewegungen fließender. Nachdem man einmal grundsätzlich die korrekte innere Einstellung erlernt hat und die Muskelzellen sich an die Bewegung gewöhnt haben, kann man versuchen, Atem und Bewegung in einen harmonischen Einklang zu bringen. Die Bewegungen werden dadurch nicht unbedingt schneller, aber geschmeidiger.
Stellen Sie sich vor, daß es an einem kalten Januarmorgen schneit und ein roter Ferrari vor der Tür steht. Sie wollen mit ihm zur Arbeit fahren. Was tun Sie? Sicherlich treten Sie nicht gleich voll aufs Gaspedal und brausen die Straße hinunter. Wenn man alles aus seinem Auto herausholen will, dann läßt man den Motor langsam auf Touren kommen. Denn das Öl, das die Motorteile schmiert, ist im Winter dickflüssig. Ähnlich sieht es in unserem Körper beim Aufwachen aus. Wir springen deshalb nicht aus dem Bett und laufen in Windeseile zur Tür hinaus –

wenigstens tun das die meisten von uns nicht. Wir brauchen Zeit, um aufzuwachen. Damit will ich sagen, daß es etwas dauert, um das «Öl» in unserer Maschine anzuwärmen, bis es die richtige Betriebstemperatur erreicht hat. Genau das bewirkt der Sonnengruß. Sie erwärmen und beleben damit Ihren ganzen Körper – Zellen, Organe und Muskeln – und bringen den Kreislauf in Gang.

Ihre eigenen Fortschritte sind die besten

Wenn Sie anhand der Fotos und Anweisungen in diesem Buch üben, dann achten Sie darauf, daß Sie Ihre Resultate nicht zu kritisch mit den Bildern vergleichen! Vielleicht brauchen Sie bis zu zehn Jahren, um die Flexibilität zu erreichen, die einige Haltungen erfordern. Messen Sie sich nicht an absoluter Biegsamkeit. Es ist einfach, sich biegsam zu fühlen, wenn man nur herumsitzt und nichts tut. Es ist jedoch nicht einfach, beim Trainieren tatsächlich biegsam zu sein. Dies erfordert viel und ausdauerndes Üben. Lassen Sie sich also nicht entmutigen.
Aus eigener Erfahrung weiß ich, daß Jahre regelmäßiger Übung nötig sind, um geschmeidig zu werden. Auch mein Körper war anfangs nicht elastisch. Meine Schultern, Hüften, Oberschenkel, Waden und Achillessehnen waren außerordentlich verspannt. Für meine Rolle als Tambourmajorin in der Oberschule übte ich in den fünfziger Jahren wie besessen. Die ständige Arbeit mit dem Taktstock und das Training für die Wettkämpfe, an denen ich teilnahm, hatten den Bewegungsbereich meiner Schultern völlig eingeschränkt. Danach war ich vier Jahre lang an der Universität von Syracuse als Cheerleader aktiv. Dazu gehörte eine ganze Reihe von ausladenden Bewegungen mit den Armen, die die Schultermuskeln noch mehr verspannten. Außerdem habe ich auch Hockey gespielt, was die Schultern noch mehr versteifte, und das Laufen führte zu einer Verkürzung der Kniegelenkbeuger (den Muskeln an der Rückseite der Oberschenkel). Als ich in Colorado lebte, lief ich sieben Winter lang praktisch täglich Ski, und Skilaufen stärkt und spannt die großen Streckmuskel an der Vorderseite der Oberschenkel (Musculus quadriceps) – wie Radfahren oder Eislaufen auch. Hinzu kam, daß meine Wadenmuskeln und Achillessehnen vom Tragen hoher Stöckelschuhe drastisch verkürzt waren. Als ich mit Yoga begann, hatte ich also alles andere als einen geschmeidigen Körper.

Vorbereitung

Das Power-Yoga-Training beginnt mit der Anweisung, die Füße zusammenzustellen. Die gesamte Übung hat ihren Ausgangspunkt darin, daß man sich seiner Füße bewußt wird. Mit keinem der Gliedmaßen hat das Bewußtsein eine schlechtere Verbindung als mit den Füßen! Nachdem ich über die Jahre hinweg unzählige Leute in meinen Yogastunden aufforderte, sich gerade hinzustellen und die Füße nebeneinander zu setzen, kann ich sagen, daß sie dieser Aufforderung auf die verschiedensten und einfallsreichsten Arten nachkommen. Wenn man jemanden kennenlernen will, dann sollte man sich dessen Füße ansehen. Füße sind hochinteressant. Manchmal werden sie gut behandelt, aber in den meisten Fällen werden sie vernachlässigt oder überhaupt nicht beachtet.
Mein Mann betrieb Leichtathletik für die Nationalmannschaft an der Universität Houston und brachte es bis zum Weltklasseläufer. Wegen einer Operation an der Achillessehne mußte er 1981 aufhören. Wir begegneten einander ein Jahr später, und er begann, täglich Yoga zu üben. Die Ärzte hatten ihm gesagt, daß er wahrscheinlich nach der Operation nie mehr werde laufen können. Ein Jahr danach gewann er einen Wettlauf in San Francisco, und einige Jahre später hatte er sich seinen Platz auf der Nationalrangliste wieder erkämpft.
Mitte der achtziger Jahre begann mein Mann, mit mir Yoga zu unterrichten; drei Jahre lang war er mein verspanntester Yogaschüler gewesen, aber gleichzeitig setzte er sich auch am meisten ein und arbeitete am härtesten. Es versteht sich von selbst, daß er heute sehr gut auf seine Füße eingestimmt ist. Er pflegt zu sagen: «Weil die Füße am weitesten vom Gehirn entfernt sind, neigen die Leute dazu, sie völlig zu vergessen, wenn sie einem nicht gerade weh tun oder sonst etwas nicht in Ordnung ist.»
Biomechanisch gesehen kann sich der Fuß nur in vier Richtungen bewegen: Er kann sich einwärts drehen

(pronieren), nach außen drehen (supinieren), die Zehen können nach oben gezogen werden (Dorsalflexion) oder nach unten gestreckt werden (Plantarflexion). Das Gleichgewicht oder Ungleichgewicht beim Stehen, Gehen oder Laufen entsteht aus dem Zusammenspiel dieser vier Bewegungen.

Machen Sie einen Test: Ziehen Sie Ihre Schuhe aus, und stellen Sie Ihre Füße so zusammen, daß die großen Zehen, Fersen und Knöchel einander berühren. Gelingt Ihnen das? Können Sie so stehen, daß die großen Zehen einander berühren, oder drehen diese sich nach außen? Sind Ihre Füße im Gleichgewicht oder nicht? Unausgewogene Füße oder eine unregelmäßige Knochenstruktur kann ein erster Hinweis auf potentielle Trainingsschäden sein, besonders bei Laufsportarten. Plattfüße sind ein Hinweis auf übermäßiges Einwärtsdrehen, und besonders bei Läufern führt das unvermeidlich zu Problemen mit den Knien.

Viele Läufer versuchen es mit maßgefertigten Schuheinlagen, die die Gewichtsverteilung auf die Fußsohle verändern, um Fehlhaltungen auszugleichen. Das Gute daran ist, daß diese Einlagen die Berührungspunkte mit dem Boden und die Körperausrichtung sofort verändern und den geschädigten Bereich damit entlasten; somit kann dieser langsam heilen. Yogaübungen führen zum selben Ergebnis, nur bedarf es dazu längerer Zeit. Orthopädische Einlagen sind eine gute Sofortlösung bei einem dringenden Problem, beispielsweise Schmerzen, wenn man an einem Wettlauf teilnehmen soll; dann tragen sie dazu bei, das durchzustehen.

Als langfristige Lösung für ein solches Ungleichgewicht empfehle ich sie allerdings nicht. Immer wieder habe ich festgestellt, daß Menschen von diesem Hilfsmittel abhängig werden, und kaum ist ein Problem gelöst, taucht ein neues auf. Es wird nur ein Symptom behoben, statt die Ursache des Problems zu behandeln. Wenn ein Ungleichgewicht die Ursache ist, kann die Unterstützung einer Schwachstelle nur eine zeitweilige Lösung sein. Eine dauerhafte Lösung hingegen erfordert, daß das Ungleichgewicht selbst behoben wird. Dies läßt sich mit dem Power-Yoga-Training sehr wirkungsvoll erreichen. Im Idealfall sollte mit jeder Schuheinlage Ashtanga-Yoga verschrieben werden; das würde nach und nach den Umstrukturierungsprozeß, der durch die Einlagen eingeleitet wurde, langfristig weiterführen. Man kann das Yogatraining z.B. dazu verwenden, um ein Ungleichgewicht, wie übermäßiges Einwärtsdrehen, dadurch zu korrigieren, daß man bewußt die ganze Übung hindurch das Körpergewicht wieder auf die Außenseite der Füße verlagert. So wird das Fußgewölbe aufgebaut und gestärkt.

Der erste Schritt besteht also darin, seine Füße anzuschauen, sie kennenzulernen, sich bewußt zu werden, wie man steht, und gezielt zu versuchen, eine Fehlhaltung der Füße auszugleichen. Das Körpergewicht liegt im Fuß an drei Stellen auf: im Fußballen hinter dem großen Zeh, im Fußballen hinter dem dritten und vierten Zeh und mitten auf der Ferse. Liegt je ein Drittel des Körpergewichts an diesen Stellen im Fuß auf? Können Sie spüren, ob das Gewicht so verteilt ist? Versuchen Sie, sich etwas zu bewegen und den Druck auf jedem dieser drei Punkte zu fühlen. Dann probieren Sie, ein Gleichgewicht herzustellen. Am Anfang kann sich die Korrektur eines Ungleichgewichts beim Stehen höchst sonderbar und ziemlich unstabil anfühlen. Aber mit fortschreitender Übung und Bewußtheit wird die neue Haltung ganz natürlich werden. Versuchen Sie zum Vergleich einmal, sich die Zähne mit der anderen Hand als sonst zu putzen. Erst werden Sie sich unbeholfen und linkisch vorkommen. Mit der Zeit aber würde es leichter. Dasselbe gilt für das Stehen. Stellen Sie also die Füße so zusammen, daß die großen Zehen einander berühren. Die Arme liegen seitwärts an den Oberschenkeln. Entspannen Sie die Schultern, und drehen Sie sie nach hinten, wobei die Schulterblätter gegeneinander gedrückt werden. Das weitet den Brustraum und hebt den Brustkorb. Diese Haltung heißt *Tadasana* oder «Geradestehen wie ein Berg» (Abb. 3.1). Sie ist der Anfangs- und Endpunkt aller Haltungen im Stehen, die im 4. Teil beschrieben werden, und es ist wichtig, sie von Anfang an richtig zu verstehen. Die Abb. 3.2 bis 3.6 zeigen einige Haltungsfehler und Unausgewogenheiten der Wirbelsäule, die auf zu große Steifheit und/oder Schwäche einer ganzen Reihe von Muskeln zurückzuführen sind, was die Ausführung von Tadasana beeinflussen kann.

Zuerst sehen Sie eine vielfach anzutreffende, schlechte Wirbelsäulenhaltung (Abb. 3.2), bei der der Kopf nach vorne hängt. Diese Unausgewogenheit im Knochengerüst ist mir bei den Teilnehmern meiner Kurse und Workshops am häufigsten begegnet. Bei Läufern – sowohl Männern wie Frauen – kommt sie besonders oft vor, sie ist aber auch sonst, z.B. in Fitneßgruppen, zu beobachten. Sie wird in der Regel durch eine schlechte Haltung, zu langes Sitzen am Schreibtisch, ein negatives Selbstbild oder mangelndes Selbstvertrauen hervorgerufen. Richtigerweise sollte der Kopf gerade auf der Wirbelsäule sitzen (wie in Abb. 3.1) und nicht nach vorn geneigt sein.

Der nach vorne hängende Kopf wird oft noch von einer weiteren Fehlhaltung begleitet. In Abb. 3.3 ist eine übertriebene Wölbung im oberen Rückenbereich zu sehen. Das nennt man *Kyphose,* eine abnormale Wirbelsäulenverkrümmung nach hinten, die zu einem «Buckel» oder einer übersteigerten Rundung der oberen Rückenwirbel führt und oft mit einem eingefallenen Brustkorb und versteiften Brustmuskeln vor den Schultern oder vor dem Brustkorb (Zwischenrippenmuskeln) einhergeht. Dieser Zustand ist für Sprinter, Radfahrer und Eisläufer typisch. Bei Sprintern kann er durch Vorwärtsbeugen, Armarbeit und wahrscheinlich am stärksten durch die außerordentliche Versteifung hervorgerufen werden, die sich auf der Rückseite der Beine in

Abb. 3.1

Abb 3.2

den Kniegelenkbeugern einstellt. Gewöhnlich ist dieser Zustand um so schlimmer, je länger und erfolgreicher der Sportler läuft.
Bei Eisläufern und Radfahrern wird die Krümmung durch das forcierte Trainieren der breiten Rückenmuskeln (Latissimus dorsi) hervorgerufen, die man beispielsweise auch zum Holzfällen braucht. Diese Lendenbeuger sind für das Wölben oder Vorwärtsbeugen des Rückens im Lenden- oder Kreuzbereich zuständig. Sie sind mit den Lendenstreckern gepaart, den langen, strangähnlichen Rückenstreckmuskeln (Erector spinae), die beiderseits der Wirbelsäule im Rücken hochsteigen und diesen aufrichten bzw. strecken. Wenn man Eisläufern oder Radfahrern beim Training zusieht, stellt man fest, daß sie stundenlang in der Taille vorwärtsgebeugt sind, mit den Armen ziehen und mit den großen Streckmuskeln am Oberschenkel abstoßen. Solche spezialisierte Trainingsarten – wie überhaupt jedes längere Training, in dem immer dieselben Muskeln beansprucht werden – bringen mit der Zeit Unregelmäßigkeiten im Körperbau wie etwa diejenigen in Abb. 3.2 bis 3.6 mit sich.
In Abb. 3.4 ist eine übermäßige Krümmung der Wirbelsäule im Lendenbereich nach vorne, eine *Lordose,* dargestellt. Sie kommt außerordentlich

Abb. 3.3

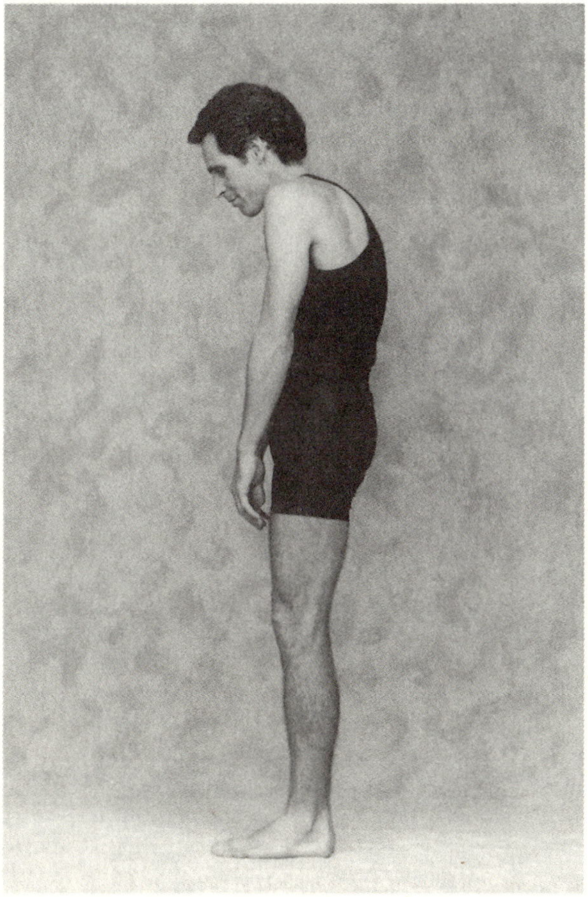

Abb 3.4

häufig bei allen Laufsportlern und Radfahrern vor. Gewöhnlich wird sie von angespannten Hüftbeugern – besonders der Hüftlenden- und Lendenmuskeln – und/oder schwachen Bauchmuskeln begleitet. Wie in der Kyphose ist dieser Zustand bei einem intensiven und langen Training besonders ausgeprägt. So werden beispielsweise die Hüftbeuger um so härter, je höher die Beine beim Laufen gehoben werden, so daß die meisten Eliteläufer wegen ihres hochspezialisierten und häufigen Trainings oft den unausgewogensten Körperbau aufweisen. In Abb. 3.5 sind die Haltungsschäden aus Abb. 3.3 und 3.4 kombiniert.

Bei anderen Sportarten, etwa dem Golfspielen, kann sich eine Lordose ebenfalls negativ auswirken. Auch wenn eine Lordose beim Golfspielen nicht auf dieselbe Weise verursacht wird wie beim Laufen, so kann die ständige Hüft- und Schulterdrehung beim Golfschlägerschwingen zu Rückenproblemen führen, vor allem in Verbindung mit einer allzu starken Lendenwirbelsäulenkrümmung, mit entzündeten oder hervortretenden Wirbeln oder mit Bandscheibenvorfall.

In Abb. 3.6 ist eine Asymmetrie zu sehen, die nicht nur im Schulterbereich auftreten kann, sondern auch im Hüftbereich. Wenn eine Schulter höher ist

Abb. 3.5

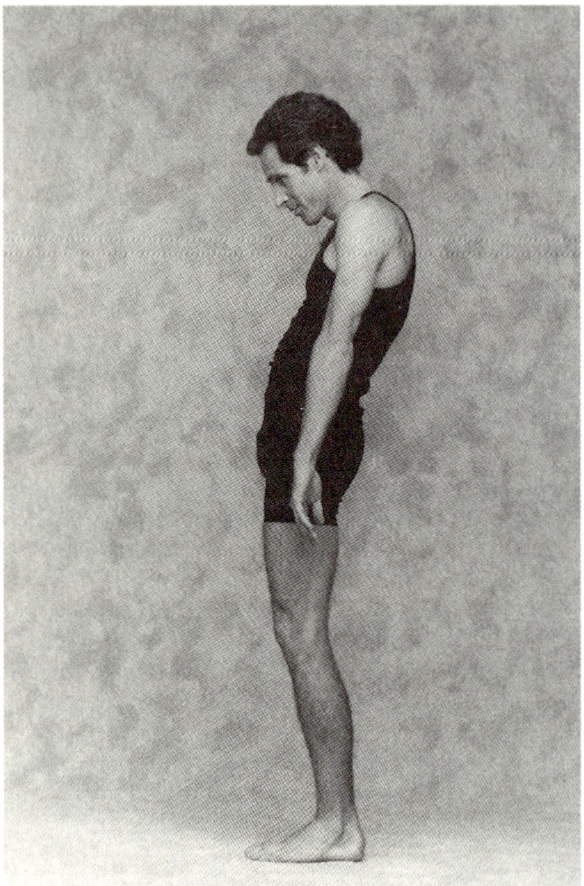

Abb 3.6

als die andere, suche ich gewöhnlich nach ungleichmäßig entwickelten Muskeln, deren Ursache meist in einer Sportart liegt, in der eine Körperseite überbeansprucht wird, etwa beim Tennis, Squash oder Badminton. Ungleich hohe Schultern können auch von einer alten Verletzung stammen, beispielsweise vom Sturz auf eine Schulter beim Skilaufen oder vom Rad. Das damit verbundene Trauma verhärtet oder zieht den verletzten Bereich zusammen und verursacht ein seitliches Ungleichgewicht. Monate oder Jahre später kann es sich als ungleichmäßige Haltung im Schulterbereich äußern.

Dieselben Vorgänge können auch zu einer Hüftasymmetrie führen. Es gibt viele Menschen, die bei Chiropraktikern waren und denen gesagt wurde, sie hätten ungleich lange Beine. Die Patienten fühlen sich dann entstellt. Was der Chiropraktiker wahrscheinlich nicht gesagt hat, ist, daß fast alle Menschen ungleich lange Beine haben. Die Gründe dafür sind vielfältig, wir können z.B. als Kind beim Schulsport mit einem Gegner zusammengestoßen sein oder als Mutter das Baby ein Jahr lang nur auf der einen Hüfte getragen haben. Das Leben führt automatisch zu falschen Körperhaltungen, aber wenn wir darauf achten, können wir die Fehler nach und nach ausgleichen.

Nachdem wir uns einige der häufigeren Haltungsschäden angesehen haben und uns der Arbeit, die vor uns liegt, ein wenig bewußter geworden sind, wollen wir nun mit der Praxis beginnen.

Tips und Vorsichtsmaßnahmen

Die Übungszeiten

Am besten übt man entweder am Morgen oder am späten Nachmittag. Am Morgen haben wir gewöhnlich mehr Energie als am Abend. Auch fällt die Konzentration leichter, da Streß und Ablenkungen des Tages den Geist noch nicht überflutet haben. Andererseits ist der Körper noch steif, und folglich sind die Übungen anstrengender. Bei regelmäßiger Praxis nimmt die Steifheit ab, und die Asanas gelingen besser.

Am Ende des Tages ist der Körper biegsamer und beweglicher, so daß die Haltungen weniger Mühe machen. Gewöhnlich fehlt uns dann allerdings die Energie, und die Konzentration ist auch nicht mehr so klar und ungetrübt.

Am Morgen zu üben verleiht Kraft. Es gibt Schwung, und wir sind geistig auf unsere Arbeit vorbereitet, so daß wir mehr schaffen und mehr Freude daran haben. Nach dem Üben stellt sich ein Gefühl ein, als läge der schwerste Teil des Tages hinter uns und als könnten wir alles weitere – Unglücksfälle ausgenommen – spielend meistern. Wenn wir am späten Nachmittag üben, können wir uns entspannen und uns von den Belastungen des Tages erholen. Der Geist wird frei von den Tageseindrücken, und unser Schlaf wird tief und friedlich sein.

Das wichtigste aber ist, so häufig zu üben wie nur möglich. Ich empfehle immer, *mindestens* eine Viertelstunde oder zwanzig Minuten an vier bis fünf Tagen die Woche. Das hat einen großen Einfluß darauf, wie wirksam dieses Übungsprogramm ist und wie gut die Fortschritte ausfallen.

Essen

Unabhängig von der Übungszeit sollte man darauf achten, daß der Magen leer ist. Gewöhnlich empfehle ich, drei bis vier Stunden vorher nichts zu essen, je nach Art des Essens. Reis und Gemüse sind ziemlich schnell und leicht verdaut. Bei einer schweren Mahlzeit kann die Verdauung bis zu einem halben Tag dauern! Wenn man unbedingt vor dem Üben etwas essen will, dann reichen eine Tasse Tee oder Kaffee, ein Stück Banane oder Apfel als Energiespender. Durch viele Haltungen wird der Druck im Unterleib erhöht. Mit vollem Bauch zu üben kann zu Unbehagen, Schwindel oder Übelkeit führen. Blase und Darm sollten ebenfalls nach Möglichkeit leer sein.

Innere Verpflichtung

Wohlbefinden und Ausgeglichenheit des Geistes und des Körpers werden sich nicht von selbst einstellen, nur weil man dieses Buch gekauft hat. Man muß sehr motiviert sein, um an sich zu arbeiten und die Disziplin zum regelmäßigen Üben zu entwickeln. In meinen Stunden wiederhole ich immer wieder: »Es reicht nicht, sich für einen Kurs einzuschreiben. Nur zum Kurs zu kommen bewirkt nichts.»

Mein Mann sagt den Kursteilnehmern jedesmal: «Wißt ihr, wie gut es euch tut, wenn ihr nur einmal in der Woche zum Kurs kommt und sonst nichts macht?» Dann wartet er einen Moment, während die Leute nachdenken und gibt selbst die Antwort: «Gar nicht!»

Wir fordern die Leute auf, mit derselben geistigen Einstellung an ihre Yogaübungen heranzugehen wie an jedes andere Training. Wenn Sie sich beispielsweise auf einen Triathlonwettbewerb vorbereiten, laufen, schwimmen oder radeln Sie nicht nur bei schönem Wetter, sondern trainieren regelmäßig, ob Sie nun Lust dazu haben oder nicht. Jon Kabat-Zinn sagt in seinem Buch *Gesund durch Meditation* den Patienten in seiner Streßklinik folgendes zu ihren Übungen: «Ihr braucht sie nicht zu mögen; ihr müßt sie nur machen. Nach acht Wochen könnt ihr uns sagen, ob sie genützt haben. Übt jetzt einfach weiter.»

Wenn ich mir Zeit zum regelmäßigen Üben nehme, erinnere ich mich damit an das erste Glied des Ashtanga-Yoga, genannt *Yama*. Es besteht aus fünf

Teilen, wovon der erste *Ahimsa* ist, was soviel wie «Gewaltlosigkeit» oder «Ehrfurcht vor dem Leben» bedeutet. (Die fünf Teile des Yama enthalten die ethischen Grundsätze des Yoga, gemeinsam mit den fünf Vorschriften des *Niyama,* auf die ich später eingehen werde, bilden sie gleichsam die Zehn Gebote des Yoga.) Wenn ich mir jeden Tag Zeit zum Üben nehme, ist es so, als würde ich bewußt Ehrfurcht vor mir selbst üben, und das ist ein guter Anfang, der es viel leichter macht, den übrigen Bewohnern dieses Erdballs mit Gewaltlosigkeit zu begegnen.

Die anderen vier Grundsätze des Yama sind *Satya,* was «Wahrheit» bedeutet; *Asteya* oder «Nicht-Stehlen»; *Aparigraha* oder «Nicht-Anhäufung, Begierdelosigkeit» und *Brahmacharya,* wörtlich «das Heilige studieren»; ich nenne es «in seinem eigenen Höheren Bewußtsein verweilen». Wenn ich mir für die Arbeit an mir selbst Raum schaffe, kann ich alle Yama-Gebote bewußter verinnerlichen. Es hilft mir, mein Leben zu vereinfachen, und erleichert es, Grundsätze bewußten Wirtschaftens zu akzeptieren, wie etwa: «Häufe nicht zu viele Besitztümer an», oder «Nimm nicht, was nicht dir gehört», oder «Sage die Wahrheit» – sinnvolle Gebote, die uns schon unsere Eltern mit auf den Weg gegeben haben. Das alles hilft uns, leichter voranzukommen und weniger zu konsumieren. Ist es nicht erstaunlich, daß ein so altes System Wahrheiten enthält, die sich auf einen überlasteten Planeten und auf den Umgang mit knapper werdenden Ressourcen anwenden lassen?

Es ist also wichtig, seine Motivation für die Übungen aufrechtzuerhalten. Viele unserer Kursteilnehmer werden durch den Wunsch motiviert, wieder wie früher laufen, tanzen oder Golf spielen zu können. Andere hatten Verletzungen und mußten ihr Training einschränken oder ganz aufgeben. Oft waren sie schon bei einem halben Dutzend Ärzten, und niemand hatte ihnen bisher zu helfen vermocht. Jetzt sind sie begeistert, weil sie eine Technik kennenlernen, mit der sie ihr Problem möglicherweise allein lösen können.

Dennoch bedarf es einiger Mühe und Überlegung, um Zeit und Gelegenheit zum Üben zu finden. Für Menschen, die bereits mehr als ausgelastet sind, ist schon allein die Aufforderung, sich fünf Tage die Woche noch Zeit für etwas anderes zu nehmen, eine Belastung. Wenn Wohlergehen und Ganzheitlichkeit aber zu Prioritäten werden, kann man seine Übungszeiten besser einhalten, um so leichter, wenn man sich einen besonderen Platz dafür reserviert und zu einer festgesetzten Zeit praktiziert.

Ablenkungen

Üben Sie barfuß in einem sauberen Raum ohne hinderliche Möbelstücke oder äußere Ablenkungen. Richten Sie diesen Ort so bequem wie möglich und ausschließlich als Ihren persönlichen Übungsraum ein. Wenn Sie die Möglichkeit haben, sollten Sie sich ein Zimmer ganz dafür freihalten und es nur mit einigen Fotos oder Kunstobjekten schmücken, die Sie motivieren, achtsam und aufmerksam zu sein. Sollten Sie zur Mehrheit der Menschen gehören, denen nur eine kleine Stadtwohnung zur Verfügung steht, brauchen Sie etwas mehr Kreativität, um die passende Umgebung zu schaffen. Dazu können Sie verschiedene Dinge verwenden – etwa eine Blumenvase, ein Musikstück, einen Pokal, ein Foto oder irgend etwas anderes, was die Ziele repräsentiert, die Ihnen wichtig sind oder die Sie erreichen wollen.

Am besten verbannt man dabei alle Gebrauchsgegenstände wie Telefon, Schreibtisch, Staubsauger, Keksdose, Kaffeemaschine oder Arbeitsutensilien aus seinem Blickfeld. Diese Dinge können nämlich urplötzlich derartig wichtig werden, daß man glaubt, ihnen unverzüglich seine Aufmerksamkeit zuwenden zu müssen. Dies erschwert die ungestörte Konzentration auf die Übung. Gerade wenn eine schwierige Haltung an der Reihe ist, kann man sehr schnell den Staubsauger entdecken und der Meinung sein, es sei jetzt wirklich Zeit zum Saubermachen.

Wenn es für mich Zeit zum Üben ist, ziehe ich auch das Telefonkabel heraus. Das fällt nicht immer leicht, besonders wenn ich einen wichtigen oder interessanten Anruf erwarte. Dann sage ich mir aber, daß ich ohne regelmäßiges Üben, ohne mir Zeit für die Arbeit an mir selbst zu nehmen und auf meine innere Stimme zu hören, kein so achtsamer und ganzer Mensch sein kann, wie ich es gerne möchte. Als Yogalehrerin wäre ich dann bestimmt auch kein Vorbild mehr.

Baden

Es ist wichtig, sich vor dem Üben zu waschen, besonders als Teilnehmer in einer Gruppe. Wenn man nur vor oder nach dem Üben baden kann, ist es besser, dies vorher zu tun. Zu Beginn dieses Trainings fällt Ihnen möglicherweise ein starker oder ungewöhnlicher Körpergeruch an Ihnen auf. Das ist vor allem bei Anfängern nicht unüblich, denn Yoga reinigt und entgiftet den Körper, und alte Giftstoffe, die tage- oder sogar jahrelang im Körper gesteckt haben, werden nach und nach herausgelöst. Wahrscheinlich werden Sie deshalb auch noch nachher duschen wollen.

Nach drei bis sechs Wochen sollte der Geruch verflogen sein, was natürlich auch davon abhängt, was man ißt. Fleischesser haben einen viel stärkeren Körpergeruch als Vegetarier. Aber auch bei langjährigen Vegetariern können anfangs sonderbare und unangenehme Gerüchte entstehen, weil sie noch Spuren ihres früheren Fleischkonsums in ihrem Körper haben. Wenn man regelmäßig und kräftig übt und reine Nahrungsmittel ißt, wird man zwar immer noch stark, aber mit der Zeit geruchlos schwitzen. Durch den Schweiß wird der Körper jedoch immer etwas klebrig, und es empfiehlt sich, vor dem Zubettgehen noch einmal zu duschen.

Ich nehme vor dem Üben gern eine heiße Dusche oder ein heißes Bad, besonders am Morgen, weil es hilft, den Körper aufzuwärmen und zu lockern. Aber noch wichtiger ist es mir, sauber zu sein.

Das zweite Glied des Ashtanga-Yoga ist Niyama. Es umfaßt fünf Regeln, wie bereits erwähnt; die erste ist *shaucha* und bedeutet «Reinheit», was sich auf die Reinheit an Geist und Körper bezieht. (Die anderen vier Regeln sind *santosha* oder «Zufriedenheit», *tapas,* was bedeutet, psychische und physische Unreinheiten durch die Übung «zu verbrennen»; *svadhyaya* oder das «Studium spiritueller Bücher» und *ishvara-pranidhana,* wörtlich «Hingabe an Gott» oder «Gottesanbetung» – man könnte auch sagen, die Achtung einer höheren universellen Energie gegenüber.)

Ein sauberer Körper ist die Voraussetzung, um sich sowohl physisch als auch psychisch wohl zu fühlen, und ein wichtiger Bestandteil der richtigen Yogaübung. Also sage ich stets in meinen Kursen: Achten Sie darauf, wie Sie riechen. Viele tun das nicht! Außerdem nehmen Männer und Frauen Körpergeruch verschieden wahr – oder nicht wahr. Ziehen Sie immer saubere Kleidung an. Wenn Sie nur einen einzigen Yoga-Trainingsanzug haben, dann waschen Sie ihn *immer,* bevor Sie ihn wieder anziehen – dazu gehört auch die Unterwäsche.

Wasser

Bei der Beobachtung von Tieren – außer vielleicht Kamelen – über einen Zeitraum von 24 Stunden stellt man fest, daß sie immer wieder Wasser trinken. Weder Tee noch Kaffee, Cola oder Mineralwasser, sondern einfach Wasser. Jedes Lebewesen braucht Wasser. Die erste Frage, die ich Menschen stelle, die eine Ernährungsberatung wünschen, ist: «Wieviel Wasser trinken Sie am Tag?» Dabei habe ich bemerkt, daß die wenigsten genügend Wasser trinken, viele trinken überhaupt kein Wasser. Das jedoch öffnet Krankheiten und Unausgewogenheiten Tür und Tor.

Wasser ist außerordentlich wichtig, nicht nur für das Leben an sich, sondern auch für das Kalium-Natrium-Gleichgewicht, also das Verhältnis der beiden wichtigsten intra- und extrazellulären Mineralien im Körper, und ebenso für die richtige Funktionsweise der Organe. Wasser sollte man täglich in großen Mengen und auf leeren Magen trinken. Was ist eine große Menge? Ich fange den Tag mit einer Literflasche an. Es ist nicht leicht und macht keinen Spaß, das will ich ehrlich zugeben. Ich trinke nicht mehr viel Kaffee, aber Wasser schmeckt mir immer noch nicht so gut wie eine Tasse Kaffee mit viel Sahne. Aber Koffein hat seinen gesundheitlichen Preis, genauso wie Fett oder Zucker. Es ist unerheblich, in wie vielen Untersuchungen die positive Wirkung von Koffein auf das Training hervorgehoben wird. Letztendlich ist Koffein schädlich für die Nebennieren und die Leber. Wenn Sie gesund sein wollen, schränken Sie Ihren Koffeingenuß ein, oder – noch besser – verzichten Sie ganz darauf. Eine Tasse

Kaffee am Tag ist noch keine Katastrophe, aber wenn beispielsweise für eine Frau ein hohes Zystenrisiko in der Brust besteht, dann sollten Sie wissen, daß sie dieses Risiko durch den Verzicht auf Koffein verringern oder sogar ausschließen kann. Jeder treffe seine Wahl.

Beim Üben verlieren Sie durch das Schwitzen eine große Menge Wasser. Wenn Sie diese Flüssigkeit nicht ersetzen, riskieren Sie auszutrocknen. Darum müssen Sie Wasser trinken. Aber nicht direkt vor dem Üben, auch nicht beim Üben und mindestens eine halbe Stunde danach nicht.

Das heißt, daß Sie regelmäßig Wasser trinken sollten. Trinken Sie es immer auf leeren Magen, nicht zum Essen und auch nicht direkt anschließend. Das verwässert nur die Verdauung und verringert die Resorption der Nährstoffe aus der aufgenommenen Nahrung. Tee, Kaffee und Mineralwasser zählen nicht als Wasser. Denn wegen der Zusatzstoffe darin behandelt der Körper diese Flüssigkeiten wie Nahrung, und dazu braucht er Energie. Das Gute am Wasser ist, daß es direkt durch den Körper hindurchgeht und ihn ganz durchspült, ohne daß die einzelnen Organe viel Arbeit zu leisten hätten. Es ist außerordentlich reinigend. Farbe und Geruch des Urins sind gute Hinweise darauf, ob man genügend Wasser trinkt. Wenn er dunkelgelb ist und stark riecht, ist die Wasseraufnahme zu gering. Außer nach einem Spargelessen sollte der Urin nicht stark riechen. Man kann auch feststellen, wieviel Flüssigkeit man braucht, indem man einfach soviel trinkt, bis der Urin klar und geruchlos ist. Das macht man am besten am Morgen, wenn der Magen leer und kein Verdauungsprozeß im Gang ist, der diese «Spülung» verzögern oder behindern könnte. Alles in allem sollte das nicht länger als eine Stunde dauern.

Menstruation und Schwangerschaft

In alter Zeit – und ich bin mir nicht sicher, ob das nicht heute immer noch der Fall ist – berührte oder unterwies ein Brahmane und Yogi kaum jemals eine Frau, und schon gar nicht während ihrer Menstruation oder einer Schwangerschaft. Die Anordnung, daß Asanas nicht von menstruierenden oder schwangeren Frauen ausgeführt werden sollten, stammt aus einer patriarchalischen Zeit. Es fallen mir aber auch einige zeitgenössische Bücher über Hatha-Yoga ein, in denen ausdrücklich steht, Frauen sollten «während der Menstruation keine Asanas üben», und außerdem, daß «Asanas während der Menstruation Krämpfe und starke Blutungen auslösen können». Diese Bücher stammen meistens von Männern oder von Frauen, die Schülerinnen indischer Gurus sind. Ich gehe davon aus, daß die betreffenden Frauen dies von ihren Gurus, also Männern, gelernt haben, und nicht, daß sie es selbst feststellten. Da die in diesen Büchern abgebildeten Haltungen auf eine eher nachlässige Ausführung derselben schließen lassen, nehme ich überdies an, daß diese Autorinnen und Autoren die Übung der Asanas kaum besonders sorgfältig betreiben.

Meiner Meinung nach ist nichts unrichtiger als diese alten Grundsätze. Aus eigener Erfahrung kann ich sagen, daß ein konsequentes Betreiben der Asanas vor, während und nach der Menstruation sich außerordentlich wohltuend auswirkt und Krämpfe und prämenstruelle Beschwerden lindert. Regelmäßiges, kräftiges Üben sollte Krämpfe völlig beseitigen, es sei denn, es liegt ein wirkliches medizinisches Problem vor. Ich stelle meist fest, daß die Menstruation am ersten oder zweiten Tag stärker wird, aber dafür dauert sie nicht so lange. Die Blutungen sind zwei Tage lang ziemlich stark, aber dann sind sie vorbei; ich persönlich finde das natürlich, gesund und besser als ein Hinausziehen der ganzen Plage über sieben oder acht Tage.

Wenn ich mich am ersten oder zweiten Tag der Regel müde fühle, lasse ich es einfach etwas langsamer angehen, verkürze die Übungen und ruhe mich danach richtig aus. Was mir persönlich guttut, ist aber nicht unbedingt gut für andere. Achten Sie auf Ihren eigenen Körper, und wenn er Ihnen sagt, Sie sollten während der Menstrua-

tion einige Tage aussetzen, dann tun Sie dies auch.
Umgekehrte Haltungen (mit dem Kopf nach unten) sollten während der Menstruation nicht geübt werden, weil sie dem natürlichen Abwärtsfluß der Menstruation entgegenwirken. Führen Sie also während der Periode keinen Kopf-, Schulter- oder Handstand aus und auch keine Übungen, bei denen der Unterleib höher als der Kopf liegt.
Während einer Schwangerschaft kann man gar nichts Besseres für Herz, Kopf und Körper tun als Yoga zu üben. Es ist die allerbeste Übungsform überhaupt, besonders die dazugehörige Atmung. Ich habe ganze Stapel von Briefen von Müttern bekommen, ehemaligen Schülerinnen, die mir berichten, sie hätten während der Geburt die Ujjayi-Atmung angewendet, weil sie alle anderen Atemtechniken in den Schatten stellt. Im Idealfall sollten Sie allerdings *vor* dem Schwangerwerden damit beginnen oder zumindest im ersten oder zweiten Monat. Wenn Sie nach diesem Zeitpunkt mit den Übungen anfangen, brauchen Sie die Anleitung durch einen erfahrenen Yogatherapeuten.
Einige Haltungen, etwa die gebundene Winkelhaltung (Konasana) und die sitzende Winkelhaltung (Upavishtha-Konasana) sind jederzeit ausgezeichnete Übungen für das Kreuz. Andere, etwa die rückwärtsgebeugten Haltungen oder der «aufschauende Hund» im Sonnengebet sollten nach dem dritten oder vierten Monat ausgelassen oder abgeändert werden, da die Rückwärtsbeugung die Vorderseite des Körpers dehnt, was ungünstig ist, wenn die Entwicklung des Fötus erst einmal eingesetzt hat. Mit einem sorgfältig überwachten vor- und nachgeburtlichen Yogaprogramm kann man fit bleiben und dazu beitragen, daß das Kind glücklich und gesund wird.

Atem und Augentraining

Denken Sie daran, daß bei dieser Übung nur durch die Nase geatmet wird und der Mund geschlossen bleibt. Die Aufgabe der Ujjayi-Atmung ist es, wie im 2. Teil ausführlich beschrieben, den Geist zu beruhigen. Ein weiterer wesentlicher Aspekt ist ebenfalls ein Mittel zum Erlangen eines ruhigen und konzentrierten Geistes ist der Blickpunkt, *Drishti.* In der hier behandelten Übungsform ist der Blickpunkt in jeder Haltung festgelegt. Manchmal ist der Blick nach oben gerichtet, manchmal auf die Nasenspitze oder gerade über die Nasenspitze hinaus, manchmal auch zur Seite. Im fortgeschrittenen Yoga sind auch die Drishtis anspruchsvoller. Genaugenommen gibt es neun Drishtis. Anstatt einfach aufwärts zu blikken, können die Augen auch auf den Punkt zwischen den Brauen fixiert werden. Oder anstatt geradeaus werden sie genau auf die Nase gerichtet.
Normalerweise geht der Blick in dieselbe Richtung wie der Kopf. Das Augentraining verbessert die Sehkraft, da die Augenmuskeln und der Sehnerv betätigt werden und die Blutzirkulation angeregt wird. Dabei ist es wichtig, den Blick auf *einen* Punkt zu richten. Schließlich trägt dies mit dazu bei, dem Geist die Eigenschaften der Ruhe und der Beständigkeit zu verschaffen.
Wir alle haben schon erlebt, daß jemand, dessen Augen bei einem Gespräch ständig hin und her wandern, mit seiner Aufmerksamkeit nicht ganz bei der Sache ist. Als ich an diesem Buch arbeitete, bekam ich einen Brief von einer Schülerin, in dem wunderbar beschrieben wird, wie das Umherschweifen der Augen den Geist beeinflußt. Sie schrieb: «Ich war in einer Phase des Selbstmitleids und fragte mich immer wieder, warum wohl alle anderen verheiratet waren und Kinder hatten. Beim Üben – ich kämpfte gerade mit der gestreckten Hand-am-Zeh-Haltung (Utthita-Hasta-Padangushthasana), sah ich mich um, wie die anderen wohl damit zurechtkämen. Plötzlich erklang die Stimme des Kursleiters: ‹Schau dich nicht um, wie es den andern geht. Das hilft dir überhaupt nicht.› Mit einem Schlag wurde mir klar, daß das auf mein ganzes Leben zutraf. Mir wurde sofort wohler. Jetzt weiß ich, warum ich Yoga so mag.»
Hören Sie in Samasthiti (nächste Übung) auf den Ton, dessen Erzeugung Sie mit der Ujjayi-Atmung lernen, und halten Sie den Blick geradeaus gerichtet. Mit dieser Aufmerksamkeit auf Atem und Blick beginnt die Verbesserung Ihrer Konzentration. Seien Sie nicht unruhig. Versuchen Sie, dreißig Sekunden lang still zu sein, einfach dazustehen und auf Ihren Atem zu hören. Jede Körperzelle wird dann auf die Übung eingestellt sein.

Kontraindikationen

Die Durchführung einiger Haltungen ist in manchen Fällen nicht angeraten. Vorsichtsmaßnahmen und spezifische Hinweise werden bei den jeweiligen Haltungen einzeln aufgeführt. Ganz allgemein sind umgekehrte Haltungen (der Kopf- oder Schulterstand) für Menschen nicht ratsam, die unter hohem Blutdruck, Netzhautablösungen, grünem Star (Glaukom), Druck in den Ohren, Fettleibigkeit, Rückenschmerzen, Wirbelsäulenverletzungen oder Schwindel leiden. Wenn Sie kürzlich eine Operation hatten oder unter einer schweren Krankheit leiden, müssen Sie sich unbedingt mit Ihrem Arzt beraten, bevor Sie mit dieser Übungsform beginnen.

Mit vielen ernstlich kranken Menschen arbeite ich einzeln. Wie erwähnt, ist es tatsächlich möglich, in jedem Alter und jedem gesundheitlichen Zustand mit Power-Yoga zu beginnen. Dies geschieht allerdings unter ständiger Begleitung und Überwachung sowohl meinerseits als auch des zuständigen Arztes.

Aufwärmen oder Sonnengruß A

Berg-Stellung oder TADASANA

Stellen Sie die Füße nebeneinander, und legen Sie die Hände seitlich an die Hüften, wie in Abb. 3.1 gezeigt. Heben Sie die Brust, wobei der Blick nach vorne gerichtet und das Kinn leicht auf die Brust gesenkt ist. Das ist das bereits beschriebene Tadasana oder «Geradestehen». Im Sanskrit lautet die Aufforderung zum Geradestehen *samasthiti. Sama* heißt «gleich, gleichmäßig» oder «unbewegt» und *sthiti* «Zustand, Verfassung» oder «Standhaftigkeit». Samasthiti bedeutet also «still und gerade stehen». Diese Aufforderung zieht sich durch alle Übungen hindurch. Man kehr also immer wieder in die Ausgangsstellung zurück.

1. Asana

Einatmen (Abb. 3.7). Heben Sie die Arme gerade über den Kopf hoch, die Handflächen liegen aneinander, der Blick geht nach oben. Ziehen Sie die Kniescheiben hoch, indem Sie die großen Streckmuskeln am Oberschenkel (Musculus quadriceps) anspannen. Strecken Sie sich so gut Sie können, indem Sie den Oberkörper lang machen und den Brustkorb heben. Der Rücken darf sich dabei nicht krümmen.

Anmerkung: Das Hochziehen der Oberschenkelstrecker nennt man eine «statische Kontraktion», das heißt, ein Muskel wird angespannt, ohne daß das dazugehörige Glied bewegt wird. Eine statische Kontraktion ist der «harte» oder Sonnenaspekt dieser Yogaform. Durch den Energieverbrauch wird Wärme erzeugt. Statische Kontraktionen sind ein *außerordentlich wichtiges* Element der Übung und – wie bereits an früherer Stelle in diesem Teil erwähnt – eine der fünf Komponenten zur Wärmeerzeugung und zur Förderung des Schwitzvorgangs. Diese statischen Kontraktionen werden das ganze Buch hindurch immer wieder erwähnt und im nächsten Teil eingehender beschrieben.

Abb. 3.7

Abb. 3.8

Abb 3.9

Abb. 3.10

2. Asana

Ausatmen (Abb. 3.8). Legen Sie die Handflächen auf den Boden und den Kopf an die Knie. Schauen Sie zum Nabel hoch. Wer sehr angespannte Kniegelenkbeuger oder Kreuzprobleme hat, muß hier die Knie beugen (Abb. 3.9). Dazu mehr im nachfolgenden Abschnitt «Abwandlungen».

3. Asana

Einatmen (Abb. 3.10). Heben Sie Kopf und Oberkörper, und strecken Sie den Rücken. Fortgeschrittene können dabei die Beine wie in Abb. 3.10 gestreckt lassen. Anfänger werden die Knie beugen (Abb. 3.11).

4. Asana

Ausatmen (Abb. 3.12). Dieses Asana ist als viergliedriger Stock (Chaturanga-Dandasana) bekannt (*chatur* bedeutet vier, *anga* Glied und *danda* Stock). Setzen Sie die Füße zurück, spannen Sie den Körper an, und senken Sie ihn langsam zum Boden wie in einem Liegestütz. Die Ellbogen sind angelegt. Versuchen Sie, den Körper über dem Boden in der Schwebe zu halten. Wenn das nicht geht, können Sie die Knie auf dem Boden abstützen. So ist die Haltung leichter auszuführen und wird dazu beitragen, den Oberkörper soweit zu kräftigen, bis das Asana wie in Abb. 3.12 gelingt. Schauen Sie geradeaus, wenn Sie die Endstellung erreicht haben.

5. Asana

Einatmen (Abb. 3.13). Der Name dieses Asana lautet der «aufschauende Hund» (Urdhva-Mukha-Shvanasana) wobei *urdhva* hinauf, *mukha* Gesicht und *shvana* Hund heißt). Die Fußsohlen sind nach oben gekehrt und die Fußspitzen gestreckt (die Plantarflexion). Der Körper ruht auf den Händen und Fußrücken. Wenn das am Anfang zu anstrengend ist oder Kreuz oder Fußrücken zu stark belastet, können Sie die Knie auf dem Boden lassen (Abb. 3.14). Legen Sie den Kopf so weit wie möglich in den Nacken.

Abb. 3.11

Abb. 3.12

Abb. 3.13

Abb. 3.14

Vorsicht: Dieses Asana fällt Menschen mit steifen Füßen oder Knöcheln sehr schwer. Wenn es nicht richtig durchgeführt wird, kann es Kreuzschmerzen verursachen. Lassen Sie den Rücken nicht durchhängen, und ziehen Sie die Schultern nicht hoch. Das staucht das Kreuz und kann zu Kreuzbeschwerden führen. Bei richtiger Ausführung sollten sich keine Schmerzen bemerkbar machen. Wenn Sie nicht genug Kraft im Oberkörper, verspannte Füße und Knöchel oder Kreuzprobleme haben, können Sie die Knie auf dem Boden lassen (Abb. 3.14) und den Abschnitt «Abwandlungen» lesen.

6. Asana

Ausatmen (Abb. 3.15). Diese Haltung ist der «hinabschauende Hund» (Adho-Mukha-Shvanasana) – *adho* heißt hinunter, *mukha* Gesicht und *shvana* Hund. Ziehen Sie die Fußspitzen wieder nach vorn (Dorsalflexion), und richten Sie sich auf, bis Ihr Körper ein umgekehrtes V bildet; das nenne ich den «hinabschauenden Hund». Halten Sie die Füße möglichst parallel und in der Breite der Hüftknochen etwa 25 bis 30 cm auseinander; die Hände sollten etwa gleich weit auseinander aufliegen und eine Gerade mit den Schulterblättern bilden. Achten Sie darauf, daß die Handflächen mit gespreizten Fingern flach auf dem Boden liegen, und drücken Sie die Fersen hinunter. Schauen Sie rückwärts zum Nabel hinauf, und entspannen Sie die Kopfmuskulatur. In dieser Haltung atmen Sie nun fünfmal tief ein und aus. Anfangs wird man vollauf damit beschäftigt sein, den Bewegungsablauf zu erlernen, und man wird kaum auf die Atmung achten können. Aber wenn man fünf Atemzüge lang in dieser Haltung bleibt, muß man auf den Atem achten und die Atemzüge zählen. Versuchen Sie, sich beim Zählen auf den Atem zu konzentrieren.

Anmerkung: Machen Sie sich keine Gedanken, wenn die Fersen nicht ganz den Boden berühren. Bei den meisten Menschen, besonders bei Läufern, bleiben die Fersen am Anfang einige Zentimeter über dem Boden. Ich habe etwa zwei Jahre gebraucht, bis ich die Füße flach auf den Boden stellen konnte.

7. Asana

Einatmen (Abb. 3.16). Setzen Sie die Füße nacheinander zwischen die Hände. Heben Sie Oberkörper und Kopf, und strecken Sie den Rücken. Das ist dieselbe Haltung wie das 3. Asana. Achten Sie darauf, daß die Füße nebeneinander stehen und die großen Zehen sich berühren. Die meisten werden hier noch die Knie beugen wie in Abb. 3.11, aber man sollte nicht in die Hocke gehen. Richten Sie sich nur so weit auf, solange die Hände noch den Boden berühren.

Abb. 3.15

Abb. 3.16

8. Asana

Ausatmen (Abb. 3.17). Neigen Sie den Kopf bis zu den Knien, und krümmen Sie den Rücken. Bei sehr verspannten Rückseiten der Beine wird man die Knie noch beugen müssen. Das ist dieselbe Bewegung wie im 2. Asana. Schauen Sie zum Nabel hinauf.

9. Asana

Einatmen (Abb. 3.18). Richten Sie sich ganz auf, bis Sie wieder mit gestreckten Armen über dem Kopf und aneinanderliegenden Handflächen dastehen. Schauen Sie nach oben, und ziehen Sie die Kniescheiben hoch, indem Sie den Oberschenkelstrecker zusammenziehen. Heben Sie den Brustkorb, strekken Sie den Oberkörper, und dehnen Sie sich weit nach oben. Es sollte ein Gefühl sein und so aussehen, als würde man von Schnüren an den Mittelfingern zur Decke gezogen, durch die Wirbelsäule mit einem Punkt zwischen den Füßen verbunden. Diesen Teil der Bewegung nenne ich «Kraftsperre», weil eine Art Energieschub durch die Arme bis in die Fingerspitzen aufsteigt. Diese Haltung ist dieselbe wie das 1. Asana und wird mit der Ausgangsstellung, Tadasana, abgeschlossen.

Zwischen den Wiederholungen des Sonnengrußes ruht man sich aktiv aus. Aktives Ausruhen heißt, sich zu erholen, ohne sich hinzulegen. Man soll weiterhin gerade stehen. Der Geist bleibt fokussiert, und durch gesammelte Konzentration zwischen den Aufwärmübungen bleibt die Wärme konstant. Es

Abb. 3.17

Abb. 3.18

mag Sie in Erstaunen versetzen, wie sehr die Konzentration sich auf die Wärme auswirkt. In dem Augenblick, in dem man sich nicht auf das konzentriert, was man tut, geht die Wärme zurück. So ist beispielsweise Konzentration nötig, um die statischen Kontraktionen und die Atmung in Gang zu halten. Tatsächlich ist Aufmerksamkeit die Grundvoraussetzung für alle vier zur Wärmeerzeugung notwendigen Komponenten (Ujjayi-Atmung, Anspannung oder statische Kontraktion der Muskeln, Vinyasa und Bandhas). Da alle vier Komponenten bewußt durchgeführt werden müssen, kommen sie ohne Konzentration nicht zustande.
Versuchen Sie, diesen Sonnengruß mindestens dreimal zu wiederholen. Wenn dabei Schwierigkeiten auftreten, dann lesen Sie die speziellen Hinweise im nächsten Abschnitt.

Abwandlungen bei Verspannungen oder Verletzungen

Die Durchführung des Sonnengrußes wird am häufigsten durch Schwäche, Versteifungen oder Verletzungen in den Schultern, im Nacken, in den Handgelenken, im Kreuz, in den Knien oder Knöcheln behindert. Manchmal kommt jemand vor einem Kurs zu mir und sagt: «Ich habe eben gerade eine Arthroskopie hinter mir, kann ich jetzt trotzdem üben?» Oder sie sagen nach dem Kurs: «Meine Handgelenke tun mir weh. Ist das denn gut für mich?» Die Antwort auf beides ist «Ja!» Nicht nur können diese Personen die Übungen machen, sondern sie haben sie geradezu dringend nötig.
Wenn man mit einer Verletzung an diese Übungen herangeht, dann ist es sehr wichtig, daß man langsam anfängt und sehr sorgfältig darauf achtet, daß die Gliedmaßen richtig aufeinander ausgerichtet sind. Die Übung ist heilsam, wenn man sich nicht übernimmt und sie nicht falsch durchführt. Bei Sehnenentzündungen, Knöchelverstauchungen, Rücken- oder Kniebeschwerden oder einer der sonstigen unzähligen möglichen Verletzungen kann diese Yogaübung helfen, sich zu erholen. Aber man sollte die Arbeit am genesenden Bereich *langsam* steigern.

Vier häufige Fehler

Es gibt vier Punkte, über die sich Übende häufig beklagen, und alle vier sind auf eine mangelhafte innere Einstellung sowie Schwäche oder Verspannung zurückzuführen.

Erstens: Schulterschmerzen. Wenn die Schultern beim Hochstemmen schmerzen, liegt es meistens daran, daß man wenig Kraft im Oberkörper hat und versucht, das dadurch zu kompensieren, daß man die Schultern beim Senken in den Liegestütz überdehnt. Das ist *nicht* richtig. Wenn man sich in den Liegestütz hinabläßt, sollte man es vermeiden, zwischen den Schulterblättern durchzuhängen. Das ist weder für den Rücken noch für die Schultern gut. Sollte das Hochstemmen nicht gelingen, dann kann man die Knie auf dem Boden abstützen, damit das Gewicht auf den Armen verringert wird. Dadurch ist der Liegestütz einfacher auszuführen und weniger anstrengend. Üben Sie zuerst, den Oberkörper steif zu halten und den Boden mit der Brust zu berühren.

Zweitens: Handgelenkschmerzen. Wenn die Handgelenke nach einigen Wiederholungen des Sonnengrußes weh tun, dann hat man höchstwahrscheinlich schwache Handgelenke. Mit fortschreitender Übung werden sie kräftiger. Üben Sie wenig, aber täglich. Abhilfe schafft das Reiben der Gelenke oder eine Eiskühlung. Fahren Sie trotzdem mit den Aufwärmübungen fort. Gerade wenn die Handgelenke schmerzen, ist das besonders nötig. Nur sollte man langsam vorgehen, bis die Gelenke stärker geworden sind. Ich habe in all den Jahren viele Schüler mit fortgeschrittener Arthritis in den Handgelenken gehabt, und nach Wochen und Monaten stetiger Übung waren die Handgelenke wieder beweglich und schmerzfrei.
Sehr häufig rühren Probleme von einer starken Versteifung der Rückseite der Beine (Kniegelenkbeuger) oder des Rückens her. Folglich wird das Gewicht im Adho-Muka-Shvanasana (hinabschauender Hund) nach vorne auf die Handgelenke verlagert, und die Handgelenke müssen dadurch mehr Gewicht als sonst in dieser Haltung tragen.

Abb. 3.19

Das ist eine weitere mögliche Ursache dafür, daß die Handgelenke nach einigen Wiederholungen des Sonnengrußes schmerzen. Wenn Sie einen sehr steifen Rücken oder verspannte Beine haben, kann es am Anfang helfen, die Knie beim «hinabschauenden Hund» leicht zu beugen. So wird der Druck zurück auf die Oberschenkel verlagert, der Rücken gerader, und es lastet weniger Gewicht auf den Handgelenken.
Ein heikleres Problem ist ein steifer Rücken. Dann kann man folgendes tun (Abb. 3.19): Legen Sie die Handflächen etwa in Schulterbreite und etwas höher als den Kopf auf eine Rückenlehne oder eine Mauer. Treten Sie so weit von dieser Stütze zurück, bis die Arme gestreckt sind. Die Hüften sollten genau über den Füßen und der Rücken gerade sein. Drükken Sie Brustkorb und Schultern nach unten, ohne die Arme zu beugen. Das weitet Brust, Schultern und die obere Rückenpartie. Üben Sie das täglich, bis die Stellung «hinabschauender Hund» leichter fällt.

Drittens: Rückenschmerzen. Wer chronische Rükkenschmerzen oder ab und zu nach einem Training infolge einer Verletzung oder Überbelastung Schmerzen hat, reagiert sehr empfindlich auf die negativen Auswirkungen, die sich einstellen, wenn man den «aufschauenden Hund» (das 5. Asana) falsch ausführt. Sollten Sie nach einigen Aufwärmübungen Beschwerden in der Kreuzgegend haben, dann kommt das unweigerlich von einer Oberkörperschwäche oder einer unkorrekten Haltung des Oberkörpers im «aufschauenden Hund». Viele lassen sich in dieser Haltung unbewußt hängen und klagen danach über Beschwerden im Kreuz. Heben Sie den Brustkorb, um nicht einzusinken, indem Sie die Deltamuskeln an der Schulter anziehen, und stützen Sie die Knie wie in Abb. 3.14 auf dem Boden ab.

Viertens: Fußschmerzen. Im «aufschauenden Hund» wird am häufigsten über Fußschmerzen geklagt, weil die Füße hier in der Plantarflexion gestreckt sind. Bei sehr steifen Füßen oder Knöcheln, besonders bei Läufern, kann es vorkommen, daß die Füße sich kaum strecken lassen. Wenn das der Fall ist, dann stellt dieses Asana eine schwierige und unbequeme Haltung dar, denn die Oberseite der Füße soll gedehnt werden, damit nicht das ganze Gewicht auf den Zehenspitzen lastet. Sie können die Streckfähigkeit Ihrer Füße folgendermaßen testen: Setzen Sie sich auf Ihre Füße, und strecken Sie die Zehen. Gewöhnlich liegt der Fußrücken dabei flach auf dem Boden, aber nicht allen gelingt das. Wenn die Vorderseiten der Beine nicht von den Knien bis zu den Zehen flach auf dem Boden liegen, sollte man diese Haltung täglich üben (vorausgesetzt, man hat keine Kniebeschwerden) und dabei Kissen oder Teppiche verwenden, damit es nicht zu unbequem ist.

Unterdessen – bis der Fußrücken dank der eben beschriebenen Methode einigermaßen gedehnt ist – kann man die Zehen im «aufschauenden Hund» genauso wie im Liegestütz und dem «hinabschauenden Hund» nach oben gezogen lassen. In wenigen Wochen werden die Füße sich an die gestreckte Haltung gewöhnen.

Zusätzliche Tips

Sowohl der «aufschauende Hund» wie der «hinabschauende Hund» sind sehr gute Haltungen zur Stärkung schwacher oder verletzter Knie, weil Kniegelenkbeuger und Oberschenkelstrecker dabei abwechseln gedehnt und zusammengezogen werden, zudem auch die Schienbein- und Wadenmuskeln, also die wichtigsten Muskeln für das Knie. Das Training dieser Muskeln gibt den Beinen und Knien wieder den richtigen Halt. Achten Sie besonders auf die Füße. Geben Sie sich Mühe, sie parallel zu stellen, im Gleichgewicht zwischen Auswärtsdrehen und Einwärtsdrehen und so symmetrisch wie möglich.

Wenn die Rückseiten der Beine sehr verspannt sind und die Fersen sich nicht auf den Boden drücken lassen, kann es sein, daß sich die Fersen unversehens nach außen und die Zehen nach innen drehen. Dies geschieht meist ganz unbewußt, weil der Körper versucht, die Dehnung der Kniegelenkbeuger zu umgehen, die sich anfangs oft etwas unbequem anfühlt. Achten Sie also darauf, daß Ihre Füße im «hinabschauenden Hund» parallel bleiben.

Eine weitere Unausgewogenheit, die man vermeiden sollte und die im «hinabschauenden Hund» oft vorkommt, ist das Einwärtsdrehen der Füße. Das läßt sich leicht feststellen, indem man einfach die Füße anschaut. Geben die Knöchel nach innen nach? Wenn das der Fall ist, sollte man unverzüglich damit beginnen, diese Schwäche zu korrigieren, indem man sein Gewicht verlagert und mehr Druck auf die Außenkanten der Füße gibt. Dadurch wird der Fuß innen mehr nach oben gedreht, und wenn Sie das beim Üben jedesmal beachten, werden Sie diese Unausgewogenheit nach und nach korrigieren können.

Der «Sprung nach hinten»

Hat man erst einmal jede einzelne Haltung im Sonnengruß A erlernt, kann man die Haltungen fließend nacheinander durchführen, ohne zu überlegen, was als nächstes kommt. Ist man an einem Punkt angelangt, an dem man den Atem mit der Bewegung verbinden und den «Sprung nach hinten» lernen kann.

Der Sprung nach hinten bezeichnet die Bewegung, die das 3. und 4. Asana miteinander verbindet. Bisher hatten Sie die Füße schrittweise bis zum Liegestütz nach hinten gestreckt. Sobald Sie aber in der Lage sind, Ihre Handflächen im 2. und 3. Asana auf den Boden zu legen, können Sie sich vorbeugen, das Gewicht auf die Hände verlagern und mit den Füßen einen «Sprung» in den Liegestütz nach hinten tun (anstatt sie schrittweise zurückzusetzen).

Dabei ist zweierlei wichtig: Erstens muß man sorgfältig und kontrolliert springen, damit man nicht auf die Zehen fällt. Zweitens muß der Oberkörper beim Aufsetzen straff bleiben, das Gesäß darf nicht im Kreuz auf- und abschwingen!

Nachdem wir jetzt eine geraume Weile an den Einzelheiten jeder Haltung des Sonnengrußes A gearbeitet haben, wollen wir ihn nochmals vollständig, wie in der Abbildungsfolge 3.20 dargestellt, durchführen.

Sonnengruß A

Für mittlere bis fortgeschrittene Übende

Samasthiti – Geradestehen.

1. Asana – Atmen Sie mit gerade nach oben gestreckten Armen ein. Beine und Gesäß werden in einer statischen Kontraktion angespannt. Der Blick ist nach oben gerichtet (Abb. 3.20a).

2. Asana – Atmen Sie mit den Handflächen auf dem Boden und der Nase so nahe wie möglich an den Knien aus. Dazu bedarf es gewöhnlich einiger Wiederholungen des Sonnengrußes, bis man genügend aufgewärmt ist. Manchmal gelingt es nach drei Wiederholungen, manchmal erst nach zehn (Abb. 3.20b).

3. Asana – Atmen Sie ein, mit erhobenem Oberkörper und gestrecktem Rücken (Abb. 3.20c).

4. Asana – Atmen Sie aus und springen Sie nach hinten (Abb. 3.20d).

5. Asana – Atmen Sie ein, und führen Sie die Stellung «aufschauender Hund» aus (Abb. 3.20e).

6. Asana – Atmen Sie aus, und wechseln Sie in die Stellung «hinabschauender Hund» (Abb. 3.20f).

Atmen Sie fünfmal tief ein und aus.

7. Asana – Atmen Sie ein, springen Sie mit Gefühl nach vorn, so daß die Füße neben den Händen stehen (Abb. 3.20g).

8. Asana – Atmen Sie aus, drücken Sie die Nase an die Knie, und schauen Sie zum Nabel auf (Abb. 3.20h).

9. Asana – Atmen Sie mit gerade hochgestreckten Armen ein; die Kraft schießt nach oben! (Abb. 3.20i).

Samasthiti – zurück zum Geradestehen.

Damit ist die erste Aufwärmübung abgeschlossen. Sie sollte mindestens drei- bis fünfmal zu Beginn jeder Übungsfolge wiederholt werden. Nach dem Sonnengruß A kommen wir nun zum Sonnengruß B.

Abb. 3.20 a

Abb. 3.20 b

Abb. 3.20 c

Abb. 3.20 d

Abb. 3.20 e

Abb. 3.20 f

Abb. 3.20 g

Abb. 3.20 h

Abb. 3.20 i

Abb. 3.21

Abb. 3.22

Abb. 3.23

Aufwärmen oder Sonnengruß B

Samasthiti – Geradestehen.

1. Asana

Einatmen (Abb. 3.21). Beugen Sie die Knie, schauen Sie auf, heben Sie die Arme, und legen Sie die Handflächen über dem Kopf zusammen.

2. Asana

Ausatmen (Abb. 3.22). Nachdem Sie sich aufgerichtet haben, beugen Sie sich nach vorne, und legen Sie die Handflächen auf den Boden. Falls Sie verspannt sind oder Kreuzbeschwerden haben, können Sie die Knie beugen. Legen Sie den Kopf an die Knie, und schauen Sie zum Nabel auf.

3. Asana

Einatmen (Abb. 3.23). Heben Sie den Oberkörper, und strecken Sie den Rücken. Wenn nötig, die Knie beugen. Versuchen Sie, im 2. und 3. Asana mit Finger- und Zehenspitzen eine Gerade zu bilden.

4. Asana

Ausatmen (Abb. 3.24). Gehen Sie schrittweise, oder springen Sie in den Liegestütz (Chaturanga-Dandasana). Schauen Sie geradeaus über den Boden.

Anmerkung: Denken Sie daran, die Knie wie im Sonnengruß A auf dem Boden abzustützen, wenn Schultern oder Rücken schmerzen oder die Kraft im Oberkörper noch nicht ausreicht.

Abb. 3.24

5. Asana

Einatmen (Abb. 3.25). Aufschauender Hund.

6. Asana

Ausatmen (Abb. 3.26). Hinabschauender Hund.

7. Asana

Einatmen (Abb. 3.27). Diese Haltung nennt man «Kriegerhaltung I» (Virabhadrasana I; siehe 4. Teil, 11. Haltung). Stellen Sie den rechten Fuß nach vorne zwischen die Hände. Drehen Sie den linken Fuß so, daß Ferse und Körpermitte eine Gerade bilden, und stellen Sie den Fuß mit leicht nach vorne abgewinkelten Zehen flach auf den Boden. Richten Sie die

Abb. 3.25

Abb. 3.26

rechte Ferse auf die Mitte des linken Fußgewölbes aus, und vergewissern Sie sich, daß das rechte Knie genau über dem rechten Knöchel abgewinkelt ist. Heben Sie die Arme mit aneinandergelegten Handflächen gerade über den Kopf hoch.

Anmerkung: Bei steifen Hüften werden Sie den Fuß für das korrekte Virabhadrasana I nicht bis zwischen die Hände stellen können. Fangen Sie in diesem Fall mit einer abgewandelten Form an, die davon abhängt, wie weit Sie den Fuß nach vorne stellen können (Abb. 3.28). Wenn Sie in dieser Haltung geübter sind, können Sie den Fuß allmählich weiter nach vorne stellen, bis Abb. 3.27 erreicht ist.
Halten Sie den Atem nicht an. Atmen Sie weiter, während Sie sich bemühen, die Haltung zu erlernen.

Abb. 3.27

Abb. 3.28

Abb. 3.29

Abb. 3.30

Abb. 3.31

8. Asana

Ausatmen (Abb. 3.29). Legen Sie die Hände wieder auf den Boden, stellen Sie Ihr rechtes Bein nach hinten, und lassen Sie sich in den Liegestütz sinken.

9. Asana

Einatmen (Abb. 3.30). Aufschauender Hund. Ziehen Sie die Schultern nach hinten, um den Brustkorb zu weiten. Das Gesäß sollte dabei straff bleiben, der Blick geht nach oben.

10. Asana

Ausatmen (Abb. 3.31). Hinabschauender Hund. Drücken Sie die Schultern durch, aber nicht über die Gerade hinaus, die von den Hüften zu den Fingerspitzen läuft.

11. Asana

Einatmen (Abb. 3.32). Kriegerhaltung (Virabhadrasana I), aber diesmal auf der linken Seite. Stellen Sie den linken Fuß zwischen die Hände, drehen Sie den rechten Fuß ab, und stellen Sie ihn flach auf den Boden. Richten Sie sich auf, und legen Sie die Handflächen über dem Kopf zusammen, den Kopf im Nacken.

12. Asana

Ausatmen (Abb. 3.33). Liegestütz.

Abb. 3.32

Abb. 3.33

Abb. 3.34

Abb. 3.35

13. Asana

Einatmen (Abb. 3.34). Aufschauender Hund. Dehnen und weiten Sie die Schultern nach hinten, die Gesäßmuskeln sind angespannt.

14. Asana

Ausatmen (Abb. 3.35). Hinabschauender Hund. Lassen Sie Ober- und Unterschenkelmuskeln arbeiten, um die Fersen auf den Boden zu bekommen. Spreizen Sie die Handflächen.

15. Asana

Einatmen. Stellen Sie die Füße schrittweise oder mit einem Sprung zurück zu den Händen (Abb. 3.36). Heben Sie den Brustkorb, und strecken Sie den Rücken (Abb. 3.37). Falls nötig, können Sie die Knie beugen.

16. Asana

Ausatmen (Abb. 3.38). Drücken Sie den Kopf an die Knie, und beugen Sie den Rücken, wenn erforderlich auch die Knie.

17. Asana

Einatmen. Richten Sie sich wieder auf (Abb. 3.39), heben Sie die Arme mit zusammengelegten Handflächen. Schauen Sie nach oben (Abb. 3.40).

Samasthiti – Geradestehen.

Abb. 3.36

Abb. 3.37

Abb. 3.40

Abb. 3.38

Abb. 3.39

Abwandlungen bei Verspannungen oder Verletzungen

Die meisten Schwierigkeiten im Sonnengruß B tauchen in der Kriegerhaltung (Virabhadrasana I) auf. Bei steifen Hüften – was besonders bei Radfahrern und Läufern, aber auch bei Badminton-, Tennis- und Basketballspielern sehr häufig vorkommt –, ist es nicht nur schwierig, sondern praktisch unmöglich, die Kriegerhaltung richtig einzunehmen. Dann beginnen Sie wegen Ihrer eingeschränkten Bewegungsfreiheit in den Hüften besser mit einem verkürzten, abgewandelten Schritt (siehe Abb. 3.28).
Ganz gleich, ob der Schritt verkürzt oder vollständig ausgeführt wird, ist es wichtig, dabei genau darauf zu achten, daß das Knie richtig ausgerichtet ist. Es muß direkt über dem Fuß sein. Oft kommt es bei Verspannungen in den Hüften vor, daß der Fuß nicht so weit nach vorne gestellt werden kann, wie wir gerne möchten, und daß das Knie zu weit nach vorne steht. Das ist nicht besonders gut für das Knie, besonders nicht, wenn es verletzt ist oder während eine Verletzung gerade ausheilt.
Achten Sie auch darauf, daß das Knie nicht nach innen kippt, also zur Körpermitte hin eingeknickt ist. Das kommt am häufigsten bei Menschen mit verspannten Leistenmuskeln oder einwärts gedrehten Füßen bzw. Plattfüßen vor. Wir werden im 4. Teil noch einmal darauf eingehen, da die Kriegerhaltung I die 11. Haltung im Stehen ist.
Ein weiterer Fehler, der in der Kriegerhaltung oft vorkommt, ist die Stellung des hinteren Fußes. Er sollte mit leicht nach vorne gedrehten Zehen flach auf dem Boden und fast im rechten Winkel zum vorderen stehen. Oft wird nicht auf die Stellung des hinteren Fußes geachtet. Im Kursunterricht können wir die Teilnehmer daran erinnern, die Ausrichtung zu korrigieren.
Der hintere Fuß muß flach und leicht eingewinkelt auf dem Boden stehen, weil dies das Knie vor einer Verrenkung schützt, wenn die Hüfte nach vorne gedreht wird. Wenn das Fußgewölbe des hinteren Fußes nach innen sackt oder der Fuß nach außen weist, kann das Knie verdreht werden. Das ist schon für ein gesundes Knie nicht gut, bei einem geschwächten oder verletzten jedoch ist es geradezu verheerend.
Das ist ein gutes Beispiel dafür, wie eine unkorrekt ausgeführte Haltung zu einer leichten Verletzung führen kann. Natürlich wäre dies nicht gesundheitsgefährdend, doch Power-Yoga sollte heilsam sein und Beschwerden lindern, nicht aber neue schaffen oder die bestehenden verschlimmern. Im Kurs kann ich die Teilnehmer darauf aufmerksam machen und Fehler unverzüglich korrigieren, was bei einem Selbststudium leider nicht möglich ist. Achten Sie daher bitte auf die richtige Ausrichtung, um so mehr, wenn Sie Probleme mit den Knien haben.
Nachdem wir jetzt jedes Asana des Sonnengrußes B im einzelnen behandelt haben, wollen wir sie hintereinander mit der richtigen Atmung ausführen wie den Sonnengruß A. Siede dazu die Abbildungsfolge 3.41.

Sonnengruß B

Für mittlere bis fortgeschrittene Übende

Samasthiti – Geradestehen.

1. Asana – einatmen, Knie beugen, die Arme über den Kopf heben, aufschauen (Abb. 3.41a).

2. Asana – ausatmen, aufrichten, sich nach vorne beugen, Handflächen auf den Boden legen (Abb. 3.41b).

3. Asana – einatmen, aufschauen, Rücken strecken (Abb. 3.41c).

4. Asana – ausatmen, zurück in den Liegestütz springen (Abb. 3.41d).

5. Asana – einatmen, aufschauender Hund (Abb. 3.41e).

6. Asana – ausatmen, hinabschauender Hund (Abb. 3.41f).

7. Asana – einatmen, Kriegerhaltung, rechtes Bein nach vorne, Arme nach oben und aufschauen (Abb. 3.41g).

8. Asana – ausatmen, zurück in den Liegestütz (Abb. 3.41h).

9. Asana – einatmen, aufschauender Hund (Abb. 3.41i).

Abb. 3.41 a

Abb. 3.41 b

Abb. 3.41 c

Abb. 3.41 d

Abb. 3.41 e

Abb. 3.41 f

Abb. 3.41 g

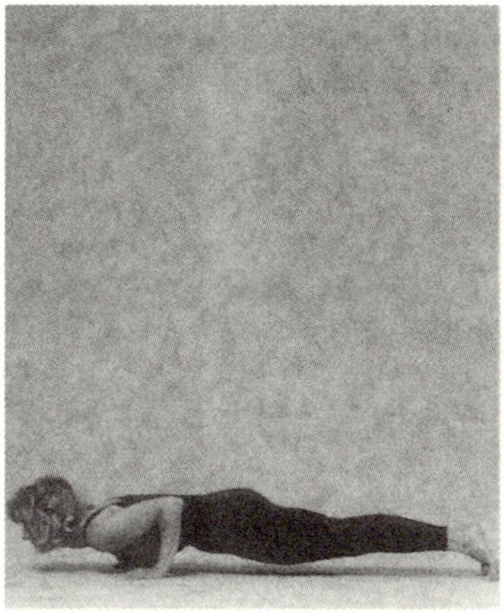
Abb. 3.41 h

Abb. 3.41 i

Abb. 3.41j

Abb. 3.41k

Abb. 3.41l

Abb. 3.41m

Abb. 3.41n

Abb. 3.41o

Abb. 3.41p

Abb. 3.41q

10. Asana – ausatmen, hinabschauender Hund (Abb. 3.41j).

11. Asana – einatmen, Kriegerhaltung, linkes Bein nach vorne, Arme hoch, aufschauen (Abb. 3.41k).

12. Asana – ausatmen, zurück in den Liegestütz (Abb. 3.41l).

13. Asana – einatmen, aufschauender Hund (Abb. 3.41m).

14. Asana – ausatmen, hinabschauender Hund (Abb. 3.41n).

Atmen Sie fünfmal tief ein und aus.

15. Asana – einatmen, mit den Füßen in einem Sprung zurück zu den Händen, einatmen, aufschauen (Abb. 3.41o).

16. Asana – ausatmen, Nase an die Knie (Abb. 3.41p).

17. Asana – einatmen, Arme hoch, Knie beugen, aufschauen (Abb. 3.41q).

Samasthiti – Geradestehen.

Das ist die zweite Aufwärmübung. Üben Sie, bis Sie bequem drei bis fünf Wiederholungen durchführen können, ohne anzuhalten, und zwar sowohl den Sonnengruß A als auch den Sonnengruß B. Das kann leicht drei bis vier Wochen regelmäßiger Übung erfordern, wobei «regelmäßig» mindestens viermal die Woche bedeutet. Der Sonnengruß (in beiden Formen) ist die Grundlage des Power-Yoga. Man kann ihn gar nicht oft genug ausführen. Als ich als Anfängerin mit meinem Lehrer arbeitete, übten wir oft eine halbe Stunde lang nichts anderes als den Sonnengruß. Das Training trägt dazu bei, die Ausdauer, Konzentration und Körperwärme aufzubauen, die man für die folgenden Übungen braucht. Wenn ich mich wirklich kräftigen will, dann wiederhole ich etwa 50mal den Sonnengruß A, dann 25mal den Sonnengruß B und danach die Abschlußfolge (jede Übung, sei es nur der Sonnengruß oder die gesamte erste Folge, wird mit einer der drei Abschlußfolgen beendet – siehe dazu Teil 7). Ohne Pausen brauche ich knapp zwei Stunden dazu. Es ist ein ausgezeichnetes Fitneßtraining. Eine so lange Aufwärmübung verfolgt auch den Zweck, die geistige Konzentration zu schulen. Es ist recht einfach, beim Sonnengruß bis drei zu zählen. Aber bei dreißig oder vierzig Wiederholungen muß man schon aufpassen. Wenn man nur einen Augenblick lang abschweift, kommt man schon durcheinander und muß von vorne beginnen!

Für einen Sonnengruß A braucht man durchschnittlich eine Minute und fünfzehn Sekunden. Fünfzig Wiederholungen dauern also etwa sechzig Minuten. Sie können sich immer nach der Zeit richten – bespielsweise eine halbe Stunde lang aufwärmen – dann hätten Sie schätzungsweise 25mal den Sonnengruß A ausgeführt. Aber gerade weil es schwieriger ist, die Wiederholungen zu zählen, anstatt sich nach der Zeit zu richten, sollte man es doch mit dem Zählen versuchen. Er ist die bessere Geistesschulung! (Ein solches Training ist für Anfänger nicht empfehlenswert. Man sollte die Wiederholungen des Sonnengrußes langsam steigern. Ich erwähne das Training hier nur, um aufzuzeigen, was alles möglich ist.)

Sobald Sie sich in den Haltungen wohl fühlen, können Sie das erste Asana des nächsten Kapitels lernen. Zunächst müssen Sie aber die Grundlagen studieren, um mit den Haltungen der ersten Folge vertraut zu werden. Wenn es soweit ist, folgt auf die letzte Ausatmung des Sonnengrußes B die erste Einatmung der ersten Haltung im Stehen.

4. Teil · Kraft und Gleichgewicht

Die erste Folge
Asanas im Stehen

Hart und weich

Die erste Folge von Haltungen im Power-Yoga-Training, die in den nächsten drei Teilen vorgestellt wird, ist ein außerordentlich anspruchsvoller, logischer und geordneter Bewegungsablauf. Wie im 1. Teil erwähnt, heißt dieser Bewegungsablauf Yoga-Chikitsa (Yogatherapie) und ist besonders auf eine therapeutische Ausrichtung von Körper und Wirbelsäule abgestimmt. Die Übung ist so angelegt, daß sie heilt, stärkt und den Körper ins Lot bringt.
Ursprünglich waren die Haltungen im Stehen dazu da, Kraft und Stärke zu entwickeln. Damit lernten die Yogis Ausstrahlung, Selbstbewußtheit und Hingabe ans Yoga zu demonstrieren. Beim Üben erkennen wir, daß diese Haltungen eine exakte Wahrnehmung des Wechsels zwischen hart und weich erfordern, zwischen anspannen und loslassen. So lernen wir, uns auf den gegenwärtigen Augenblick zu konzentrieren. Und wenn wir mental in der Gegenwart sind, wird uns nach und nach bewußt, wie die verschiedenen Muskelpaare zusammenarbeiten und ein Gleichgewicht herstellen, damit wir die Haltungen meistern können. Das mag für eine körperliche Tätigkeit zwar etwas philosophisch klingen, aber wir werden im Laufe dieses Kapitels sehen, daß wir oft dann aus dem Gleichgewicht kommen, wenn die Konzentration nachläßt und der Geist zu etwas anderem, liege es in Vergangenheit oder Zukunft, abschweift.

Das Aufsteigen der Kundalini

Wie im 2. Teil ausgeführt, gibt es im Yoga sieben Chakras oder Energiezentren im Körper. Das dritte, das Manipura-Chakra, liegt am Nabel und entspricht in etwa dem Schwerpunkt des Körpers. Wenn wir ins Wanken kommen und die Aufmerksamkeit auf dieses Energiezentrum richten, können wir das Gleichgewichtsempfinden wieder aktivieren. In den japanischen Kriegskünsten heißt dieses Zentrum «Hara» oder «Sitz der Kraft», dessen Symbol eine Flamme ist. Indem wir uns geistig an diesen Sitz der Kraft «zurückziehen» und die Flamme «sehen», lernen wir es allmählich, diese Energie (bewußt) hervorzubringen.
Wie konzentrieren wir nun unsere Aufmerksamkeit auf dieses Chakra – oder überhaupt auf irgendeinen Punkt? Im Yoga folgt die Aufmerksamkeit dem Atem. Wir lenken unsere Aufmerksamkeit, indem wir den Atem lenken. Achten Sie darauf, wie Sie in

der Ujjayi-Atmung bei Ausatmen in das Manipura-Chakra hineinspüren, wie Ihre Aufmerksamkeit sich dorthin richtet (was wir im 2. Teil beim aktiven Ausatmen bereits versuchten). Im Yoga heißt es, daß das Wesen der Prana Erblühen, Aufsteigen und Ausdehnung sei. In der Ujjayi-Atmung lernen wir, diese Energie zu kontrollieren, sie vom Brustkorb aus durch die Nadis (Energiekanäle) hinabzulenken und mit *Apana* zu verbinden, einem Hauptstrom des Prana, der im Unterleib zirkuliert. Das Wesen von Apana besteht im Zusammenziehen und Nach-unten-Fließen. Durch das Ausführen der Bandhas – das Anspannen innerer Muskeln, wodurch Energie aus dem Unterleib zum Aufsteigen gebracht wird – versuchen wir, Apana nach oben strömen zu lassen und es mit Prana zu verbinden. Das Sanskritwort Bandha hat die Wurzel *bandh,* was soviel heißt wie «binden», «Fessel», «Kette» oder «Schloß». Wir versuchen also hier, diese beiden Energien wie zwei Verbindungsdrähte zusammenzufügen, damit die gesammelte Energie hindurchfließen kann. Wenn diese Verbindung im Manipura-Chakra erst einmal hergestellt ist, kann dieser Strom zur Wirbelsäulenbasis gelenkt werden. Der Yoga-Überlieferung zufolge schlummert im ersten Chakra – dem Muladhara-Chakra – eine göttliche Energie, die Kundalini. Diese schlafende Energie wird gewöhnlich als zusammengerollte Schlange dargestellt, die am Eingang zum ersten Chakra ruht und den Eintritt zum Sushumna-Nadi verwehrt, dem Hauptkanal, der in der Wirbelsäule nach oben verläuft. Wenn aber die Schlange aufwacht und die göttliche kosmische Kraft durch Yoga-Übung aktiviert wird, öffnet sich dieser Kanal, und die Kundalini steigt im Sushumna-Nadi aus dem psychoenergetischen Zentrum an der Wirbelsäulenbasis zum Scheitelpunkt des Kopfes (dem höchsten, siebenten Chakra) hoch. Dieser Energiefluß kann auf dem Weg nach oben in einem der Chakras ins Stocken geraten. Das Üben des Ashtanga-Yoga soll diese schlafende Schlange, die uns zum höheren Bewußtsein führen kann, wecken und die Energie aktiv durch die Chakras emporleiten, damit sich das Bewußtsein zunehmend erweitert und ausdehnt. Für unsere Zwecke reicht es jedoch im Augenblick, ein wenig Wärme zu erzeugen, damit uns die Kniegelenkbeuger beim Beinstrecken nicht so schmerzen. Nur die Erfahrung, die sich mit der Übung einstellt, kann ein wirkliches Verständnis dafür vermitteln, was hinter der Hitze- und Energieerzeugung steckt: Kundalini.

Mehr Wärme erzeugen

Durch bewußtes, kräftiges Atmen wird der Atem zu einem Wärme- und Energieerzeuger. Für unsere Arbeit muß die Körperwärme erhalten bleiben. Der wichtigste Einzelfaktor zur Wärmeerhaltung ist der Atem. Das Kunststück besteht darin, Konzentration und Ausdauer so zu entwickeln, daß die Yogaatmung *bewußt* aufrechterhalten wird. Man sollte sich jederzeit des Atems bewußt sein. Wenn der Geist abschweift, wird der Atem unbewußt und oberflächlich. Dann merkt man, wie die Energie sofort nachläßt und die Wärme abnimmt.

Ein weiteres Element, das zum «Feuer des Körpers» beiträgt, ist *Vinyasa,* die «verbindende Bewegung» zwischen den Haltungen. In diesem Kapitel besteht die verbindende Bewegung aus einem fließenden Übergang von einer stehenden Haltung in die nächste, mit einem wiederkehrenden Geradestehen dazwischen. Im nächsten Kapitel hingegen, wo wir uns mit den sitzenden Haltungen befassen, ist die verbindende Bewegung dem Sonnengruß A entnommen. Das heißt, daß zwischen jeder Haltung – wie bei einer musikalischen Überleitung zwischen Liedstrophen – ein Teil des Sonnengrußes durchgeführt wird.

Im Ashtanga-Yoga werden die Haltungen durch Vinyasa in ein zusammenhängendes Ganzes gebracht. Der Körper kühlt nicht ab, er läuft gleichsam auf Hochtouren weiter und findet zwischen den Haltungen wieder einen Ausgleich. Ich habe schon lange kein Yoga mehr ohne Vinyasa geübt und kann mir kaum vorstellen, wie man ohne verbindende Bewegung (und den Atem) überhaupt genügend Wärme aufrechterhalten kann, um die Haltungen durchzuführen – außer vielleicht ganz bewegliche Menschen, die möglicherweise weniger Wärme dazu brauchen.

Im Power-Yoga sollten Asanas nie ohne verbindende Bewegungen durchgeführt werden. Das Wort Vinyasa hat wie die meisten Sanskritworte vielerlei Bedeutungen, die jeweils vom Kontext abhängen.

Es kann 1. Bewegung oder Haltung (der Glieder) heißen, 2. Anordnung oder Ordnung und 3. zusammenfügen und verbinden. Mit seiner Wurzel *vinya* (an verschiedene Orte legen oder ausbreiten) verwendet, heißt es in etwa: «Lege dich nicht an verschiedene Orte, und breite dich nicht (wie in den Asanas) ohne Verbindung oder Ordnung aus.»

Der Gedanke ist deshalb so treffend, weil er sowohl auf die zerstreuende Energie (Expansion) als auch die organisierende Energie (Kontraktion) hinweist und es genau auf den Punkt bringt, worum es im Yoga geht: das Gleichgewicht zwischen Niederlegen und Hochheben und Weiterbewegen herzustellen. So führt diese «verbindende Bewegung» aus einer Haltung in die andere, wodurch ein ununterbrochener Fluß entsteht. Ohne diese kontinuierliche Arbeit werden nicht genügend Wärme und Ausdauer aufgebaut, um den Körper zu reinigen, zu stärken und neu auszurichten, und die Konzentration bleibt unstetig.

Wenn man mit den stehenden Haltungen beginnt, wird man selber spüren, wie die verbindende Bewegung Wärme aufbaut und Konzentration und Körper als Brücke dient, damit man ohne Unterbrechung aus einer Haltung in die nächste wechseln kann.

Überwachsene Dschungelpfade

Diese Übung kann sich wunderbar anfühlen, aber manchmal ist sie auch unbequem. Sie wird dann unangenehm, wenn falsch arbeitende Muskelstränge eine Korrektur erfahren. Die Fehler können auf alte Verletzungen, auf Haltungsschäden oder auf psychische Unausgeglichenheiten zurückzuführen sein, die zu Ungleichgewicht oder chronischen Schäden beitragen. Haben Sie gesehen, wie Wanderer sich einen neuen Weg bahnen, wenn ein Baum quer über einem Waldweg liegt? Genau dasselbe geschieht bei Verletzungen im Körper: Das Gehirn leitet seine Befehle um die blockierte Stelle herum. Auch wenn die Verletzung schon zwanzig Jahre zurückliegt, bleibt die Umleitung im Körper bestehen. Der ursprüngliche «Pfad» ist aber immer noch da und wartet nur darauf, daß die Blockade entfernt wird.

Mit der Zeit lernt man sich an der Grenze zwischen Schmerz und Intensität zu bewegen. Je tiefer man atmet und je intensiver man übt, desto wärmer wird der Körper und desto mehr Intensität kann man aushalten. Umgekehrt kann man um so sicherer mit der «weichen» Arbeit – dem Dehnen – üben, je mehr Wärme da ist. Mit der Zeit unterscheidet man zwischen wirklichem Schmerz und Unbehagen. Um defekte Leitungen instand zu setzen und sich von chronischen Verletzungen zu befreien, muß man mit Atmen und beharrlicher Übung das Unbehagen überwinden.

Die falschen Pfade müssen aufgegeben werden. Das ist harte Arbeit, weil man sich gleichsam mit einem Buschmesser einen Weg durch ein Dschungeldikkicht bahnt. Aber wir tun dabei den Muskelfasern keine Gewalt an, sondern öffnen die verstopften Pfade ganz langsam und lassen das Prana – den Sauerstoff, die Energie, die Flüssigkeit im Bindegewebe – langsam in diese «toten Räume», wie ich sie nenne, zurückfließen. Wir entwirren die Fasern mit dem Atem und mit Kraft, indem wir die Zellen langsam voneinander lösen und die Nährstoffe, die über die Blutbahn weiterbefördert werden, wieder in die Räume zwischen den Zellen fließen und das Gewebe heilen und sich erneuern lassen. Das dabei auftretende Unbehagen ist weitgehend psychologischer Art. So ist beispielsweise die Erinnerung an eine alte Verletzung immer noch im Gewebe und in den Fasern vorhanden. Weil die «weiche» Arbeit sehr intensiv ist, scheint das Hauptaugenmerk auf der Dehnung zu liegen. Am Anfang ist es schwierig, sich der «harten», der Kraftarbeit, bewußt zu bleiben. Je mehr wir aber unsere Aufmerksamkeit auf die Kraft oder die Kontraktion in jeder Haltung verlagern und den Widerstand aufgeben, desto besser halten wir den Schwitzmechanismus in Gang, desto leichter wird die Dehnung, und desto optimaler können wir den Körper tatsächlich neu ausrichten. Viele haben das Gefühl, sie seien völlig verspannt. Aber erinnern Sie sich an den 6. Grundsatz des Power-Yoga: «Sogar Eisen läßt sich biegen, wenn man es erhitzt.»

Die Haltungen müssen bewußt, gelassen und sanft ausgeführt werden. Sie sind in einer logischen Abfolge angeordnet, und jede einzelne ist eine geistige und körperliche Vorbereitung auf die nächste. Asanas sollen niemals außerhalb dieser Abfolge oder einzeln ausgeführt werden. Immer wieder fragen Sportler, die wenig Zeit haben: «Gibt es nicht eine Dehnung, eine Haltung, mit der ich dieses oder jenes Problem lösen könnte?» Die Antwort ist immer «nein». Power-Yoga sollte als synergetisches System und als in sich geschlossenes Trainingsprogramm verstanden und durchgeführt werden.

Wenn Sie beispielsweise eine alte Halsverletzung haben und gegen Ende der ersten Folge bei vielen Haltungen das Gleichgewicht ohne Schmerzen halten können, dann müssen Sie dennoch vorher die ganze Übungsreihe absolvieren, die zu diesen speziellen Haltungen hinführt. Ich selbst habe alle Abkürzungen ausprobiert. Glauben Sie mir: Sie funktionieren nicht. Es ist nicht dasselbe. Die Wärme ist nicht gleich, die Vorbereitung des Körpers auf seine Heilung ist nicht dieselbe, und das Ergebnis ist auch ein anderes.

Einer meiner Freunde und langjährigen Schüler ist ein professioneller Triathlet. Er hat ein dichtgedrängtes Trainingsprogramm, und wenn er nicht gerade radfährt, schwimmt oder läuft, hebt er Gewichte oder macht Gymnastik. Er hat nach einem Bänderriß über ein Jahr lang chronische Schulterschmerzen gehabt. Das wurde schließlich durch eine Operation behoben. Danach hatte er nach Tausenden von Stunden auf dem Rad und Hunderten von Trainingseinheiten chronische Kreuzschmerzen, ganz zu schweigen davon, daß er zwanzig Jahre vor seiner Sportlerkarriere professioneller Schlagzeuger gewesen war. Er gab Unsummen für Massagen, Physiotherapien und Konsultationen bei Orthopäden und Sportärzten aus.

Dann fing er an, Yoga als mögliche Lösung für seine Beschwerden in Erwägung zu ziehen, und ab und zu kam er in meine Yogastunde. Ich legte ihm ständig nahe, mehr zu üben, worauf er jeweils antwortete: «Nun, daheim übe ich den Sonnengruß und die Haltungen im Stehen ziemlich regelmäßig.» Immer wieder entgegnete ich, das reiche nicht aus, er solle fünfmal die Woche in die Stunde kommen und alle Übungen durchführen. Daraufhin übte er jeweils einige Tage lang etwas Yoga und erzielte auch einigen Erfolg, nur um dann hinzugehen und 80 km mit dem Rad zurückzulegen, worauf sein Rücken ihm wieder furchtbar weh tat. Dann ging er verständlicherweise wieder zum Physiotherapeuten, um seine Schmerzen loszuwerden. Diesem sagte er, er habe monatelang Yoga geübt; der Therapeut nahm an, daß die Übungen ihm nicht geholfen hätten, und empfahl ihm, damit aufzuhören. Das brachte mich immer in Rage. «Sag deinem Therapeuten ja nicht, daß du Yoga machst! Du machst kein Yoga! Du tändelst mit Yoga herum!»

Der springende Punkt war, daß er weder regelmäßig noch vollständig genug geübt hatte, um zu erreichen, was möglich ist. Ihm war nicht mit einigen wenigen Ausführungen des Sonnengrußes an zwei oder drei Tagen in der Woche zu helfen. Er hätte mindestens drei Monate lang das gesamte Programm der ersten Folge üben müssen, nur um die Schmerzen loszuwerden, und dann jeden Tag seines restlichen Lebens, um schmerzfrei zu *bleiben*.

Erst kürzlich sagte er mir – nachdem er sechs Monate lang regelmäßig geübt hatte: «Weißt du, ich habe immer gedacht, du seist verrückt, als du sagtest, ich müsse das fünf Tage pro Woche machen. Ich konnte mir nicht vorstellen, welche Wirkung es auf mich haben würde. Erst seit ich wirklich dabei bin, sehe ich, was du gemeint hast.»

Das heißt also, daß man unmöglich verstehen kann, wie man sich nach drei Monaten regelmäßiger Übung fühlen wird, wenn man nicht tatsächlich drei Monate lang geübt hat.

Der «perfekte» menschliche Körper, wenn wir ihn einmal so nennen wollen, könnte mit regelmäßiger Übung jede Haltung in diesem Buch ausführen. Der unvollkommene Körper wird sie am Ende auch ausführen können, er braucht einfach etwas länger dazu. Meistens müssen wir die Haltungen irgendwie ändern, vereinfachen oder anpassen, bis unsere Unausgewogenheit und Mängel ganz langsam korrigiert und verändert werden. Das braucht Zeit. Wenn Sie diese Zeit nicht haben, dann kann Ihnen dieses Buch nicht helfen. Wenn Ihnen aber Gesundheit und seelisches Gleichgewicht am Herzen liegen, dann müssen Sie sich zu regelmäßiger Übung bereitfinden. Bei ungenauer Ausführung können die Haltungen – wie ich bereits mehrmals betonte – Schäden oder Unausgewogenheiten herbeiführen. Deshalb ist Eile beim Ausführen dieser Haltungen schädlich. Sie sollten das Buch erst einmal ganz durchlesen, bevor Sie mit dem Üben beginnen, um sich einen

Überblick zu verschaffen. Lesen Sie danach nochmals Kapitel um Kapitel durch, während Sie an jeder einzelnen Übung arbeiten. Man kann dies mit der Lektüre eines anspruchsvollen Romans vergleichen. Beim ersten Lesen will man sich an Stil und Sprache des Romans gewöhnen, die zweite Lektüre dient dazu, die Geschichte richtig zu erfassen. Nur hat Yoga im Unterschied zu einem Roman kein Ende. Es gibt auch keine letzte Seite, nach der man es endgültig geschafft hätte. Der einzige Lohn ist die Gesundheit, die sich aus der ständigen Übung ergibt. Dieser Lohn ist aber flüchtig und muß täglich Übung für Übung und Atemzug für Atemzug neu erarbeitet werden.

Fitneß erwirbt man nicht wie ein materielles Objekt, das man auf ein Regal stellt und dann vergißt. Sie arbeiten jeden Tag daran. Nach einem Sieg im Wettlauf fühlt man sich einige Zeit lang großartig. Aber was geschieht am nächsten Morgen? Man muß aufstehen, Yoga üben und zur Tagesordnung übergehen. Der Schlüssel zum Erfolg im Yoga liegt in einem einzigen Wort der alten Geheimlehre: *Sadhana* («das Mittel zur Verwirklichung») ist der Weg, und Praxis kommt nur durch Praxis.

Statische Kontraktionen

Die erste Folge beginnt mit elf Asanas im Stehen. Jede Haltung wirkt etwas anders auf den Körper, insgesamt aber setzen sie die Aufwärmübungen fort und bauen darauf auf. Einer der wichtigsten Aspekte der Haltungen im Stehen ist die Arbeit der großen Streckmuskeln der Oberschenkel. In den Anleitungen zu den Abbildungen werden Sie ständig dazu aufgefordert, die Schenkel «zusammenzuziehen» oder anzuspannen. Manchen Menschen fällt dies außerordentlich schwer, besonders wenn sie verspannte Kniegelenkbeuger haben.

Es handelt sich nicht um dieselbe automatische Kontraktion wie im Oberarm, wenn man ein Gewicht in die Hand nimmt und dann den Arm zur Brust beugt. Diese Art von Muskelkontraktion nennt man *dynamische Kontraktion,* und sie geschieht von selbst, wenn man eine Reihe von Bewegungen mit einem Glied ausführt.

Die Anspannung eines Muskels, ohne dabei ein Gelenk oder Glied zu bewegen, nennt man *statische Kontraktion.* In den vorliegenden Yogaübungen ist das Anspannen der Schenkel beim Stehen ein Beispiel für eine statische Kontraktion. Man könnte die Bewegung in den Schenkeln auch so beschreiben, daß die Oberschenkelmuskeln die Kniescheiben anheben. Es ist wichtig, genau zu verstehen, daß das nicht dasselbe ist wie die Knie durchzudrücken. Beim Durchdrücken wird das Kniegelenk nach hinten geklappt, und bei überdehnten Kniegelenken wird dieser Zustand durch das Durchdrücken nur noch schlimmer. Stellen Sie sich lieber vor, daß Sie die Kniescheiben zu den Hüften hochziehen. Unter anderem stärkt diese Kontraktion, die in allen Haltungen im Stehen ständig wiederholt wird, die Knie, weil der Vastus medialis und Vastus lateralis – zwei der vier Oberschenkelmuskeln (Quadriceps), die dazu dienen, die Kniescheibe an Ort und Stelle zu halten – wieder aufgebaut und in ein gegenseitiges Gleichgewicht gebracht werden. Schließlich trägt die Kontraktion dazu bei, falsch ausgerichtete Knie wieder ins Lot zu bringen. Probieren Sie es gleich einmal aus. Stehen Sie auf, und versuchen Sie, die Oberschenkel so anzuspannen, daß die Kniescheiben sich heben. Halten Sie diese Kontraktion fünf Atemzüge lang durch. Das erfordert ständige Aufmerksamkeit. Die Oberschenkel bleiben nicht von alleine angespannt. Sie müssen sie bewußt in dieser Kontraktion halten, und manchen wird das nicht leichtfallen. Sobald die Kontraktion desjenigen Muskels betont wird, der dem gedehnten Muskel gegenüberliegt, wird die Aufmerksamkeit abgelenkt. Statt daß man an die Anspannung und das Unbehagen in den Kniegelenkbeugern denkt, konzentriert man sich darauf, die Oberschenkelstrecker anzuspannen. Ich habe hier die Oberschenkel als Beispiel angeführt, aber in allen Haltungen im Stehen wird mit gegenüberliegenden Muskelgruppen gearbeitet bzw. werden diese zusammengezogen; das ermöglicht die Dehnung überhaupt erst. Nehmen Sie dies wahr, ganz gleich, ob die Arbeit nun in einer Drehung oder Dehnung besteht, ob es eine Gleichgewichtsübung oder ein Beugen ist.

Die statischen Kontraktionen wirken sich in dreierlei Hinsicht auf die Haltungen aus: 1. Sie beugen dem Überdehnen des gegenüberliegenden Muskels vor und erleichtern das Dehnen so, wie es andere

Streckübungen nicht vermögen – auch nicht das statische Strecken (beim Halten einer Dehnung). 2. Sie erzeugen Wärme, wodurch die Dehnung leichter fällt und wirksamer ist, und 3. wird die Konzentration dadurch ausgerichtet.
Die bewußte Kontraktion einer Muskelgruppe, besonders einer so großen wie die der vier Oberschenkelmuskeln, erfordert Anstrengung. Die Anstrengung bei einer statischen Kontraktion trägt zusammen mit Ujjayi-Atmung, Konzentration und der verbindenden Bewegung (Vinyasa) wesentlich zur Wärmeerzeugung bei. Ohne diese Anstrengung entfaltet die Haltung nicht die entsprechende Wirkung, und es wird keine Wärme erzeugt. Dasselbe kann man von allen statischen Kontraktionen dieser Übungsform sagen. Hier kommt in jeder Haltung die statische Kontraktion irgendeiner Muskelgruppe vor. Diese Kraftarbeit erzeugt Wärme und fördert die Biegsamkeit. Der 2. Grundsatz des Power-Yoga lautet: «Elastizität erreicht man durch Muskelanspannung.» Man braucht Zeit und Bewußtheit, bis man diese Übungsform anzuwenden versteht, aber es ist erreichbar. In den ersten elf Haltungen werden Sie mit der Zeit lernen, wie man in einem Asana arbeitet und den größten Nutzen aus dieser Anstrengung erzielt.

Die Bandhas

Es gibt einen weiteren Aspekt, der zweifelsohne der wichtigste und subtilste bei dieser Übungsform ist. Wir haben über die Wirkungen der Atmung, der Verbindungsbewegung und der Konzentration gesprochen. Schließlich ging es darum, wie wichtig die Anstrengung oder Kraftarbeit ist. Wir haben auch gesehen, wie man die Oberschenkelmuskeln zusammenzieht. Dennoch ist es womöglich schwergefallen, ein Gespür für diesen Muskel zu entwickeln und die Konzentration beim Üben aufrechtzuerhalten.
Jetzt wollen wir eine Kontraktion erlernen, die noch schwieriger ist und die man im Yoga *bandha* nennt. Ein Bandha bezeichnet eine Muskelkontraktion, die buchstäblich wie eine «Sperre» wirkt und benutzt wird, um die Konzentration auszurichten, Wärme zu erzeugen und schließlich, um den Fluß des Prana zu lenken. Wir werden zwei Bandhas verwenden: *Mula-Bandha* und *Uddiyana-Bandha.* Das erste bedeutet «Wurzelsperre». Wurzelsperre meint, daß Damm und Damm-Muskeln, die zwischen den Geschlechtsorganen und dem After liegen, zusammengezogen und angehoben werden. Wenn der Damm-Muskel erwähnt wird, sind der Scheiden- und Schließmuskel meistens mit gemeint.
Mit dem Üben von Mula-Bandha setzen wir die Aufmerksamkeitsschulung des Geistes fort, die bereits mit anderen Übungen, etwa der Atmung, dem Blickpunkt und den statischen Muskelkontraktionen, begonnen wurde. Wenn wir die Wurzelsperre anwenden, müssen wir nicht nur zwangsläufig darauf achten, was wir tun, sondern wir verbinden die abwärtsgerichtete Ujjayi-Atmung und die aufwärtsgerichtete Muskelkraft des Mula-Bandha miteinander. Diese Verbindung von Prana und Apana soll der Hatha-Yoga-Pradipika zufolge einen inneren Ton, genannt *nada,* erzeugen. So kann der Yogaschüler mit einer Art physischem Hilfsmittel auf die «innere Stimme» aufmerksam werden und sich auf sie einstimmen.
Praktisch gesehen ist Mula-Bandha die statische Kontraktion eines Muskels – etwas subtiler als beispielsweise die des Oberschenkelmuskels, aber dennoch eine Muskelkontraktion. Das ist Kraftarbeit und erzeugt Wärme. Mula-Bandha üben erfordert Konzentration, weil es nicht gelingt, wenn man sich nicht bewußt darauf einstellt. Die Konzentration unterstützt also Mula-Bandha, was seinerseits wieder die Wärmeerzeugung fördert.
Uddiyana-Bandha heißt wörtlich «hinauffliegen» und bezeichnet das Ein- und Hochziehen des Nabels. Dies bewirkt eine entsprechende Bewegung in den Bauchmuskeln und erzeugt einen Hohlraum unter dem Brustkorb. Ein wirksamer kleiner Kunstgriff kann helfen, sich an die Bewegung dieses Bandha heranzutasten: Ziehen Sie bewußt die schrägen Bauchmuskeln zusammen. Sie können das beim Ausatmen tun. Wenn Sie mit dem Ausatmen beginnen, ziehen Sie das untere Ende des Brustkorbs leicht gegen die Wirbelsäule. Dabei spüren Sie, wie sich die Muskeln in der Taille, genau unter den Rippen, zusammenziehen. Das sind die schrägen Bauchmuskeln. Uddiyana-Bandha stärkt und durchblutet die inneren Organe im Becken, und da es wie die Wurzelsperre eine starke Muskelkontraktion be-

wirkt, wird dabei Wärme erzeugt. In einem alten Yogatext heißt es: «Dieser Bandha läßt den Lebensatem wie einen großen Vogel in den Körper aufsteigen, der sich mühelos in die Lüfte hebt.» Wir versuchen – wiederum für unseren unmittelbaren Zweck – ebendiese Energie aufzubringen, nur tun wir das anfangs in Form von Wärme.

Wenn beide Bandhas zusammen ausgeführt werden, verhelfen sie zur richtigen Atmung. Sie sind eigentlich eine Verbindung von Anstrengung und Konzentration und erfordern Kraft und Aufmerksamkeit. Es bedarf jahrelanger Übung, um diese Bandhas zu meistern und während des Übens ständig durchzuführen. Um mit meinem Lehrer zu sprechen: «Ohne die Bandhas ist diese Übung nur Gymnastik», womit er meinte, daß bei den Bandhas das Hauptaugenmerk auf Konzentration und persönlicher Entwicklung liegt, und das erst hebt diese Form der Yogaübung von einfachen Körperübungen ab.

Auch wenn man am Anfang an vieles denken muß – an die Atmung, die Haltung, die Kraftarbeit, die Ausrichtung und jetzt auch noch die Bandhas –, ist es dennoch wichtig, sich von Beginn an daran zu gewöhnen, die Bandhas einzuhalten, obschon sie eine recht fortgeschrittene Yogaübung sind. Bevor Sie also jetzt weiterlesen, sollten Sie eine Weile lang Mula- und Uddiyana-Bandha üben.

Heben Sie den Damm-Muskel, und spannen Sie ihn an. Anfangs spüren Sie möglicherweise gar nicht, daß sich der Damm-Muskel zusammenzieht. Üben Sie, den After- bzw. Scheidenmuskel zusammenzuziehen. Dabei geht der Damm-Muskel mit. Nach langer, wiederholter Übung werden Sie das Zusammenziehen des Damm-Muskels von anderen Kontraktionen unterscheiden können.

Heben Sie jetzt Nabel und Unterleib unter dem Zwerchfell an, und behalten Sie diese Stellung bei. Was geschieht, wenn Sie weiteratmen? Bisher haben wir Anfängeratmung betrieben, wobei sich der Bauch beim Einatmen ausdehnt – was normalerweise geschieht, wenn wir richtig atmen. Beobachten Sie, wie die Atmung sich nun ändert. Sie sollten dabei feststellen können, daß das Einwärts- und Hochziehen beim Uddiyana-Bandha den Atem in die Brusthöhle preßt sowie den Brustkorb nach außen drückt und ausdehnt, und dadurch kommen die Zwischenrippenmuskeln in Bewegung. Wir erzeugen also mit dieser Sperre nicht nur Wärme, sondern vergrößern die Lungenkapazität – und die Kapazität der Brusthöhle.

Wenn sich das Zwerchfell beim Einatmen (dem Sonnenatem, wie er im Yoga heißt) zusammenzieht und dabei gegen die Bauchhöhle nach unten hin flacher wird, drückt es gegen die Kontraktionsrichtung des Uddiyana-Bandha an. Dieser Widerstand stärkt das Zwerchfell und läßt mehr Luft in die Lungen einströmen. Wenn es sich entspannt und bis unter das Herz hebt, trägt Uddiyana-Bandha dazu bei, das Zwerchfell hochzudrücken und den ausfließenden oder «Mond»-Atem hinauszustoßen.

Im 2. Teil habe ich den Begriff des «falschen» Atems erklärt, wobei die Bauchmuskeln sich anspannen und beim Einatmen eingezogen werden. Wenn Sie festgestellt haben, daß Sie sehr oberflächlich und falsch atmen, haben Sie hoffentlich seither richtig atmen gelernt und Ihr Atemmuster verändert. Jetzt gilt es, wiederum eine neue Methode zu erlernen, bei der sich der Bauch beim Einatmen zusammenzieht. Was ist nun der Unterschied zwischen unrichtigem Atmen und Atmen mit Uddiyana-Bandha?

Der erste und wichtigste Unterschied liegt darin, daß falsches Atmen in den meisten Fällen *unbewußt* ist. Das Schlüsselbein und die Schultern werden hochgezogen und die Rippen angehoben, wodurch die Bauchdecke sich nach innen wölbt, wiederum gegen das Zwerchfell drückt und dieses an seiner Ausdehnung nach unten hindert. Allein der kleine obere Brust- und Lungenraum wird genutzt, und nur wenig Luft fließt in die Lungen. Wenn Sie jemandem zusehen, der so atmet, erkennen Sie, wie eine maximale Anstrengung zu einer minimalen Wirkung führt.

Zweitens ist die Übung von Uddiyana-Bandha eine *bewußte* Methode zum Erlangen einer tieferen und subtileren Kontrolle des Atems oder, genauer gesagt, des *Prana.* Bevor wir lernen können, irgend etwas zu kontrollieren, müssen wir es genau kennen. Deshalb müssen Menschen, die sich zwar ihres eingeschränkten Atmens bewußt sind, aber sonst nicht wissen, was sie eigentlich tun, zuerst lernen, den Atem auszudehnen und die potentielle Lungenkapazität zu erkennen, bevor sie versuchen, sich eine noch subtilere und anspruchsvollere Atemtechnik anzueignen. Deshalb haben wir am Anfang gelernt, den Bauch beim Einatmen zu entspannen. Das sollten wir beim alltäglichen Atmen automatisch tun, damit das Zwerchfell sich zusammenziehen und die Lunge ohne Störung oder Einschränkungen Luft aufnehmen kann; so erfahren wir, daß die Lungenkapazität größer ist, als wir dachten.

«Ist es denn nicht auch so, daß das Uddiyana-Bandha gleichzeitig gegen das Zwerchfell hochdrückt, wenn dieses sich gerade ausdehnt, und somit dessen Wirksamkeit verhindert?» könnte ein Einwand lauten. Es drückt zwar tatsächlich dagegen an, aber in diesem Fall wird das Zwerchfell dadurch gestärkt. Weil Sie jetzt *bewußt* üben, wirken das Anheben der Bauchmuskeln und das Niederdrücken des Zwerchfells isometrisch gegeneinander. Außerdem ziehen Sie die Bauchmuskeln hoch und bleiben sowohl während des Ein- als auch des Ausatmens in dieser Stellung. Es ist direkt spürbar, wie diese beiden Muskeln aufeinandertreffen und sich gegenseitig stärken.

Die Bandhas haben noch eine weniger spürbare, aber genauso reale Funktion, nämlich diejenige, den Nadis Energie zuzuführen und die Blockaden in den Chakras aufzulösen. In der Philosophie des Yoga gibt es fünf Aspekte des Prana. Man nennt sie die fünf *Vayus* oder Winde: 1. *Prana* oder der aufsteigende Atem, der vom Herzen ausgeht und im Brustbereich zirkuliert; 2. *Apana* oder der absteigende Atem, der im Unterleib zirkuliert und für die Funktionen der Ausscheidung verantwortlich ist; 3. *Samana* oder der Atem, der in der Bauchhöhle für die Verdauung zuständig ist; 4. *Udana,* der «Aufwärts»-Atem, der in der Brusthöhle angesiedelt ist und die Sprache und das Aufsteigen der Aufmerksamkeit in höhere Bewußtseinszustände beeinflußt, und schließlich 5. *Vyana* oder der diffuse Atem, der in allen Gliedern zirkuliert.

Die zwei wichtigsten Atemströme, die uns jetzt interessieren, sind Prana und Apana. Durch die Anwendung der Bandhas werden diese anscheinend entgegengesetzten Ströme zusammengeführt. Sie begegnen sich genau an der Stelle, wo man spürt, wie Uddiyana-Bandha gegen das Zwerchfell drückt, wenn es sich ausdehnt. Sie laufen im Manipura-Chakra zusammen. Hier werden der Philosophie des Yoga zufolge die beiden «Winde» vom Kristalljuwel *mani* aufgeheizt und mit Energie geladen. Wenn sie ineinander übergehen und miteinander verschmelzen, schließen sie einen Kreislauf, wobei diese energiegeladene Kraft in die Wirbelsäule eintritt (in Sushumna-Nadi, wörtlich «der anmutigste Kanal»). Bekanntlich ist dies der Hauptenergiekanal längs der Wirbelsäule. Die Energie steigt nacheinander durch die Chakras hoch, setzt das Potential jedes einzelnen Chakras frei und versetzt den Übenden in einen höheren Bewußtseinszustand. Aus jedem dieser Energiezentren kann Prana durch verschiedene Kanäle zu allen Bereichen an der Körperoberfläche fließen, die eine ausgleichende Energie brauchen, sei es nun zur Anregung oder zur Beruhigung. Auch wenn einem das alles spekulativ erscheinen mag, ist es doch interessanter, sich vorzustellen, daß man einen magischen Energiestrom in Gang setzt, der zur Selbstverwirklichung führen kann, als einfach ständig weiterzuklagen und sich darauf zu konzentrieren, wie verspannt man ist oder welchen Streß man doch heute wieder hatte. Die Spannbreite der Bandhas reicht also von der Wärmeerzeugung und Konzentration bis zum höchsten Ziel, der Selbstverwirklichung. Dabei fällt noch eine verbesserte Lungenkapazität als nützliches Nebenprodukt ab!

Allgemeine Richtlinien

Beim Durcharbeiten jedes einzelnen Kapitels ist es sehr wichtig, daß man versucht, ein Gefühl für den Rhythmus und die Abfolge der Haltungen zu bekommen. Als ich diese Yogatechnik von meinem Lehrer Norman Allen erlernte, habe ich am ersten Tag nur die beiden Formen des Sonnengrußes geübt. Am nächsten Tag wiederholte ich dasselbe. Die ganze erste Woche habe ich nur den Sonnengruß mit immer mehr Wiederholungen geübt. In der zweiten Woche übte ich den Sonnengruß A und B je fünfmal und fügte eine oder zwei Haltungen im Stehen hinzu. Am nächsten Tag praktizierte ich die beiden Formen des Sonnengrußes, die ersten beiden Haltungen im Stehen und wieder zwei weitere. So wiederholte ich täglich, was ich tags zuvor geübt hatte, und alle paar Tage oder Wochen kam etwas Neues hinzu. Wenn ich in dieser Abfolge eine einzige Haltung vergaß oder überging, ließ mich mein Lehrer wieder von vorne beginnen. Das führte dazu, daß ich die erste

Folge auswendig beherrschte. Heute brauche ich überhaupt nicht mehr darüber nachzudenken, welche Haltung als nächste folgt. Mein Körper nimmt sie einfach automatisch ein.
Hier noch einige Richtlinien für diese Form der Yogaübung, an die Sie stets denken sollten:

1. Verteilen Sie das Gewicht in allen Haltungen gleichmäßig auf beide Füße.
2. Lassen Sie den Atem fließen, er darf nie angehalten werden. Am Ende soll er eins sein mit der Bewegung.
   Sie brauchen Zeit und Übung, um beides richtig miteinander zu koordinieren.
3. Atmen Sie so tief wie möglich ein und aus, und bearbeiten Sie das Zwerchfell mit jedem Atemzug. Hören Sie ständig auf den Atem, und üben Sie sich in Achtsamkeit. Ein- und Ausatmen sollten in Stärke, Länge, Tiefe und Ton aufeinander abgestimmt sein.
4. Versuchen Sie, die Dauer einer Verbindungsbewegung auf die Dauer des dazugehörenden Atemzugs abzustimmen, so daß Bewegung und Atem gemeinsam enden.
5. Richten Sie Kopf und Hals stets aufeinander aus.
6. Achten Sie genau auf die «harte» Arbeit in jeder Haltung, nämlich auf das Zusammenziehen jenes Muskels, welcher dem gegenüberliegt, der gedehnt wird. Spannen Sie die Oberschenkel an, und ziehen Sie sie hoch.
7. Seien Sie nicht ungenau. Eine ungenaue Übung bewirkt nichts. Lernen Sie, sich genau auszurichten und die Körpertemperatur konstant zu halten. Ohne genügend Wärme führen die Bewegungen nicht zum angestrebten besseren Gleichgewicht, zu mehr Energie und beständiger Gesundheit.
8. Achten Sie darauf, daß die Füße gut ausgerichtet sind. Bei ungenauer Fußstellung ist die ganze Haltung nicht exakt. Ungenauigkeit resultiert aus Unbewußtheit.
9. Konzentrieren Sie sich in jeder Minute mindestens einige Sekunden lang auf die Bandhas. Wenn beispielsweise die Füße richtig stehen und die allgemeine Ausrichtung stimmt, Kopf und Hals gehoben und gestreckt sind und Sie sich auf die Muskelkontraktionen konzentrieren, etwa darauf, die Oberschenkelmuskeln hinaufzuziehen, dann können Sie sich noch eine weitere Aufgabe stellen: Ziehen Sie den Damm und die Bauchmuskeln hoch, und versuchen Sie dann, das alles einige Atemzüge lang so beizubehalten.
10. Üben Sie Vinyasa. Das bedeutet, die Haltungen in der richtigen Reihenfolge einzunehmen und zu beenden, wobei Sie mit Tadasana oder dem Geradestehen (Samasthiti) anfangen und aufhören. Ich habe mir Mühe gegeben, die verbindenden Bewegungen, die in eine Haltung hinein- und herausführen, einleuchtend zu illustrieren, soweit dies auf den Abbildungen möglich war. In einigen Fällen, wo die Verbindung offensichtlich ist, habe ich nur die Haltung selbst dargestellt und es Ihnen überlassen, die Verbindungsbewegung dem Text zu entnehmen. In anderen Fällen, in denen Vinyasa nicht so selbstverständlich ist, habe ich die Bewegung mit nacheinander aufgenommenen Fotos zu dokumentieren versucht.

Die Haltungen

1 Zehenhaltung: PADANGUSHTHASANA

Pada bedeutet Fuß oder Bein, *angushtha* großer Zeh.

Abb. 4.1

Technik

Samasthiti – Geradestehen.

Vorbereitung: Stellen Sie die Füße schrittweise oder mit einem Sprung 15 bis 20 cm auseinander. Die Füße stehen parallel unter den Hüftknochen.

Einatmen. Beugen Sie sich nach vorne, umfassen Sie die großen Zehen mit Daumen und Zeigefinger, heben Sie den Kopf, den Rücken gestreckt, und schauen Sie auf.
Ausatmen. Beugen Sie den Kopf zu den Knien, und ziehen Sie mit Oberarm- und Schultermuskeln (Bizeps und Deltamuskel) den Oberkörper an die Oberschenkel. Arbeiten Sie mit gestreckten Beinen. Spannen Sie die Oberschenkelstrecker an, und heben Sie die Kniescheiben hoch, ohne den Rücken zu krümmen. Blicken Sie zwischen den Beinen hindurch, und hören Sie auf Ihren Atem.

Für Anfänger: Beugen Sie die Knie.

Vorsicht: Bei allen Rückenproblemen und -verletzungen oder sehr verspannten (verkürzten) Kniegelenkbeugern sollte man sich nicht mit gestreckten Beinen vornüberbeugen. Wenn man Kreuzbeschwerden hat oder in dieser Haltung besonders steif ist, muß man mit gebeugten Knien arbeiten.

Bleiben Sie fünf Atemzüge lang in dieser Haltung (Abb. 4.1), atmen Sie dann ein, heben Sie Kopf und Brust, strecken Sie den Rücken, und gehen Sie direkt zur nächsten Haltung über.

2 Hand-Fuß-Haltung: PADAHASTASANA

Pada bedeutet Fuß oder Bein, *hasta* Hand. In dieser Haltung werden die Füße auf die Hände gestellt.

Technik

Ausatmen. Lassen Sie die Zehen aus dem Griff der letzten Haltung los, und legen Sie die Handflächen so unter die Füße, daß die Handrücken auf dem Boden liegen und die Zehen die Handgelenke berühren.

Abb. 4.2

Einatmen. Heben Sie Kopf und Brustkorb, schauen Sie auf. Die Arme sind gestreckt, die Knie wenn nötig gebeugt.
Ausatmen. Ziehen Sie den Oberkörper mit den Armen an die Oberschenkel. Schauen Sie gerade zwischen den Beinen hindurch. Die Beine sind gestreckt, die Kniescheiben hochgezogen, die Oberschenkel arbeiten ständig. Verlagern Sie das Gewicht *leicht* nach vorne auf die Fußballen, um die Waden etwas stärker zu dehnen. Dieses ist eine Gegenstellung zur Haltung der Hände und Handgelenke im Sonnengruß, und deshalb ist es – um einen maximalen Nutzen für die Handgelenke zu erzielen – wichtig, daß die Hände ganz unter den Füßen liegen. Versuchen Sie die ganze Haltung hindurch sowohl Mula- als auch Uddiyana-Bandha auszuführen.

Vorsicht: Es versteht sich von selbst, daß man darauf achten sollte, sich nicht zu weit vornüberzubeugen. Wenn man Fortschritte gemacht hat, kann man mehr Druck nach vorne auf die Hände geben.

> *Für Anfänger:* Halten Sie die Knie die ganze Haltung hindurch gebeugt, bis Sie wieder stehen. Versuchen Sie, die Brust bei gestrecktem Rücken an die Oberschenkel zu drücken.

Bleiben Sie fünf Atemzüge lang in dieser Haltung (Abb. 4.2).

Einatmen (Abbildungsfolge 4.3). Heben Sie die Brust, schauen Sie mit gestrecktem Rücken auf, und strecken Sie die Arme.
Ausatmen. Legen Sie die Hände an die Hüften.
Einatmen. Stehen Sie auf, ziehen Sie die Oberschenkel an, drücken Sie die Schulterblätter zusammen, und schauen Sie zur Decke hoch (das Zusammenziehen der Rückseite des Körpers ist eine Gegenhaltung zur Dehnung nach vorne).
Ausatmen. Samasthiti – Geradestehen.

Vorsicht: Wenn Ihnen beim Aufrichten aus dieser oder irgendeiner anderen vornübergeneigten Haltung schwindlig wird, ist das höchstwahrscheinlich auf einen niedrigen Blutdruck, zu geringen Blutzuckerspiegel, zuwenig Flüssigkeitsaufnahme oder einfach den ungewohnten Blutfluß zurückzuführen. Halten Sie auf halbem Wege inne, bis Sie wieder im Gleichgewicht sind, und richten Sie sich dann ganz auf. Schauen Sie beim letzten Einatmen nicht hoch. Wenn Sie immer noch Schwindel verspüren, sollten Sie aufhören zu üben und zum Arzt gehen.

Abb. 4.3a

Abb. 4.3b

Abb. 4.3c

3 Gestreckte Dreieckshaltung: UTTHITA-TRIKONASANA

Utthita bedeutet ausgestreckt, *tri* drei und *kona* Winkel.

Technik

Einatmen. Stellen Sie die Füße mit einem Sprung oder schrittweise etwa einen Meter auseinander (wenn Sie auf einer Matte üben, dann drehen Sie sich zu Beginn um 90 Grad nach rechts, damit Sie die ganze Länge der Matte zur Verfügung haben). Drehen Sie den rechten Fuß um 90 Grad nach außen, den linken Fuß um 30 Grad nach innen, also leicht nach rechts. Die Ferse des rechten Fußes bildet mit dem linken Fußgewölbe eine Gerade. Strecken Sie die Arme aus, und spannen Sie die Muskeln des rechten Oberschenkels an. Achten Sie darauf, daß das rechte Knie in dieselbe Richtung zeigt wie der rechte Fuß.

Ausatmen (Abbildungsfolge 4.4). Beugen Sie sich nach rechts, wobei Arme, Schultern und Hüften eine Senkrechte bilden. Umfassen Sie den großen Zeh mit Daumen und Zeigefinger. Schauen Sie zum linken Daumen auf. Spannen Sie den rechten Oberschenkel an, ohne die Knie zu beugen. Die linke Hand und der linke Arm sind gerade zur Decke gestreckt. Kopf, Arm, Hand, Rumpf und Beine bilden eine Ebene (Abb. 4.5).

Für Anfänger: Umfassen Sie Knöchel oder Schienbein mit der Hand (Abb. 4.6). Ziehen Sie

Abb. 4.4a

Abb. 4.4b

Abb. 4.5

die rechte Kniescheibe hoch, und behalten Sie sie oben, oder ziehen Sie den rechten Oberschenkelmuskel an; die rechte Kniescheibe weist in dieselbe Richtung wie der rechte Fuß. Kopf und Wirbelsäule bilden eine Gerade. Lassen Sie den Kopf nicht hängen, sondern betätigen Sie die Halsmuskeln. Schauen Sie zum linken Daumen auf.

Bleiben Sie fünf Atemzüge lang in dieser Haltung (Abb. 4.7).

Einatmen (Abbildungsfolge 4.8). Richten Sie sich mit seitlich gerade ausgestreckten Armen auf, drehen Sie die Füße in die genau entgegengesetzte Richtung, so daß der linke Fuß jetzt um 90 Grad nach außen und der rechte Fuß um 30 Grad einwärts gedreht ist.
Ausatmen. Wiederholen Sie die Haltung auf der linken Seite.

Bleiben Sie fünf Atemzüge lang in dieser Haltung.

Ausatmen. Richten Sie sich mit seitlich gerade ausgestreckten Armen auf, drehen Sie die Füße wieder in die entgegengesetzte Richtung, so daß der rechte Fuß um 90 Grad nach außen und der linke Fuß diesmal um 45 Grad einwärts gedreht ist. Gehen Sie direkt zur nächsten Haltung über.

Abb. 4.6

Abb. 4.7

Abb. 4.8a

Abb. 4.8b

Abb. 4.8c

4 Umgekehrte Dreieckshaltung: PARIVRITTA-TRIKONASANA

Parivritta bedeutet umgekehrt oder umgedreht, *tri* drei und *kona* Winkel.

Technik

Ausatmen. Drehen Sie den Rumpf, strecken Sie den linken Arm aus (Abb. 4.9), und legen Sie die linke Hand neben die Innenseite des rechten Fußes, so daß Handgelenk und Fußmitte eine Linie bilden. Wenn Ihnen das leichtfällt, verstärken Sie die Drehung und Dehnung der Kniegelenkbeuger, indem Sie die Hand an die Außenseite des rechten Fußes legen. Drücken Sie die Hand hinunter, und dehnen Sie die rückwärtigen Muskeln. Kopf und Wirbelsäule sollten eine Gerade bilden; der Blick ist auf einen Punkt jenseits der Hand gerichtet. Spannen Sie den rechten Oberschenkel an, heben Sie ihn gleichsam in die Leiste. Beugen Sie die Knie nicht (Abb. 4.10).

Für Anfänger: Umfassen Sie das Knie, das Schienbein oder den Knöchel mit beiden Händen. Beugen Sie die Knie *nicht* (Abb. 4.11). Beide Schultern und Hände sollten gleich hoch und gleich weit vom Boden entfernt sein. Konzentrieren Sie sich auf den Kraftaspekt (Zusammenziehen und Anheben der Oberschenkel). Blicken Sie zu den Zehen hinunter. Wenn Sie mit den Händen bis zum Boden kommen, ohne die Knie zu beugen, können Sie zur fortgeschrittenen Haltung übergehen.

Abb. 4.9

Abb. 4.10

Vorsicht: Den Oberschenkelmuskel zusammenziehen oder anspannen ist nicht dasselbe wie das Knie durchdrücken. Wenn die Knie sich leicht überdehnen, sollte man darauf achten, daß man nicht zu starken Druck ausübt.

Bleiben Sie fünf Atemzüge lang in dieser Haltung (Abb. 4.10 oder 4.11).

Einatmen. Richten Sie sich auf, indem Sie sich mit Zehen, Oberschenkeln und Händen abstoßen, und schwingen Sie die seitlich ausgestreckten Arme wie im verbindenden Vinyasa beim letzten Asana auf die andere Seite. Drehen Sie die Füße in die genau entgegengesetzte Richtung, wobei der rechte Fuß um 45 Grad nach innen und der linke Fuß um 90 Grad nach außen gedreht ist.

Abb. 4.11

Ausatmen. Drehen Sie den Rumpf, und strecken Sie sich diesmal mit dem rechten Arm nach unten. Wiederholen Sie die Haltung auf der linken Seite.

Atmen Sie fünfmal ein und aus.

Einatmen. Stoßen Sie sich ab, und richten Sie sich in einem Schwung mit seitlich ausgestreckten Armen und nach vorne gewandtem Gesicht wieder auf. Stellen Sie die Füße wieder parallel.
Ausatmen. Samasthiti, gehen Sie mit einem Sprung oder schrittweise wieder zum Geradestehen über.

5 Gestreckte seitliche Winkelhaltung: UTTHITA-PARSHVAKONASANA

Utthita bedeutet ausgedehnt oder ausgestreckt, *parshva* Seite oder Flanke, *kona* Winkel.

Technik

Einatmen. Stellen Sie die Füße in einem Sprung oder schrittweise parallel etwa 1,20 m auseinander. Strecken Sie beide Arme seitlich aus. Drehen Sie den rechten Fuß um 90 Grad nach außen und den linken um 30 Grad nach innen. Der rechte Fuß und das rechte Knie weisen in die Richtung der ausgestreckten Hand.
Ausatmen. Lassen Sie sich langsam in die Haltung sinken, indem Sie das rechte Knie über den rechten Knöchel beugen (Abbildungsfolge 4.12). Legen Sie die rechte Hand an die Außenseite des rechten Fußes. Strecken Sie den linken Arm über das linke Ohr aus. Blicken Sie zur linken Hand hoch. Legen Sie das Kinn an die Achselhöhle, wobei Sie Mula-Bandha und Uddiyana-Bandha anwenden. Spüren Sie bewußt die arbeitenden Muskeln in den Armen, Beinen, im Rücken und im Rumpf. Die Hand sollte mit Arm, Rückenmuskeln, Hüften, Bein und der Außenkante des Fußes eine Gerade bilden (Abb. 4.13).

Abb. 4.12a

Abb. 4.12b

Abb. 4.13

Abb. 4.14

Für Anfänger: Stellen Sie die rechte Hand an die Innenseite des rechten Fußes (Abb. 4.14). Strekken Sie den linken Arm gerade zur Decke hoch. Die Schultern bilden eine Gerade. Schauen Sie hinauf.

Vorsicht: Halten Sie Kopf und Wirbelsäule in einer geraden Linie ausgerichtet. Lassen Sie den Kopf nicht hängen, dadurch wird eine schlecht ausgerichtete Wirbelsäule belastet. Drücken Sie auch das Knie nicht über den Knöchel hinaus; das belastet das Knie, besonders wenn es verletzt ist.

Bleiben Sie fünf Atemzüge lang in dieser Haltung (Abb. 4.13 oder 4.14).

Einatmen. Richten Sie sich mit seitlich gestreckten Armen auf, drehen Sie die Füße in die genau entgegengesetzte Richtung, wobei Sie die Zehen des rechten Fußes um 30 Grad einwärts zum linken Fuß und den linken Fuß um 90 Grad nach außen drehen.

Abb. 4.15

Ausatmen. Wiederholen Sie die Haltung auf der linken Seite.

Bleiben Sie fünf Atemzüge lang in dieser Haltung.

Einatmen. Richten Sie sich mit seitlich ausgestreckten Armen auf, drehen Sie die Füße wieder so, daß sie parallel stehen, und schauen Sie nach vorn.
Ausatmen. Samasthiti, gehen Sie mit einem Sprung oder schrittweise wieder zum Geradestehen über.

6 Intensive gestreckte Beindehnung A–D: PRASARITA-PADOTTANASANA

Prasarita bedeutet ausgestreckt oder ausgeweitet, *pada* Fuß oder Bein, *uttana* intensive Dehnung. Das heißt, daß die Beine geöffnet und intensiv gedehnt werden.

Intensive gestreckte Beindehnung A

Technik

Einatmen. Spreizen Sie die Beine mit einem Sprung oder schrittweise so, daß die Füße etwa 1,20 m parallel und mit nach vorne gerichteten Zehen auseinander stehen. Die Hände liegen auf den Hüften. Schauen Sie auf, pressen Sie die Schulterblätter zusammen, und dehnen Sie sich nach hinten, ohne dabei das Becken einzuziehen. Spannen Sie die Oberschenkel an (Abb. 4.15). Wenden Sie dabei Mula-Bandha und Uddiyana-Bandha an.
Ausatmen. Beugen Sie sich nach vorne, und legen Sie die Hände auf den Boden. Heben Sie den Kopf. Die Arme sind gerade (Abb. 4.16).

Für Anfänger: Strecken Sie sich so weit nach vorne, bis Sie mit den Händen auf den Boden kommen. Beugen Sie die Knie nicht, und halten Sie den Kopf oben. Krümmen Sie nicht gewaltsam den Rücken. Wenn Sie mit den Händen nicht bis

Abb. 4.16

auf den Boden kommen, lassen Sie sie auf den Hüften, und bleiben Sie in dieser Haltung, bis die Kniegelenkbeuger genügend nachgeben, daß die Hände den Boden erreichen wie in Abb. 4.16.

Einatmen. Behalten Sie den Kopf noch oben.
Ausatmen. Beugen Sie sich in den Hüften nach vorne zusammen. Krümmen Sie den Rücken nicht. Ziehen Sie den Rumpf mit Arm-, Schulter- und Bauchmuskeln an die Oberschenkel. Lassen Sie die Oberschenkelmuskeln ständig arbeiten! Wenden Sie die Bandhas an. Blicken Sie zwischen den Beinen gerade über die Nase hinaus nach hinten (Abb. 4.17).

Anmerkung: Diese Haltung ist eine gute Hilfe, um sich der Kontraktion der schrägen Bauchmuskeln in Uddiyana-Bandha, der «Bauchsperre», bewußt zu werden. Wenn Sie in die Haltung hinein ausatmen, drücken Sie den Brustkorb nach unten und ein wenig nach innen. Das aktiviert die schrägen Bauchmuskeln, wie wir es in diesem Kapitel bereits geübt haben. Versuchen Sie nicht nur in dieser Haltung, sondern ständig auf die Kontraktion zu achten. In den meisten Fällen ist sie eine Hilfe, um die Stauchung im Kreuz zu lindern und den Rücken zu strecken.

Bleiben Sie fünf Atemzüge lang in dieser Haltung (Abb. 4.17).

Einatmen. Heben Sie den Kopf, schauen Sie auf, und heben Sie die Brust (Abb. 4.18).
Ausatmen. Die Hände liegen auf den Hüften (Abb. 4.19).
Einatmen. Richten Sie sich auf, drücken Sie die Schulterblätter zusammen, und halten Sie die Oberschenkel noch angespannt (Abb. 4.20).
Ausatmen. Entspannen Sie sich, und schauen Sie geradeaus.

Abb. 4.17, Frontansicht

Abb. 4.17, Seitenansicht

Abb. 4.18

Abb. 4.19

Abb. 4.20

Abb. 4.21

Abb. 4.21, Seitenansicht

Abb. 4.22

Abb. 4.23

Abb. 4.24, Seitenansicht

Abb. 4.25

Intensive gestreckte Beindehnung B

Technik

Einatmen. Strecken Sie die Arme seitwärts aus.
Ausatmen. Die Hände ruhen auf den Hüften.
Einatmen. Schauen Sie auf, drücken Sie die Schulterblätter zusammen, wenden Sie die Bandhas an (Anfänger spannen das Gesäß an).
Ausatmen. Beugen Sie sich mit gestrecktem Rücken nach unten. Ziehen Sie sich mit den Bauch- und Rückenmuskeln in die Dehnung hinein. Auch wenn der Rücken gebeugt wird, ist er nicht unbedingt gekrümmt! Denken Sie an die Bandhas. Jetzt können Sie direkt spüren, wie sich die schrägen Bauchmuskeln unter Ihren Fingern an der Taille zusammenziehen. Verwenden Sie die Fingerspitzen als Hilfe, um auf diese Kontraktion zu achten und sie zu erfühlen. Blicken Sie wie in Übung A gerade nach hinten (Abb. 4.21).

> *Für Anfänger:* Krümmen Sie den Rücken nicht, und ziehen Sie die Schultern nicht hoch. Behalten Sie den Kopf oben. Schauen Sie geradeaus.

Bleiben Sie fünf Atemzüge lang in dieser Haltung.

Einatmen. Schauen Sie auf, heben Sie die Brust, und richten Sie sich langsam auf.
Ausatmen. Richten Sie sich weiter auf.
Einatmen. Schauen Sie auf, strecken Sie den Rükken, spannen Sie die Schulterblätter an, und ziehen Sie *immer noch* die Oberschenkel hoch.
Ausatmen. Entspannen Sie sich, schauen Sie nach vorne.

Intensive gestreckte Beindehnung C

Technik

Einatmen. Breiten Sie die Arme seitwärts aus (Abb. 4.22).
Ausatmen. Verschränken Sie die Hände hinter dem Rücken, und drücken Sie Handgelenke, Vorderarme, Ellbogen und Oberarme zusammen. Weiten Sie die Schultern, und drücken Sie sie zurück, indem Sie die Schulterblätter zusammenziehen.
Einatmen. Strecken Sie sich nach hinten, schauen Sie auf, wenden Sie die Bandhas an (Abb. 4.23).
Ausatmen. Beugen Sie sich nach vorne (Abb. 4.24), wobei die Hände verschränkt und die Arme angespannt bleiben. Drücken Sie die Arme so weit über den Kopf, wie es geht. Wenden Sie Kraft an. Führen Sie die Bandhas aus. Der Blick ist zwischen den Beinen gerade nach hinten gerichtet (Abb. 4.25).

> *Für Anfänger:* Versuchen Sie, die Arme vom Rücken aus zur Decke zu heben. Wenden Sie Kraft an. Halten Sie den Kopf in einer neutralen Stellung, so daß der Hals weder vorne noch hinten zusammengedrückt wird. Blicken Sie geradeaus.

Bleiben Sie fünf Atemzüge lang in dieser Haltung (Abb. 4.24 und 4.25).

Einatmen. Heben Sie den Kopf, schauen Sie auf, heben Sie die Brust.
Ausatmen.
Einatmen. Richten Sie sich mit immer noch verschränkten Händen wieder auf, ziehen Sie die Schulterblätter zusammen, und dehnen Sie die Vorderseite der Schultern. Schauen Sie auf. Die Oberschenkelmuskeln sind immer noch angespannt!
Ausatmen. Lassen Sie die Hände los, und legen Sie sie auf die Hüften. Schauen Sie geradeaus.

Intensive gestreckte Beindehnung D

Technik

Einatmen. Die Hände liegen auf den Hüften, schauen Sie auf, drücken Sie die Schulterblätter zusammen, spannen Sie die Oberschenkel an, führen Sie die Bandhas aus.
Ausatmen. Beugen Sie sich nach vorne, umfassen Sie die großen Zehen mit Daumen und Zeigefinger.

> *Für Anfänger:* Legen Sie die Hände an die Waden, beugen Sie die Knie nicht, halten Sie den Rücken gerade.

Einatmen. Heben Sie den Kopf, schauen Sie auf.
Ausatmen. Setzen Sie die Oberarmmuskeln, Brustmuskeln und Rückenmuskeln ein, um den Rumpf an die Oberschenkel zu drücken (Abb. 4.26 und 4.27). Versuchen Sie, den Rumpf mit den Arm- und Bauchmuskeln durch die Beine hindurchzuziehen. Denken Sie an die Bandhas, einschließlich des Anspannens der schrägen Bauchmuskeln. Blicken Sie geradeaus.

> *Für Anfänger:* Beugen Sie die Ellbogen, und ziehen Sie mit den Armen, aber lassen Sie die Brust gehoben und den Rücken gestreckt. Blicken Sie geradeaus.

Bleiben Sie fünf Atemzüge lang in dieser Haltung. (Abb. 4.26 und 4.27).

Einatmen. Schauen Sie auf, heben Sie die Brust.
Ausatmen. Legen Sie die Hände an die Hüften.
Einatmen. Richten Sie sich auf, strecken Sie sich nach hinten.
Ausatmen. Samasthiti, gehen Sie mit einem Sprung oder schrittweise wieder zum Geradestehen zurück.

Abb. 4.26, Seitenansicht

Abb. 4.27

Abb. 4.28

Abb. 4.29

7 Intensive seitliche Dehnung: PARSHVOTTANASANA

Parshva bedeutet Seite oder Flanke, *uttana* intensive Dehnung. Die Intensität der Dehnung macht sich in den Kniegelenkbeugern bemerkbar!

Technik

Einatmen. Stellen Sie die Füße mit einem Sprung oder schrittweise mit seitlich ausgestreckten Armen auseinander, drehen Sie den rechten Fuß um 90 Grad nach rechts außen und den linken Fuß um 45 Grad nach innen.
Ausatmen. Legen Sie die Handflächen hinter dem Rücken in der «Gebetshaltung» aneinander.

Hinweis: Beginnen Sie mit zusammengelegten Handflächen und abwärtsgerichteten Fingern; drehen Sie dann die Hände nach oben (Abb. 4.28). Drehen Sie Hüften und Rumpf um 90 Grad nach rechts.

Für Anfänger: Wenn Sie Sportarten wie Ringen oder Gewichtheben ausgeübt haben, oder wenn eine frühere Schulterverletzung Ihre Bewegungsfreiheit einschränkt, dann fällt Ihnen diese Haltung sicher schwer. Legen Sie die Arme hinter sich zusammen, und versuchen Sie, den gegenüberliegenden Ellbogen mit der Hand zu ergreifen.

Einatmen. Schauen Sie auf, heben Sie die Brust, dehnen Sie die Schultern, und strecken Sie sich nach hinten (Abb. 4.29).
Ausatmen. Beugen Sie sich über dem rechten Bein nach vorne, legen Sie das Kinn an das Schienbein (Abb. 4.30). Führen Sie die Bandhas aus, und drükken Sie auf die Außenseite des hinteren und die Innenseite des vorderen Fußes, halten Sie die Hüften gerade. Richten Sie den Blick nach oben zur großen Zehe.

Für Anfänger: Halten Sie den Rücken gerade, Kopf und Brust gehoben und das Gleichgewicht wie in Abb. 4.31. Nehmen Sie die Zehen zu Hilfe,

Abb. 4.30

Abb. 4.31

um das Gleichgewicht zu halten. Krümmen Sie den Rücken nicht, um den Kopf zum Schienbein zu bringen.

Bleiben Sie fünf Atemzüge lang in dieser Haltung (Abb. 4.30 oder 4.31).

Einatmen. Richten Sie sich wieder ganz auf, schauen Sie hoch, strecken Sie den Rücken.
Ausatmen. Nehmen Sie mit den Füßen die genau umgekehrte Haltung ein, und wechseln Sie wie in den letzten Haltungen die Richtung.

Einatmen. Schauen Sie wieder auf, strecken Sie den Rücken.
Ausatmen. Wiederholen Sie dieselbe Abfolge nach links, nehmen Sie fünf Atemzüge.
Einatmen. Richten Sie sich ganz auf, strecken Sie den Rücken, drehen Sie den Rumpf wieder in die Mitte, stellen Sie die Füße parallel.
Ausatmen. Samasthiti, Geradestehen.

8 Gestreckte Hand-Zeh-Haltung: UTTHITA-HASTA-PADANGUSHTHASANA

Utthita bedeutet gestreckt oder ausgedehnt, *hasta* Hand, *pada* Fuß, und *padangushtha* ist der große Zeh.

Hilfreicher Tip: Das ist die erste Haltung im Stehen, in der Sie das Gleichgewicht halten müssen, und es kann sein, daß es einiger Übung bedarf, bis Sie gelernt haben, problemlos auf einem Fuß zu stehen. Nehmen Sie Blick und Atem zu Hilfe. Halten Sie den Blick auf einen Punkt gerichtet, das hilft, das Gleichgewicht zu wahren, und fördert die Konzentration. Wenden Sie den Atem an, um sich zu zentrieren und im Gleichgewicht zu bleiben.

Technik

Anmerkung: In dieser Folge zeigen einige Abbildungen die linke, andere die rechte Seite. Um sich nicht zu verwirren, sollten Sie sich an die Anleitungen halten und sie wie bei allen Haltungen zuerst auf der rechten Seite üben. In der Abbildungsfolge 4.43 ist der ganze Haltungsablauf von Anfang bis zum Ende auf der rechten Seite festgehalten.

Einatmen. Umfassen Sie den großen Zeh des rechten Fußes mit Daumen und Zeigefinger der rechten Hand (Abb. 4.32). Strecken Sie das Bein aus, und heben Sie es so hoch wie möglich (Abb. 4.33). Legen Sie die linke Hand auf die Hüfte. Beide Hüften bleiben gerade. Wenn Sie nur so weit kommen, ohne Ihr Gleichgewicht zu verlieren, dann wenden Sie die

Abb. 4.32

Abb. 4.33

Haltung in Abb. 4.32 oder 4.33 an, um fünf Atemzüge lang darin zu verharren, bis sich Ihr Gleichgewicht stabilisiert und Sie zur nächsten Stufe übergehen können.
Ausatmen. Beugen Sie sich nach vorne, und versuchen Sie, das Schienbein mit dem Kinn zu berühren, wobei Sie das Bein dem Kinn entgegenheben (Abb. 4.34). Halten Sie den Blick geradeaus gerichtet. Krümmen Sie nicht den Rücken, um den Kopf ans Knie zu legen. Die Brust bleibt gehoben; Sie beugen sich in den Hüften, der Rücken bleibt gestreckt.

Für Anfänger: Es bedarf einiger Übung, um die Haltung auf Abb. 4.34 zu meistern, besonders bei steifen Kniegelenkbeugern oder Hüften. Beginnen Sie mit den folgenden Änderungen, und üben Sie intensiv, bevor Sie versuchen, das Bein gerade auszustrecken. Es ist besser, die Haltungen abgeändert und unvollständig durchzuführen, als fuchtelnd herumzuhopsen und krampfhaft zu versuchen, die schwierigere Haltung einzunehmen.

Einatmen. Die Hände liegen auf den Hüften, beugen Sie das Knie, heben Sie das rechte Bein hoch, und versuchen Sie im Gleichgewicht zu bleiben. Die Zehen zeigen nach oben, der Fuß ist genau unter dem Knie (Abb. 4.35).
Ausatmen. Bleiben Sie fünf Atemzüge lang in dieser Haltung. Wenn Sie einige Wochen geübt haben (und danach das Knie an die Brust heben können), werden Sie sich nach unten beugen und mit einem leichten Zug den Zeh fassen können. Schließlich sind Sie in der Lage, sich ganz zu strecken. Fixieren

Abb. 4.34

Abb. 4.35

Sie einen Punkt, und halten Sie den Blick darauf gerichtet! Fahren Sie mit den Anweisungen für Anfänger unter Teil B fort.

Bleiben Sie fünf Atemzüge lang in dieser Haltung (Abb. 4.32, 4.33, 4.34 oder 4.35), und gehen Sie zu Teil B über.

Einatmen. Schauen Sie auf, strecken Sie den Rumpf (Abb. 4.36).
Ausatmen. Drehen Sie das rechte Bein seitlich nach außen. Der Rumpf bleibt gerade, die Hüften ebenfalls. Blicken Sie nach links (Abb. 4.37).

> *Für Anfänger:*
> *Einatmen.* Umfassen Sie das rechte Knie mit beiden Händen. Bei Knieschmerzen oder -verletzungen umfassen Sie das Bein hinter dem Knie.

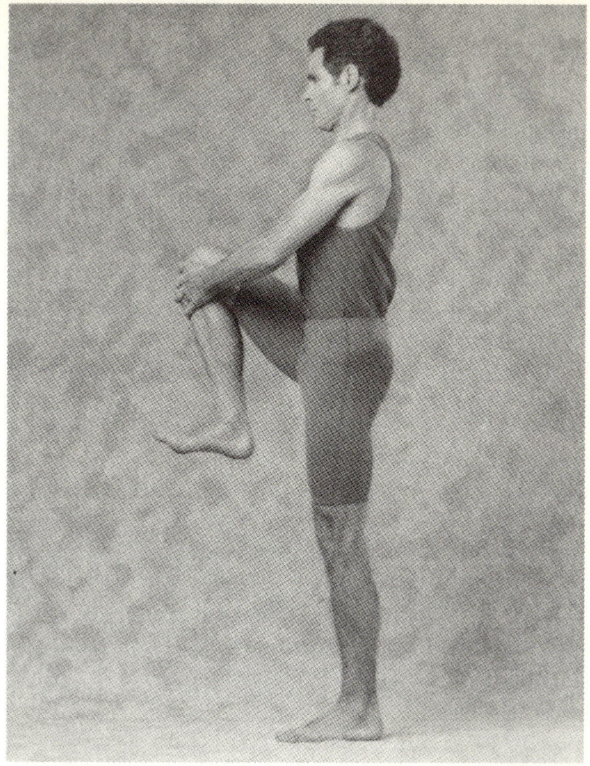

Abb. 4.38 ▲

Abb. 4.36

▼ Abb. 4.37

Abb. 4.39

Abb. 4.40

Abb. 4.41

Abb. 4.42

Ausatmen. Ziehen Sie das Knie mit den Armen an die Brust und die Muskeln im Standbein nach oben; der Brustkorb ist gehoben, die Schultern heruntergedrückt (Abb. 4.38). Atmen Sie fünfmal in dieser Haltung. Das ist eine ausgezeichnete Stellung bei Kreuzschmerzen oder verspannten Hüftbeugern. Lehnen Sie sich nicht zurück. Die Neigung zum Zurücklehnen kann von verspannten Hüftbeugern kommen.

Bleiben Sie fünf Atemzüge lang in dieser Haltung (Abb. 4.37 oder 4.38).

Einatmen. Schauen Sie nach vorne, schwingen Sie das Bein nach vorne (Abb. 4.39).
Ausatmen. Beugen Sie sich nach vorne, ziehen Sie das Schienbein mit abgewinkeltem Ellbogen an das Kinn (Abb. 4.40).
Einatmen. Kopf hoch, der Rumpf ist gerade (Abb. 4.41).
Ausatmen. Lassen Sie den Zeh los, und halten Sie das Bein drei Atemzüge lang gerade ausgestreckt (Abb. 4.42); dann zurück zum Geradestehen.

Hinweis: Anfänger bleiben einfach fünf Atemzüge lang in der Haltung und nehmen beim nächsten Ausatmen wieder Samasthiti ein.

Tip: Da die gänze Haltungsfolge von der ausgestreckten Hand bis zum Ergreifen des großen Zehs einen komplizierten Ablauf darstellt, üben Sie anfangs am besten jede Bewegung einzeln. So lernen Sie die Ausrichtung jeder Bewegung leichter und können das Gleichgewicht herstellen. Wenn Ihnen jeder Teil der Abfolge einigermaßen vertraut ist, können Sie üben, sie alle bei korrekter Atmung aneinanderzureihen (Abb. 4.43). Die Abbildungsfolge 4.43 setzt sich aus Abb. 4.32 bis 4.42 zusammen (ohne die Änderungen für Anfänger) und hilft Ihnen, den Fluß der gesamten Bewegungsabfolge zu erkennen.

Wiederholen Sie die Anweisungen, diesmal auf der linken Seite.

Abb. 4.43a

Abb. 4.43b

Abb. 4.43c

Abb. 4.43d

Abb. 4.43e

Abb. 4.43f

Abb. 4.43g

Abb. 4.43h

Abb. 4.43i

9 Stehende gebundene halbe Lotoshaltung: ARDHA-BADDHA-PADMOTTANASANA

Ardha bedeutet halb, *baddha* gebunden oder gefangen, *padma* Lotos, *uttana* intensive Dehnung.

Das ist die erste einer ganzen Reihe von Haltungen, in denen ein Glied oder Körperteil «gebunden» bzw. in einer bestimmten Haltung zusammengedrückt wird. Dabei wird das Blut regelrecht aus diesem Körperteil hinausgepreßt und die Blutzufuhr zu dieser Stelle verringert. Folglich gelangt mehr Blut in den übrigen Körper. Wenn die Seiten vertauscht sind und die Haltung auf der Gegenseite durchgeführt wird, ist es umgekehrt. Jetzt wird das Blut in den Teil hineingepumpt, aus dem es zuvor herausgepreßt wurde. Diese Kontrolle über die Blutzirkulation ist außerordentlich reinigend und heilend. Sie ist einer der großen Vorzüge der yogischen Disziplin. Es ist wichtig, in allen gebundenen Haltungen ständig zu atmen. Das erhält die Wärme aufrecht, die man braucht, um die Gelenke zusammenzudrükken, und das im gebundenen Körperteil verbleibende Blut wird genügend mit Sauerstoff versorgt und bleibt im Fluß.

Vorsicht: Diese Haltung wird mit dem berühmten Lotossitz durchgeführt. Sie ist zwar völlig gefahrlos und führt die in den letzten Haltungen im Stehen begonnene Arbeit im Bewegungsbereich der Hüften fort, aber sie gehört zu einer jener Yogahaltungen, die über die Jahre in der Sportmedizin einen schlechten Ruf bekommen haben. Das liegt vor allem daran, daß sie leicht zu Schäden führen kann, wenn sie mit schwachen oder verletzten Knien falsch durchgeführt wird.
So kommt es etwa vor, daß jemand eine Stellung, wie die stehende gebundene halbe Lotoshaltung auszuführen versucht, dabei etwas falsch macht und sich verletzt. Angenommen, etwas «zwickt» dabei, und am nächsten Tag schmerzt das Knie. Dann wird der Orthopäde oder Sportarzt aufgesucht und ihm gesagt: «Ich habe mich beim Yogaüben verletzt!» Dabei wird aber nicht erläutert, daß die Verletzung daher rührt, daß die Yogahaltung *falsch* durchgeführt wurde.
Ironischerweise stammen Artikel über die negativen Auswirkungen der Yogahaltungen kaum jemals von jemandem, der sich mit Yoga auskennt. Diese Artikel sind nur insofern nützlich, als sie die Öffentlichkeit auf diejenigen Haltungen aufmerksam machen, die bei falscher Ausführung Verletzungen nach sich ziehen können. Nichts im Yoga ist grundsätzlich schädlich. Gesundheitsrisiken treten nur auf, wenn die Haltungen unrichtig durchgeführt werden oder die Abfolge unvollständig bleibt. Es ist wichtig, daran zu denken, daß die Haltungen in einer bestimmten *Ordnung* und in einer genau festgelegten *Reihenfolge* durchgeführt werden sollen. Es gibt eine richtige und eine falsche Reihenfolge.
Diese spezielle Haltung weitet die Hüften, aber sie soll nicht die Knie belasten. Üben Sie auf keinen Fall Druck auf das Knie aus, um es zu beugen. Es kann bis zu zwei Jahre oder noch länger dauern, bis Sie den Fuß mit der Hand hinter dem Rücken fassen können, besonders wenn Sie viel Sport getrieben haben und die Hüften steif sind. Arbeiten Sie mit Geduld.
Wenn Sie eben erst eine Kniebehandlung hatten, dann gehen Sie sehr sorgfältig vor! Die Arbeit in diesem Bewegungsbereich ist heilsam, aber Sie müssen den Druck auf das Gelenk *ganz langsam* und progressiv erhöhen. Beugen Sie anfangs das Knie nur ganz leicht, und erhöhen Sie die Belastung täglich nur ein klein wenig mehr. So werden Sie nach und nach Ihre ganze Bewegungsfreiheit im Knie wiedererlangen. Wenn Sie eine Knieverletzung hatten, bei der irgendwelche Sehnen oder Bänder um das Knie herum in Mitleidenschaft gezogen waren, sollten Sie dieselben Regeln beachten. Und vergessen Sie dabei nicht zu atmen!

Technik

Einatmen. Heben Sie das rechte abgewinkelte Bein hoch.
Ausatmen. Hier gibt es drei Möglichkeiten:

Anfänger (Abb. 4.44): Halten Sie den rechten Fuß mit beiden Händen fest. Blicken Sie geradeaus auf einen Punkt. Nehmen Sie die Fixierung des Blicks, die Bandhas und den Atem zu Hilfe, um im Gleichgewicht zu bleiben. Atmen Sie fünfmal in dieser Haltung.
Mittlere Stufe (Abb. 4.45): Führen Sie die rechte Hand hinter dem Rücken nach links, und ergreifen Sie den linken Vorderarm, der wiederum den rechten Fuß hält. Halten Sie den Blick geradeaus, zum Beispiel auf den Boden, gerichtet. Führen Sie die Bandhas aus.
Fortgeschrittene (Abb. 4.46): Führen Sie die rechte Hand hinter dem Rücken nach links, und ergreifen Sie die rechte Fußspitze wie auf Abb. 4.47. Das nennt man Hand und Fuß «binden». Wenden Sie die Bandhas an.

Einatmen.

Anfänger und mittlere Stufe: Behalten Sie die Haltung bei.
Fortgeschrittene: Heben Sie den linken Arm hoch *(Abb. 4.48).*

Abb. 4.44

Abb. 4.45

Abb. 4.46

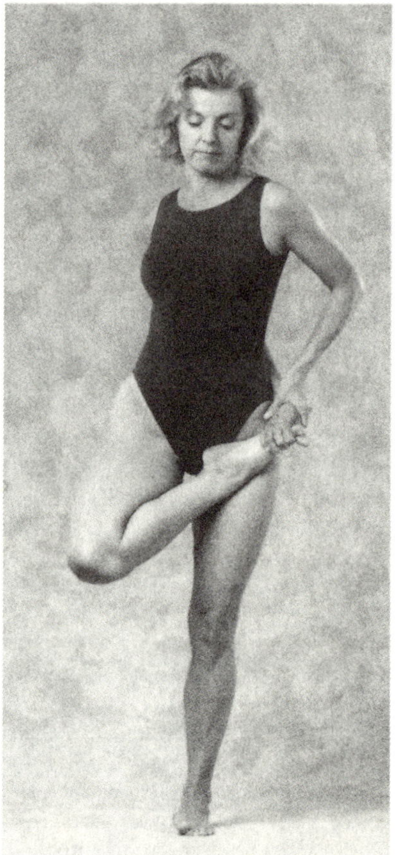

Ausatmen.

Anfänger und mittlere Stufe: Behalten Sie die Haltung bei.
Fortgeschrittene: Beugen Sie sich in der Hüfte nach vorne, und legen Sie die linke Handfläche neben dem Fuß auf den Boden (Abb. 4.49 und 4.50). Versuchen Sie, die Nase ans Knie zu legen. Blicken Sie über die Nasenspitze hinaus.

Vorsicht: Versuchen Sie nicht, sich nach vorne zu beugen, ohne den Fuß festzuhalten. Das Festhalten kommt vor dem Beugen. So lange die Hüfte nicht genügend geweitet ist, um das Festhalten zuzulassen, ist das Knie nicht richtig darauf ausgerichtet, den Druck beim Vorwärtsbeugen auszuhalten. Dann kann das Vorwärtsbeugen Knieverletzungen verursachen.

Bleiben Sie fünf Atemzüge lang in dieser Haltung (Abb. 4.44, 4.45, 4.46, 4.47, 4.48, 4.49 oder 4.50).

Einatmen.

Anfänger und mittlere Stufe: Behalten Sie die Stellung weiterhin bei.
Fortgeschrittene: Schauen Sie auf.

Ausatmen. Bleiben Sie in dieser Haltung (alle Stufen).

Einatmen.

Anfänger und mittlere Stufe: Behalten Sie die Stellung bei.
Fortgeschrittene: Stoßen Sie sich mit der Hand und den Zehen ab, und richten Sie sich mit Hilfe der Beinmuskeln auf, bis Sie wieder gerade stehen.

Ausatmen. Lösen Sie die Haltung, und stellen Sie den Fuß wieder auf den Boden.

Samasthiti, Geradestehen.

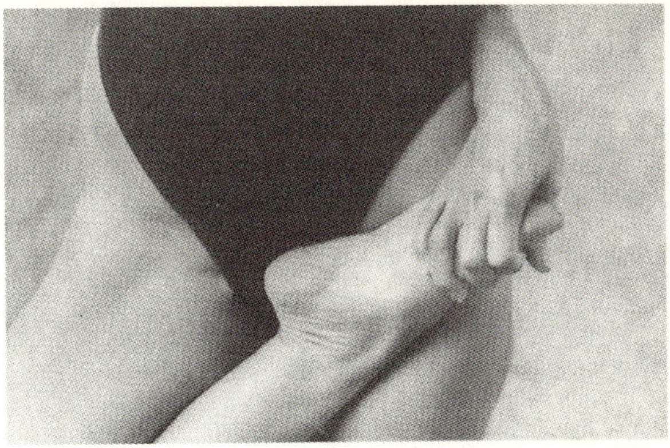

Abb. 4.47

Abb. 4.48

Abb. 4.49

Anmerkung: Sie können mit allen Haltungen von Abb. 4.44 bis 4.50 arbeiten. Mit zunehmender Praxis gehen Sie nach und nach die ganze Abfolge durch, bis sie das Festhalten und Vorwärtsbeugen beherrschen.

Wiederholen Sie die Übung anhand der Anweisungen auf der linken Seite.

Abb. 4.50

10 «Wilde» Haltung: UTKATASANA

Utkata bedeutet wild oder mächtig.

Technik

Anmerkung: Die Verbindungsbewegung vor dieser Haltung entspricht den ersten sechs Bewegungen im Sonnengruß A.

Einatmen. Heben Sie die Arme mit zusammengelegten Handflächen.
Ausatmen. Legen Sie die Handflächen auf den Boden.
Einatmen. Heben Sie den Kopf.
Ausatmen. Stellen Sie die Füße mit einem Sprung oder schrittweise nach hinten.
Einatmen. Aufschauender Hund.
Ausatmen. Hinabschauender Hund.
Einatmen. Stellen Sie die Füße mit einem Sprung oder schrittweise wieder nach vorne zu den Händen, beugen Sie die Knie.
Ausatmen. Lassen Sie die Knie gebeugt und den Kopf so nah an die Beine gedrückt wie möglich, heben Sie die Arme mit zusammengelegten Handflächen über den Kopf nach oben (Abb. 4.51). Die doppelte Anstrengung besteht erstens darin, mit Hilfe der Rückenmuskeln den Oberkörper *hoch*zuheben, während Sie die Arme zu strecken versuchen, mit dem mittleren Finger direkt zur Decke zeigen und die Handflächen aneinanderpressen, und zweitens darin, die Gesäßknochen in Richtung Boden *hinunter*zudrücken.

Wichtig: Wenn Sie eine Stauchung in der Kreuzgegend verspüren, haben Sie wahrscheinlich Uddiyana-Bandha vergessen, besonders das Zusammenziehen der schrägen Bauchmuskeln. Sobald Sie die schrägen Bauchmuskeln stark betätigen, sie nach unten und leicht zum Brustkorb hindrücken, hört der Druck in der Kreuzgegend vollständig auf.

Bleiben Sie fünf Atemzüge lang in dieser Haltung (Abb. 4.51).

Abb. 4.51

Abb. 4.52

Abb. 4.53

Einatmen. Legen Sie die Handflächen auf den Boden, behalten Sie den Kopf oben.

Fortgeschrittene: Wenn Sie Ihren Oberkörper besonders kräftigen wollen, können Sie die Variante ausprobieren, die in Abb. 4.52 gezeigt wird.

Ausatmen. Springen Sie nach hinten (Abb. 4.53).
Einatmen. Aufschauender Hund.
Ausatmen. Hinabschauender Hund.

11 Kriegerhaltung I: VIRABHADRASANA I

Vira bedeutet Held. Virabhadra war ein mächtiger mythischer Krieger, der aus einer Haarlocke hervorging, die sich Shiva, der Gott der Zerstörung in der klassischen Hindu-Trinität, ausgerissen hatte. Die beiden anderen Götter dieser Trinität sind Brahma, der Gott der Schöpfung, und Vishnu, der Gott der Erhaltung. Shiva ist die Verkörperung der statischen, männlichen Göttlichkeit, und seine «zerstörerische» Macht stellt im wesentlichen das Aufbrechen der Ego-Persönlichkeit dar, damit sie für das göttliche Licht durchlässig werde.

Technik

Einatmen. Stellen Sie den rechten Fuß nach vorne zwischen die Hände. Das ist dieselbe Haltung wie die 8. und 11. Haltung im Sonnengruß B. Anfänger sollten die Anweisungen im 3. Teil für diese Bewegungen beachten.
Ausatmen. Heben Sie die Arme mit zusammengelegten Handflächen über den Kopf. Der Kopf ist nach hinten geneigt. Schauen Sie auf (Abb. 4.54).

Anmerkung: Achten Sie darauf, daß der rechte Fuß gerade nach vorne zeigt und die Zehen des hinteren Fußes leicht in die Haltung hineingedreht sind. Der hintere Fuß sollte mit gehobenem Fußgewölbe flach

Abb. 4.54

Abb. 4.55

auf dem Boden bleiben; das rechte Knie liegt direkt über dem rechten Knöchel; achten Sie darauf, daß es sich nicht nach innen knickt. Bemühen Sie sich, Hüften und Schultern gerade nach vorne zu drehen. Wie in der letzten Haltung kann jede Stauchung im Kreuz durch strenge Beachtung von Uddiyana-Bandha – besonders des oberen Teils, dem Zusammenziehen der schrägen Bauchmuskeln – vermieden oder aufgehoben werden.

Bleiben Sie fünf Atemzüge lang in dieser Haltung (Abb. 4.54).

Einatmen. Strecken Sie das rechte Bein (Abb. 4.55), und drehen Sie dann den rechten Fuß nach innen und den linken Fuß nach außen (wenden Sie sich um 180 Grad).
Ausatmen. Beugen Sie das linke Knie über dem linken Knöchel, und wiederholen Sie die Haltung auf der linken Seite. Schauen Sie auf (Abb. 4.56).

Bleiben Sie fünf Atemzüge in dieser Haltung.

Abb. 4.56

Abb. 4.57

Abb. 4.58

Abb. 4.59

12 Kriegerhaltung II: VIRABHADRASANA II

Technik

Einatmen. Schwingen Sie den rechten Arm nach unten und hinten und den linken Arm nach vorne (Abb. 4.57), bis die Arme auf einer Ebene mit den Beinen sind. Blicken Sie über die Fingerspitzen der linken Hand hinaus. Hüften und Schultern werden um 90 Grad nach rechts gedreht, aber die Beinstellung bleibt dieselbe (Abb. 4.58). Je weiter die Beine auseinanderstehen, desto intensiver arbeiten die Oberschenkelmuskeln. Schließlich bildet der Oberschenkel des gebeugten Beins eine Parallele mit dem Boden, je tiefer die Hüften liegen. Fortgeschrittene sollten darauf achten, nicht zu übertreiben oder die Haltung nachlässig auszuführen. Der hintere Fuß bleibt auf dem Boden.

> *Für Anfänger:* Die Schrittweite wird wegen Steifheit in Hüften und Lenden etwas kürzer als bei Fortgeschrittenen sein (siehe Abb. 4.59, nach rechts). Achten Sie darauf, daß das Knie nicht über den Knöchel hinausragt. Das kann das Knie belasten.

Bleiben Sie fünf Atemzüge lang in dieser Haltung (Abb. 4.58 oder 4.59).

Einatmen. Strecken Sie das linke Bein (Abb. 4.60), und drehen Sie die Füße wie für die Verbindungsbewegung in der Kriegerhaltung I um.
Ausatmen. Bewegen Sie sich nach unten, und beugen Sie das rechte Knie über dem rechten Knöchel. Blicken Sie über die Fingerspitzen der rechten Hand hinaus (Abb. 4.61). Wiederholen Sie die Haltung nach rechts.

Bleiben Sie fünf Atemzüge lang in dieser Haltung.

Einatmen. Legen Sie die Hände neben dem rechten Fuß auf den Boden (Abb. 4.62).
Ausatmen. Springen Sie (Abb. 4.63) in den Liegestütz zurück (die 4. Haltung des Sonnengrußes – Abb. 4.64).

Abb. 4.60

Abb. 4.61

Abb. 4.62

Abb. 4.63

Abb. 4.64

Abb. 4.65

Abb. 4.66

Abb. 4.67a

Abb. 4.67b

Abb. 4.67c

Einatmen (Abb. 4.65). Aufschauender Hund.
Ausatmen (Abb. 4.66). Hinabschauender Hund.
Einatmen. Beugen Sie die Knie, und stoßen Sie das Gesäß so hoch wie möglich nach oben. Üben Sie diesen Sprung nach oben jedesmal beim Sonnengruß oder bei einem Vinyasa, da es einige Zeit dauern wird, bis er gelingt. Das stärkt die Arme und bereitet auf den später folgenden Handstand vor. Kreuzen Sie die Füße in der Abwärtsbewegung nach dem Hochspringen, lassen Sie sie zwischen den Armen hindurchgleiten, und versuchen Sie, sich über dem Boden zu halten, wenn Sie danach die Beine strekken; dann setzen Sie sich hin (Abbildungsfolge 4.67). Diese Verbindungsbewegung nennt man «Hindurchschwingen». Sie wird im nächsten Kapitel nach der ersten Haltung detailliert erklärt.

Damit sind die Haltungen im Stehen komplett.

Übungsdauer

Nehmen Sie sich drei bis vier Wochen Zeit, um die Abfolge der Haltungen in diesem Kapitel zu lernen und zu üben, bevor Sie zum 5. Teil übergehen. Fangen Sie mit der nächsten Folge erst an, wenn Sie die Haltungen in diesem Kapitel alle auswendig beherrschen. Erweitern Sie Ihre Übung, indem Sie die ersten fünf Haltungen des 5. Teils hinzufügen. So kommen Sie schließlich bis zu *Janu-Shirshasana I,* der Ein-Bein-Vorwärtsbeugung. Das ist eine logische Abfolge von Asanas, in der die letzten drei Stellungen Variationen der Vorwärtsbeugung auf einem Bein sind. Sie alle dehnen die Hüften und Kniegelenkbeuger.
Genauso, wie Sie von den Aufwärmübungen direkt zu den Haltungen im Stehen übergegangen sind, schließen Sie an die Haltung in diesem Teil direkt die erste Haltung des nächsten Teils an. Wie lange Sie brauchen, bis sie soweit sind, hängt von verschiedenen Faktoren ab. Manche lernen die Übungen im 3. und 4. Teil in wenigen Wochen, andere brauchen einige Monate oder länger dazu. Nehmen Sie sich soviel Zeit wie nötig, aber üben Sie regelmäßig.

Abschluß der Übung

Jede Übung, ob es nur der Sonnengruß ist oder die gesamte erste Folge, muß mit einer der drei Abschlußfolgen aus dem 7. Teil beendet werden. Das ist eine Reihe von Haltungen, die das muskuläre, biomechanische und biochemische Gleichgewicht des Körpers wiederherstellen.
Wenn Sie als Anfänger hier aufhören zu üben, dann schließen Sie die Kriegerhaltung II immer mit der geänderten Abschlußfolge ab. Das bedeutet, daß Sie sich hinlegen, die Knie zur Brust heben und hin- und herrollen. Sehen Sie im 7. Teil nach, wie das im einzelnen funktioniert. Zu Beginn dieses Kapitels sagte ich, dies sei eine Therapie. Wenn Sie vor dem Üben Ihren Rücken nicht gespürt haben, sollten Sie ihn auch danach nicht spüren. Falls sich der Rücken aus irgendwelchen Gründen nicht entspannt anfühlt, schafft die geänderte Abschlußfolge Abhilfe.

5. Teil · Kraft und Hingabe

Erste Folge
Asanas im Sitzen I

Yoga-Therapie

Jetzt beginnt sich die Wirkung der Yoga-Therapie bemerkbar zu machen. Viele werden in einigen der Haltungen im Stehen etwaige Verspannungen klar und deutlich zur Kenntnis genommen haben, besonders an der Rückseite der Beine; über viele Trainingsjahre hinweg erworbene Verspannungen machen sich spätestens jetzt auf womöglich unbehagliche Weise bemerkbar. In der ersten Haltung im Sitzen – wie in der ersten Haltung im Stehen – wird Ihnen klar, wie verspannt (oder biegsam) die Rückseite Ihres Körpers ist.
Ermutigend daran ist, daß der Körper sich verändert, wenn Sie ernsthaft und regelmäßig üben. Nicht nur die Kniegelenkbeuger werden länger und flexibler, auch der Geist scheint reger zu werden. Versteifungen und Blockaden fangen an, sich zu lösen. Es ist nicht ungewöhnlich, daß jemand nach einigen Monaten der Übung plötzlich zu weinen beginnt. Und das nicht vor Schmerz! Am besten läßt es sich wohl mit den Worten einer meiner Schülerinnen beschreiben, die viele Jahre lang meine Kurse besuchte: «Ich war gerade mit dem Vorwärtsbeugen fertig und legte mich hin, um mit der Abschlußfolge zu beginnen. Die Musik (die wir manchmal am Ende einer Stunde für die Entspannungshaltung, die letzte Übung zum Abkühlen, Ruhen und Meditieren spielen) lief schon, und die Heizung ging wieder an. Etwas schlug in den Heizkörpern, und ich konnte nicht unterscheiden, was vom Heizkörper und was vom Tonband kam. Es schien alles ineinanderzulaufen. Plötzlich kam es mir vor, als stünde mein Vater hinter mir und tanzte (ihr Vater war einige Jahre zuvor gestorben). Ich verspürte ein Glücksgefühl und eine große Erleichterung und begann zu weinen. Ich mußte nicht laut schluchzen, aber das Weinen kam von tief innen, gerade aus der Mitte meines Herzens.»
Ich habe jahrelang beobachten können, wie Menschen eine wirkliche Gefühlsbefreiung und Katharsis als Folge von etwas erlebten, was oberflächlich betrachtet wie eine rein körperliche Arbeit aussieht, und ich kann aus Erfahrung sagen, daß diese Übung nicht nur die Steifheit und Verspannungen infolge von Verletzungen und Trainingsschäden löst, sondern auch die inneren Verkrampfungen, die aus jahrelangem emotionalem Schmerz oder einem Trauma entstanden sind.
Man kann nicht Tag für Tag daran arbeiten, die Muskeln, Zellen, Gelenke und das Bindegewebe zu weiten und zu dehnen, ohne daß es eine Auswirkung auf das Nervensystem und den Gefühlszustand hätte. Die Gefühle werden gemeinhin in der Seele

lokalisiert, aber meine Beobachtungen haben mir gezeigt, daß sie eine klare Auswirkung auf die Körperzellen haben. Wir können dies mit einem Computer vergleichen. Das physische Geschehen wird irgendwo auf der Festplatte tief innen im psychischen Computer gespeichert. Erinnerung hat eine Form und setzt sich aus Bytes zusammen, die sich zu Kilo- und Megabytes verbinden. Nur können wir nicht so leicht auf unsere Erinnerung zugreifen wie auf den Inhalt des Computers. Manchmal bleibt sie stecken, ist nicht abrufbar oder wieder von anderen Informationen überdeckt. Wenn es sich um schmerzliche Erinnerungen handelt, werden sie offenbar eingekapselt, wie es etwa bei Körperverletzungen im Narbengewebe der Fall ist. Diese kleinen, isolierten Informationseinheiten führen zu Blockaden, Spannungen und Begrenzungen. Wenn wir sie auflösen wollen, müssen wir ihre Ursachen kennen und ans Licht bringen. Nur wenn das gesamte Körpersystem wieder richtig ausgerichtet und von allen Blockaden befreit ist, können wir unser ganzes Potential nutzen.

Wenn Sie sich dehnen und strecken und elastischer werden, können Sie feststellen, daß die neu erworbene Beweglichkeit sich in der täglichen Arbeit niederschlägt. Durch Aufmerksamkeit auf den Atem entwickelt man auch in anderen Aspekten seines Lebens eine größere Konzentrationsfähigkeit. Vielleicht verbessert sich sogar die Fähigkeit zur Konfliktlösung. Statt nein zu sagen, wenn man ja meint oder umgekehrt, kann man nun seine eigentliche Meinung behaupten. Wenn ich also sage, daß die Yoga-Therapie jetzt erst richtig beginnt, meine ich damit nicht nur, daß die Wirbelsäule wieder ins Lot kommt.

Echte und vermeintliche Beweglichkeit

Viele mogeln beim Vorwärtsbeugen. Wenn der Rücken gekrümmt wird und man sich anstrengt, den Kopf an die Knie zu ziehen, kann man vielleicht beweglich aussehen. Das ist aber nicht nur falsch ausgeführtes Yoga, sondern auch gefährlich. In diesem Kapitel werden Sie die *einzig richtige* Art und Weise lernen, sich sicher und wirkungsvoll nach vorne zu beugen. Der Haken dabei ist, daß man am Anfang den Eindruck hat, sehr viel weniger flexibel zu sein, weil man nicht mogeln kann. Das bedeutet, daß man sich von Anfang an mit dem Ego auseinandersetzen muß. Das Ego will natürlich beweisen, wie gut es ist. Ich sehe das laufend in den Kursen, besonders wenn sich die Teilnehmer untereinander vergleichen. Dann kommt es zum Wettstreit. «O je, ich bin doch wohl nicht verspannter als alle andern im Kurs?»

Wenn man beim Vorwärtsbeugen unbedingt flexibel erscheinen will, muß man meistens die Schultern hochziehen, den Rücken krümmen, den Brustkorb einsacken und den Kopf hängen lassen und außerdem den gesamten Herz- und Lungenraum zusammendrücken. Es ist tatsächlich vorgekommen, daß sich ein Teilnehmer an meinem Programm bei einem Test für einen Sportphysiologen ernstlich verletzte. Er saß mit gestreckten Beinen da und versuchte, nach seinen Zehen zu greifen; um einen guten Eindruck zu machen und hohe Testresultate zu erzielen, strengte er sich dabei sehr an. Als er aber beim Vorwärtsstrecken zuviel Kraft ausübte und die Vorderseite des Körpers zusammensacken ließ, platzte unter dem Druck der Schultern auf den Brustkorb tatsächlich ein Knorpelverbindungsstück ab.

Diese Geschichte verdeutlicht zweierlei: Erstens wissen wenige, wie man sich richtig streckt. Die erwähnte Person mit dem Knorpelriß war jahrelang in meine Kurse gekommen und hätte wissen müssen, daß er den Rücken beim Vorwärtsbeugen nicht krümmen durfte. Oft wollen wir es einfach nicht begreifen. Wir können uns nicht von hinten sehen und haben uns möglicherweise so daran gewöhnt, wie sich ein runder Rücken anfühlt, daß wir glauben, er sei gerade. Wir wollen schnell Fortschritte machen, besonders, wenn es darum geht, gut abzuschneiden. Alte Gewohnheiten lassen sich sehr schwer ablegen oder verändern. Dazu brauchen wir Zeit und Geduld. Oft müssen wir unsere Lektion auf die harte Tour lernen.

Zweitens kommt hier auch die Macht des Ego zum Ausdruck. Unsere Versteifungen haben ihre Gründe. Für die meisten sind sie mit irgendwelchen Erfolgen verbunden. Und jetzt sind wir an einem Punkt angelangt, wo sie anfangen, uns selbst im Weg zu stehen und uns zu begrenzen. Deshalb müssen wir auch unsere Denkweise ändern.

Loslassen

In der Yoga-Literatur wird überliefert, daß die Haltungen, in denen man sich nach vorne beugt – besonders *Pashchimottanasana*, die erste Haltung in diesem Kapitel – nicht nur den Geist beruhigen und ihn dazu bringen sollen, «nachzugeben» (was soviel bedeutet wie Begrenzungen zu überwinden), sondern darüber hinaus das Ego besiegen und die *siddhas* oder yogischen Kräfte wie Hellsichtigkeit und Telepathie fördern und veränderte Bewußtseinszustände begünstigen.

Ich will hier klarstellen, daß ich mit «Sieg über das Ego» nur die negativen Aspekte des Ego meine, die «inneren Feinde» wie falscher Stolz, Arroganz, Besserwisserei, Einbildung und Engstirnigkeit. Man muß lernen loszulassen, wenn man in den Yoga-Haltungen Fortschritte machen will. Solange man der Dehnung Widerstand leistet und an alten Gewohnheiten festhält, ist die Übung schmerzhaft und wirkungslos.

Das Ego loslassen bedeutet Verspannungen auflösen. Die über lange Jahre entstandenen Verspannungen haben die Empfindsamkeit der Poren, der Haut und des Gewebes geschmälert. Das Prana kann nicht mehr ungehindert durch das Gewebe fließen und Energie in sämtliche Bereiche tragen. Ein Yogi würde sagen, daß diese Blockaden auch die Funktion der Aura, unseres Energiekörpers, einschränkt. Wenn wir alte Muster aufgeben, seien sie nun physischer oder psychischer Natur, ist es so, als ob ein bewölkter Himmel aufklart und wir wieder eine freie Sicht haben.

Es kann vorkommen, daß meine Kniegelenkbeuger beim Yogaüben an einem Montagmorgen schmerzhaft verspannt sind, nachdem ich am Wochenende gelaufen, radgefahren oder gewandert bin. Dann denke ich oft über das «Klarwerden» nach. Das besänftigt mich. Jedenfalls ist es ein schöner Gedanke, und ganz fraglos wird man nach jahrelanger Yogaübung empfindsamer. Doch zurück zu unserem Thema, den Verspannungen. Wir sind zu steif, und das ist ein Hindernis.

Kraftprotzerei

Es ist wichtig, sich immer wieder daran zu erinnern, daß es einen Unterschied zwischen Kraft und Verspannung gibt. Man braucht nicht verspannt zu sein, um Kraft zu haben. Schauen Sie sich Tänzer und Turner an. Ich habe schon immer gedacht, daß die vorherrschende Auffassung in der Sportwelt, besonders im Berufssport, daß Biegsamkeit gleich Schwäche sei, einfach nicht zutrifft. Verspannung *begrenzt* schließlich die Kraft, und ich hoffe, daß das immer mehr Trainer langsam einsehen.

So werden meine Kurse beispielsweise von vielen Leuten besucht, die Gewichte gehoben haben. Es steht außer Frage, daß sie nach Jahren, manchmal auch nur nach wenigen Monaten Gewichtheben viel Kraft gewonnen haben. Das Problem ist allerdings, daß infolge des Anschwellens der Muskeln und deren Anspannung ihre Bewegungsfreiheit drastisch eingeschränkt ist. Folglich können sie ihre Kraft nicht wirksam nutzen, weil sie sich nicht mehr bewegen können.

Es ist egal, ob Gewichtheben oder Fußballspielen zur Verspannung geführt hat, die Muskeln werden schließlich vom vegetativen Nervensystem in einer Art Erwartungszustand gehalten. Mit der Zeit führt das zu ständiger Schwäche und Erschöpfung, einem Zustand, in dem man sich leichter verletzt. Oft kommt es dann zu Muskelrissen. Die Kraft des Muskels, der sich zusammenzieht, ist größer als die Biegsamkeit des Gegenmuskels, und schon reißt etwas, und wir haben eine Sportverletzung. Die meisten mögen Muskelpakete als Zeichen strotzender Kraft ansehen, aber in Wirklichkeit sind sie ein Beispiel ständig angespannter und geschwächter Muskeln mit erhöhtem Verletzungsrisiko.

Viele Leistungs- und Hochleistungssportler haben die eine oder andere Art von Dehn- und Streckprogrammen ausprobiert, sich dabei aber verletzt, und folglich gelangten sie zu der Überzeugung, damit werde bloß wertvolle Trainingszeit vergeudet. Andere führen vielleicht ab und zu einige Dehnübungen aus. Sie springen ein bißchen oder drücken einige Minuten gegen eine Wand, und danach heben sie drei Stunden lang Gewichte. Die meisten Berufssportler, mit denen ich mich unterhalten habe, haben mit den herkömmlichen Dehn- und Streckübungen keine greifbaren Resultate erzielt. Außerdem stellen Dehnen und Strecken den «weichen» Aspekt beim Trainieren dar, der auch heute noch als zu weiblich angesehen wird und nicht als etwas, was «richtige Männer» tun.

Hart bleiben oder weich werden

Vielleicht gehören Sie zu den wenigen Glücklichen, die beim Vorwärtsbeugen keine Verspannungen haben. Vielleicht sind Sie auch immer schon biegsam gewesen. Dann geht es bei Ihnen darum, die statischen Kontraktionen in den Haltungen zu beachten und in den Verbindungsbewegungen Kraft zu entwickeln. Ob bei Ihnen nun also Kraft oder Biegsamkeit oder beides zu fördern ist, die Herausforderung ist für alle gleich: das Harte und das Weiche ins Gleichgewicht zu bringen, zu lernen, wann man hart sein muß und wann es darum geht, weich zu werden. Wann sind wir steif, verspannt, unachtsam und unbewußt? Und wann locker, lässig, überschäumend und unkonzentriert?
Wenn wir erst einmal mit Yoga begonnen haben, begeben wir uns, was Kraft und Biegsamkeit angeht, auf neue, subtilere Ebenen. Der Widerstand wird gebrochen – ich meine damit den Widerstand gegen Wachstum und Veränderung, nicht gegen Krankheiten – und Leichtigkeit tritt ein. Wahrscheinlich ist Leichtigkeit kein besonders erstrebenswertes Ziel in einer karriereorientierten Berufsauffassung. Aber ich kann mir sehr wohl denken, daß es für die meisten von uns seinen Reiz hat.
Mit dieser Übung fördern wir das Gleichgewichtsbewußtsein nicht nur zwischen Kraft und Biegsamkeit, sondern auch subtilerer Gleichgewichte, etwa zwischen Überstimulierung und Trägheit. Wenn wir darauf achten, wie die Bewegungen in den Yogaübungen mit dem Atem synchronisiert sind, können wir nach und nach hier eine Anspannung und dort eine Schlaffheit erfühlen, das Steuer der Umprogrammierung des Geistes und der Muskeln in die Hand nehmen und unseren Körper neu ausrichten.

Die drei *Gunas*

Bei regelmäßiger Übung werden Sie jetzt wahrscheinlich schon einige kleine Fortschritte verzeichnen können. Angenommen, Ihr Körperbewußtsein ist etwas besser geworden und Sie sind sich dessen etwas bewußter, was in den Zellen und Geweben geschieht. Möglicherweise nehmen Sie Unterschiede in Ihrer täglichen Befindlichkeit beim Üben wahr. An manchen Tagen könnten Sie Bäume ausreißen, an anderen fühlen Sie sich entsetzlich. Das ist völlig normal. Sie fragen sich dann vielleicht, was diese Veränderungen verursacht. Regelmäßiges Üben hilft, hinter diese Energieveränderungen und ihre Ursachen zu kommen.
Haben Sie am Vortag hart trainiert? Haben Sie sich ausgeruht, genug geschlafen, früh gegessen oder spät? Haben Sie zuviel gegessen? Und was? War es gesunde oder ungesunde Nahrung? Haben Sie Alkohol getrunken? Hatten Sie viel Streß? War gerade Voll- oder Neumond? Das alles kann Ihre Befindlichkeit beim Üben beeinflussen. Je regelmäßiger Sie üben und je länger Sie schon dabei sind, desto besser werden Sie die verschiedenen Einflüsse erspüren und ihre Wirkungen auf Körper und Geist bestimmen können.
In der Yoga-Philosophie ist von drei *Gunas* – Eigenschaften des Bewußtseins oder der Energie – die Rede: *Rajas, Tamas* und *Sattva*. Rajas ist durch Aktivität charakterisiert, Tamas durch Trägheit und Untätigkeit, Sattva durch Reinheit und Ruhe. Alles, was wir tun, sagen, denken, uns vorstellen, essen, trinken oder womit wir uns befassen, ist dem yogischen Denken zufolge eine Kombination dieser Gunas.
Tamas hat die Eigenschaft der Trägheit, Untätigkeit, Apathie und Unwissenheit. Wenn dieses Guna vorherrscht, lassen wir uns hängen, wir werden träge und langweilen uns. Wir fühlen uns kraftlos. Der Geist ist wankelmütig und sieht Täuschungen als Realität an. Rajas hat die Eigenschaft der Beweglichkeit. Es macht den Menschen energisch, angespannt, überhitzt und starrsinnig. Dann sind wir beispielsweise unruhig, lassen uns auf zuviel Gerede und Geschwätz ein, regen uns auf oder begeistern uns. Wir sind unstet, wankelmütig und leicht zerstreut. Unter der Herrschaft von Rajas entstehen

Anhänglichkeit, Wünsche und Gier. Diese Eigenschaft könnte man den Aspekt der Entwicklung nennen, die vorwärtstreibende Kraft.
Sattva hat die Eigenschaft der Erleuchtung, die zu geistiger Gelassenheit, Klarheit und dem Göttlichen führt. Wenn dieses Guna in jemandem vorherrscht, ist er furchtlos und rein, großzügig und voller Selbstkontrolle. Er erforscht sich selbst. Er ist gewaltlos, wahrhaftig und frei von Wankelmut. Er beschäftigt sich mit Dingen, die zu Harmonie und Gleichgewicht führen, fährt etwa Rad auf dem Land, wandert in den Bergen, hört harmonische Musik oder liest erbauliche Bücher.
Auch die Nahrung kann diese drei Eigenschaften haben. So ist Weißmehl beispielsweise «tamasisch» und führt zu Trägheit. Es liefert eine Menge Kalorien in Form einfacher Kohlehydrate, wie auch Zukker, hat aber überhaupt keinen Nährwert. Wenn diese Kalorien also nicht unverzüglich durch körperliche Aktivitäten verbrannt werden, wird der Überschuß als Fett gespeichert. Weißmehl kann auch schläfrig machen und ein Schweregefühl auslösen. Der Körper braucht eine Menge Energie, um das Weißmehl ohne Ballaststoffe durch den Darmtrakt zu befördern.
Zucker beginnt «rajasisch» oder belebend im Körper, wird aber schnell «tamasisch» und erzeugt dann Trägheit oder Stillstand. Fleisch beginnt wie Zucker als Rajas und wird bei der Arbeit, die der Körper zum Verdauen und Ausscheiden großer Mengen an Fleisch zu leisten hat, zu Tamas. Scharfe – etwa indische oder mexikanische – Gerichte haben Rajas-Eigenschaften, sie erzeugen Wärme und sind anregend.
Je regelmäßiger Sie üben und je empfindsamer Sie werden, desto schneller stellen Sie fest, welche Wirkung die Nahrung der letzten zwölf Stunden auf die Qualität Ihres Energieniveaus und Ihre Befindlichkeit beim Üben hat. Ich merke es beispielsweise immer, wenn ich Zucker gegessen habe: Meine Muskeln werden dadurch ganz steif, und das Unbehagen steigt dermaßen an, daß ich es mir das nächste Mal lieber zweimal überlege, Zucker zu essen, wenn ich am nächsten Morgen um sechs Uhr wieder üben soll.
Ich denke, daß Zucker in jedem Körper so wirkt. Die meisten merken das nicht, weil man wochen- und monatelang täglich zur selben Stunde üben muß, um die subtilen Wirkungen zu erspüren, die Nahrung, Gefühle und anderes auf den Körper haben. Pizza oder sonstiges Weißmehlgebäck (Brötchen und dergleichen) machen mich sehr träge.
Daher entscheidet man sich am besten für Nahrungsmittel mit Sattva-Eigenschaften wie etwa Vollkornprodukte, Hülsenfrüchte, Nüsse, Gemüse und Obst. Daraus hat die Nahrung der Yogis schon immer zum Großteil bestanden; und sie fördern das Gleichgewicht in Körper und Geist. Ein gutes Essen mit Sattva-Eigenschaften wird sich am nächsten Tag beim Üben immer positiv auswirken. Es ist leicht verdaulich und wird vor dem Training am nächsten Tag problemlos ausgeschieden.
Zuviel Tamas heißt oft Müdigkeit, Trägheit und Erschöpfung. Zuviel Rajas kann übermäßige Erregung, Schlaflosigkeit und Hyperaktivität bedeuten. Yogaübungen bewirken, daß Gifte, Streß, Trainingsschäden, Unbehagen und Krankheiten – oder was immer die Ursachen für Unausgewogenheiten sein mögen – ausgeschieden bzw. neutralisiert werden. Ganz langsam wird Sattva, das heißt die Harmonie, wiederhergestellt – nicht nur im Körper, sondern auch im Geist.

Die Haltungen

1 Volle Vorwärtsbeugung A und B: PASHCHIMOTTANASANA

Pashchima bedeutet wörtlich westlich und bezeichnet die Rückseite des Körpers. *Uttana* heißt intensive Dehnung. Diese Haltung ist die Grundlage der Vorwärtsbeugungen der gesamten Folge.
Mit dieser Haltung beginnen wir eine Reihe von Varianten der Vorwärtsbeugung, in denen jedesmal die Rückseite des Körpers, besonders der Beine, gedehnt wird (Kniegelenkbeuger). Dabei ist es sehr wichtig, weiterzuführen, was wir in den Haltungen im Stehen begonnen haben, nämlich die Oberschenkelstrecker anzuspannen. Vergessen Sie nicht: Ohne diese gleichzeitige Kraftarbeit, die die Dehnung ausgleicht, ist es kein Power-Yoga.

Abb. 5.1

Technik

Vorbereitung: Setzen Sie sich mit gestreckten Beinen hin (Abb. 5.1), heben Sie die Brust, halten Sie den Rücken gerade, und legen Sie die Handflächen mit den Fingern nach vorne (wenn möglich) auf den Boden; das Kinn ist parallel zum Boden, die Oberschenkelstrecker sind angespannt und die Zehen nach oben gezogen (Dorsalflexion). Das ist eine Haltung, mit der oft gearbeitet wird. Manchmal nennt man sie im Yoga *Dandasana* oder Stockhaltung. Wir wenden sie hier als Vorbereitung des Rückens für die Vorwärtsbeugung an, damit wir darauf achten, den Rücken zu strecken. Dabei werden die mittleren Rückenmuskeln gestärkt, die beim Vorwärtsbeugen zuerst nach vorne drücken und sich dann für die Vorwärtsdehnung entspannen. Sie sollten in dieser Haltung (wie in *allen* Haltungen) kräftig genug arbeiten, um das Schwitzen in Gang zu halten. Das bedeutet, daß Sie sich nicht nur Ihres Atems bewußt sind, sondern auch derjenigen Muskeln, die den gedehnten Muskeln gegenüberliegen und arbeiten.

Anmerkung: Bei sehr steifem Rücken oder sehr verspannten Rückseiten der Beine oder bei beidem sollten Sie daran arbeiten, die Schultern zu weiten und den Rücken zu strecken. Sie können es mit einem Kissen unter dem Gesäß versuchen und die Knie leicht beugen. Es könnte auch helfen, wenn ein Mitübender seine Füße unter Ihr Kreuz stellt und leicht schiebt, um Ihren Rücken anzuheben und zu stützen (Abb. 5.2).

Bleiben Sie fünf Atemzüge lang in dieser Haltung (Abb. 5.1).

Einatmen.
Ausatmen. Greifen Sie nach vorn, und umfassen Sie die großen Zehen mit Daumen und Zeigefinger. Wenn Sie nicht bis zu den Zehen kommen, legen Sie die Hände um die Knöchel oder Schienbeine (Abb. 5.3). Sollten die Rückseiten der Beine so steif sein, daß Sie nicht einmal so weit kommen, beugen Sie die

Abb. 5.2

Knie, und umfassen dann die Knöchel oder Füße. Füße und Knie bleiben zusammen. Krümmen Sie den Rücken nicht!
Einatmen. Strecken Sie die Arme, heben Sie die Brust, dehnen Sie den Rükken und die Wirbelsäule, spannen Sie die Oberschenkel und Schienbeinmuskeln an, heben Sie den Kopf, und schauen Sie hinauf. Diese Haltung streckt und stärkt die mittleren Rükkenmuskeln.
Ausatmen. Beugen Sie die Ellbogen, und verwenden Sie die inneren Oberarmmuskeln (Bizeps), um den Rumpf an die Schenkel zu ziehen. Berühren Sie zuerst den Oberschenkel mit Bauch und Brustkorb, dann das Bein mit der Brust und schließlich das Knie mit dem Kinn (Abb. 5.4). Führen Sie die Ban-

Abb. 5.3

Abb. 5.4

Abb. 5.5

dhas aus, und hören Sie auf Ihren Atem. Die Oberschenkel bleiben angespannt, die Ellbogen gehoben.
Jetzt werden die mittleren Rückenmuskeln durch das Vorwärtsbeugen gedehnt, wobei Sie keine Krümmung des Rückens zulassen dürfen. Bemühen Sie sich, die Dehnung aufrechtzuerhalten, und entspannen Sie sich dann gerade soviel, um die Dehnung in eben diesen Muskeln zu spüren. Blicken Sie über die Nase hinaus zu den Zehen. Beachten Sie, wie die Muskeln an der Vorderseite des Körpers arbeiten, während diejenigen an der Rückseite gedehnt werden.

Für Anfänger (Abb. 5.5): Nehmen Sie die Hände etwas zurück, wenn Sie nach vorne greifen, damit die Ellbogen leicht gebeugt werden und Sie mit den Armen ziehen können. Dies geht mit geraden Beinen oder gebeugten Knien. Krümmen Sie aber nicht den Rücken, lassen Sie den Brustkorb nicht einsacken, schauen Sie nicht hinunter, und ziehen Sie die Schultern nicht hoch. Der Kopf setzt die Gerade der Wirbelsäule fort.

Bleiben Sie fünf Atemzüge lang in dieser Haltung (Abb. 5.4 oder 5.5).

Einatmen. Kopf hoch, Arme gestreckt.
Ausatmen. Legen Sie die Hände seitlich um die Füße (Abb. 5.6).
Einatmen. Der Kopf bleibt oben.
Ausatmen. Beugen Sie sich in den Hüften wie in der Dehnung A nach vorne (Abb. 5.7), nehmen Sie dazu Arme und Bauchmuskeln zu Hilfe, und ziehen Sie den Rumpf an die Schenkel, wenn nötig, mit gebeugten Knien.

Bleiben Sie fünf Atemzüge lang in dieser Haltung (Abb. 5.7).

Einatmen. Kopf nach oben, Arme gestreckt.
Ausatmen. Loslassen.

Anmerkung: Nun kommen wir zur ersten Verbindungsbewegung zwischen den Haltungen am Boden. Auch wenn wir die Haltungen im Stehen mit Vinyasa miteinander verbunden haben, sind die Verbindungsbewegungen in den Haltungen im Sitzen etwas anders; sie sind dem Sonnengruß A entnommen. Grundsätzlich führen wir einen halben Sonnengruß oder einen halben Vinyasa aus. Das heißt, daß wir eine Bewegungsfolge aus dem Sonnengruß als Verbindungsbewegung zwischen den Haltungen anwenden.

Abb. 5.6

Abb. 5.7

Nach der letzten Ausatmung in der Haltung beginnen Sie mit der ersten Einatmung der Verbindungsbewegung. In diesem Fall beispielsweise beginnen Sie nach der fünften Ausatmung der Vorwärtsbeugung mit der ersten Einatmung des Vinyasa. Die erste Bewegung besteht darin, daß Sie sich vom Boden in die Haltung *Lolasana* hochheben. *Lola* bedeutet zittern oder baumeln, und diese Haltung heißt daher «Zitterhaltung». Sie schwingen sich aus dieser baumelnden Haltung zwischen den Händen nach hinten und springen in die 4. Haltung des Sonnengrußes, den Liegestütz. Darauf folgen die 5. Haltung, der aufschauende Hund, und die 6. Haltung, der hinabschauende Hund. Von da aus schwingen Sie sich zwischen den Armen zurück nach vorne und nehmen wieder eine sitzende Stellung ein.

Diese Bewegung werden wir immer wieder zwischen allen übrigen Haltungen der ersten Folge wiederholen, darum wollen wir sie uns hier genauer ansehen. Für manche wird schon das Hochheben eine ziemliche Leistung sein, anderen, die flexibler sind, fällt es etwas leichter. Für die wenigen sehr Beweglichen mit einer besonders starken Bauchmuskulatur ist es sicher problemlos, sich vom Boden in die Zitterhaltung hochzuheben, durchzuschwingen und nach hinten zu springen.

Abb. 5.8

Abb. 5.9a

Abb. 5.9b

Abb. 5.9c

Dazu ist viel Kraft in den Bauchmuskeln nötig, und wenn Sie schwache oder unterentwickelte Bauchmuskeln haben, wird diese Übung sie nach und nach stärken.

Einatmen. Den Rumpf hochheben (Abb. 5.8).

Anfänger (Abb. 5.9): Beugen Sie die Knie, kreuzen Sie die Füße, und stoßen Sie sich wie abgebildet über die Füße ab.
Fortgeschrittene (Abb. 5.10): Beugen Sie die Knie, kreuzen Sie die Füße, legen Sie die Hände flach auf den Boden, und heben Sie sich vom Boden. Schwingen Sie die Beine zwischen den Armen nach hinten.

Abb. 5.10a

Abb. 5.10b

Abb. 5.11

Ausatmen. Stellen Sie die Füße mit einem Sprung oder schrittweise in den Liegestütz (4. Haltung im Sonnengruß).
Einatmen. Aufschauender Hund.
Ausatmen. Hinabschauender Hund.
Einatmen. Schwingen Sie sich zwischen den Armen zurück nach vorne.

Anmerkung: Diese Bewegung ist die Umkehrung des Rückwärtssprungs. Jetzt versuchen Sie, sich zwischen den Armen in die Sitzstellung zurückzuschwingen wie zum Abschluß der Kriegerhaltung II am Ende des letzten Teils. Der Trick dabei ist, die Hüften beim Sprung so hoch wie möglich zu heben (Abb. 5.11), die Beine dann zu kreuzen, unter sich einzuschlagen und dann durchzuschwingen. Das Hindurchschwingen erfordert natürlich eine größtmögliche Bewegungsfreiheit in den Schultern und Kraft in den Armen, vor allem aber kräftige Bauchmuskeln.
Wenn Sie nun nochmals in den Stand zurücksprin-

Abb. 5.12a

Abb. 5.12b

Abb. 5.12c

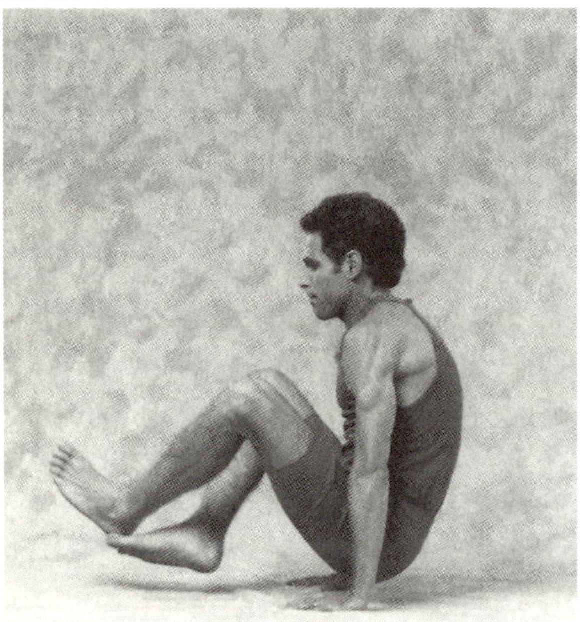

Abb. 5.12d

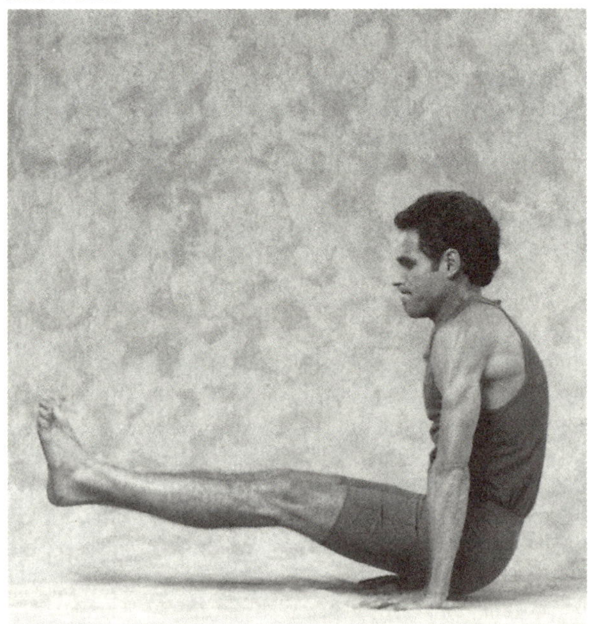

gen, den Sonnengruß abschließen, danach aber einen weiteren Sonnengruß anfangen und nochmals bis zum hinabschauenden Hund ausführen und *dann* zwischen den Armen nach vorne zurückschwingen würden, würde man das einen vollständigen Sonnengruß nennen. Einen ganzen Vinyasa zwischen den Haltungen auszuführen ist ausgezeichnet, um die Körperwärme aufrechtzuerhalten und Kraft und Ausdauer zu fördern. Eigentlich ist das die «korrekte» traditionelle Form. Da es aber viel Zeit in Anspruch nimmt, wird gewöhnlich kein ganzer Vinyasa ausgeführt, und auch ich tue das gewöhnlich in meinen Kursen oder eigenen Übung nur ab und zu, um zusätzliche Wärme zu erzeugen.

Anfänger: Beugen Sie die Knie, springen Sie hoch, kreuzen Sie die Füße, setzen Sie zwischen den Händen auf, setzen Sie sich hin, und strecken Sie die Beine vor sich aus.

Fortgeschrittene: Beugen Sie die Knie, springen Sie so hoch wie möglich, kreuzen Sie die Füße, halten Sie sich oben, schwingen Sie sich (wenn nötig, können Sie zwischen den Händen aufsetzen) zwischen den Armen durch, und strecken Sie die Beine vor sich aus (Abb. 5.12).

Ausatmen.

2 Intensive Rückwärtsbeugung: PURVOTTANASANA

Purva bedeutet wörtlich östlich und bezeichnet die Vorderseite des Körpers. *Uttana* heißt intensive Dehnung. Schon zu Beginn der ersten Folge werden die intensive Vorwärts- und Rückwärtsbeugung hintereinander geübt. Zwei entgegengesetzte Haltungen also, die auf den Rest der Folge einstimmen, wodurch gleich zu Anfang eine bestimmte Muskelgruppe gedehnt und eine andere gestärkt wird und umgekehrt.

Technik

Einatmen. Legen Sie die Hände etwa 30 cm hinter sich auf den Boden. Die Fingerspitzen zeigen zum Gesäß. Heben Sie nun den Rumpf, die Hüften und Schenkel hoch, lassen Sie den Kopf zurückfallen, und schauen Sie nach hinten (Abb. 5.13).
Ausatmen. Drücken Sie sich in die Haltung hoch! Nehmen Sie wahr, wie die Muskeln an der Vorderseite des Körpers sich jetzt dehnen und die Muskeln an der Rückseite sich zusammenziehen.

Vorsicht: Wenn Ihr Hals in dieser Haltung schmerzt, wenn er schlecht ausgerichtet ist oder Sie Beschwerden dabei haben, sollten Sie den Kopf vorne, und zwar zur Brust gedrückt, behalten. Es ist für den Hals *nicht* schädlich, den Kopf nicht nach hinten fallenzulassen. Es darf nur nicht sein, daß dabei Schmerzen auftreten. Bei Schmerzen, einer ernstlichen Fehlausrichtung oder Verletzung ist diese Bewegung nicht angezeigt. Üben Sie sie also nicht, wenn es Ihnen weh tut. Behalten Sie den Kopf nicht auf halbem Weg zwischen vorne und hinten. Das ist anstrengend. Lassen Sie ihn entweder ganz nach hinten sinken und auf der Erhebung ruhen, die von den trapezförmigen Rückenmuskeln gebildet wird, oder behalten Sie ihn ganz vorne.

Abb. 5.13

Bleiben Sie fünf Atemzüge lang in dieser Haltung (Abb. 5.13).

Einatmen. Als Vorbereitung zum Loslassen der Haltung.
Ausatmen. Lassen Sie sich aus der Haltung nach unten sinken.
Einatmen. Heben Sie sich in die Zitterhaltung hoch (wiederholen Sie die Verbindungsbewegungen, die wir zuvor gelernt haben).
Ausatmen. Stellen Sie die Füße mit einem Sprung oder schrittweise nach hinten.
Einatmen. Aufschauender Hund.
Ausatmen. Hinabschauender Hund.
Einatmen. Springen Sie mit gestreckten Beinen in die sitzende Haltung zurück (wie in *Dandasana*), oder schwingen Sie zu den Händen zurück, setzen Sie sich, und strecken Sie die Beine aus.
Ausatmen. Bereiten Sie sich auf die nächste Haltung vor.

3 Intensive gebundene halbe Lotosdehnung nach vorn: ARDHA-BADDHA-PADMA-PASHCHIMOTTANASANA

Ardha bedeutet halb. *Baddha* geht wie *bandha* auf die Wurzel *bandh* zurück, was Band oder Sperre bedeutet. Das Eigenschaftswort *baddha* bedeutet also gebunden, gefangen oder zurückgehalten. *Padma* bedeutet Lotos, *pashchima* westlich und *uttana* intensive Dehnung. Die lange und ausführliche Bezeichnung dieser Haltung heißt einfach, daß wir es hier mit einer weiteren intensiven Vorwärtsbeugung mit einem Fuß in der gebundenen halben Lotoshaltung zu tun haben.

Vorsicht: Diese Haltung im Sitzen entspricht der gebundenen halben Lotoshaltung im Stehen. Beachten Sie alle Vorsichtsmaßnahmen, die im letzten Teil für diese Haltung im Stehen aufgeführt wurden. Jedesmal, wenn Verspannungen in einem Körperbereich auftreten, muß ein anderer Bereich das auf anstrengende oder unangemessene Weise kompensieren. In dieser speziellen Haltung ist das Knie – wie

Abb. 5.14

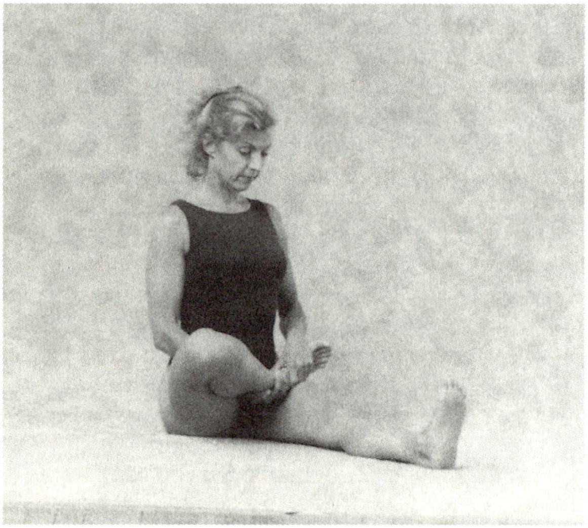

Abb. 5.15

in der Haltung im Stehen – der erste Körperteil, der steife Hüften kompensieren muß. Achten Sie also darauf, daß Sie ruhig atmen und daß die Ausführung korrekt ist.
Denken Sie daran, daß Sie die Zehe mit der Hand von hinten ergreifen müssen, *bevor* Sie versuchen, sich nach vorne zu beugen. Vorwärtsbeugen ohne Festhalten kann zuviel Druck auf ein schlecht ausgerichtetes Knie ausüben und es verletzen.

Technik

Einatmen. Legen Sie das Bein in die halbe Lotosstellung, drücken Sie die rechte Ferse in die linke Bauchwand in der Nähe des Nabels (Abb. 5.14).

Für Anfänger: Ziehen Sie den rechten Fuß in die kleine Kerbe, die vom oberen Ende des Oberschenkels und dem Becken gebildet wird. Wenn steife Hüften die Beweglichkeit in dieser Haltung beeinträchtigen, schieben Sie den Fuß so weit über den linken Oberschenkel, daß die Knie übereinander liegen. Ziehen Sie den Fuß so nahe zum Oberschenkel wie möglich. Heben Sie den Brustkorb, dehnen Sie die rechte Ferse nach außen, und spannen Sie den rechten Oberschenkel an. Sitzen Sie gerade, und nehmen Sie fünf Atemzüge in dieser Stellung. Blicken Sie geradeaus.

Ausatmen. Führen Sie den rechten Arm von hinten um den Rücken, und greifen Sie zum rechten Fuß (Abb. 5.15). Ergreifen Sie die Außenseite des linken Fußes mit der linken Hand.

Für Anfänger: Wenn Sie den rechten Fuß nicht erreichen können, halten Sie ihn mit der linken Hand, führen Sie den rechten Arm hinten um den Rücken, und hängen Sie ihn in den linken Oberarm ein. Das ist vorläufig Ihre Haltung. Versuchen Sie nicht, sich nach vorne zu beugen, bevor Sie den Fuß fassen können! Atmen Sie fünfmal in dieser Haltung (Abb. 5.16).

Einatmen. Heben Sie die Brust, und dehnen Sie den Rücken; der linke Arm ist gestreckt. Der Kopf ist erhoben, der Blick nach oben gerichtet.
Ausatmen. Beugen Sie sich nach vorne; ziehen Sie den Rumpf mit dem linken Arm an die Hüften. Drücken Sie die rechte Schulter an das rechte Knie. Die Schultern sollten gleich weit vom Boden ent-

Abb. 5.16

Abb. 5.17

fernt sein (Abb. 5.17). Der linke Oberschenkel ist angespannt. Blicken Sie zu den Zehen.

Bleiben Sie fünf Atemzüge lang in dieser Haltung (Abb. 5.17).

Einatmen. Heben Sie den Kopf, schauen Sie auf, und strecken Sie die Arme und den Rücken.
Ausatmen. Lösen Sie sich aus der Haltung.

Anmerkung: Hier folgt nun die Verbindungsbewegung zwischen den beiden Seiten der Haltung; es ist dieselbe wie diejenige, die Sie zwischen der intensiven Vorwärts- und Rückwärtsbeugung durchgeführt haben. Richtigerweise sollten diese Verbindungsbewegungen zwischen jeder halben Haltung ausgeführt werden. Nur brauchen Sie Zeit und regelmäßige Übung, um die Armmuskeln für die ständige Wiederholung der Vinyasas genügend zu stärken und die erforderliche Ausdauer dafür zu entwickeln. Anfänger wechseln für den Rest dieses Kapitels besser einfach von rechts nach links, lassen die Verbindungsbewegungen zwischen den beiden Seiten aus und führen sie nur zwischen aufeinanderfolgenden Haltungen oder Gruppen von Haltungen aus. Mit der Zeit werden Sie stark genug sein, um die Vinyasas überall durchführen zu können.

Einatmen. Stoßen Sie sich hoch.

Anfänger: Legen Sie die Hände auf den Boden, kreuzen Sie die Beine, und rollen Sie sich über die Füße.

Ausatmen. Springen Sie nach hinten.
Einatmen. Aufschauender Hund.
Ausatmen. Hinabschauender Hund.
Einatmen. Schwingen Sie sich nach vorne. Wiederholen Sie die Übung auf der linken Seite.

Abb. 5.18

Abb. 5.19

4 Intensive horizontale Gesicht-Bein-Dehnung nach vorn: TIRYAN MUKHAIKAPADA-PASHCHIMOTTANASANA

Tiryan bedeutet kreuzweise gehen oder liegen, horizontal oder querliegend, *mukha* Gesicht, *eka-pada* ein Bein. *Pashchima* bezeichnet die Rückseite des Körpers, und *uttana* heißt intensive Dehnung. Diese Haltung ist wiederum eine vorwärtsgebeugte Haltung, wobei ein Bein neben dem Oberschenkel eingewinkelt wird.

Vorsicht: Wenn diese Haltung falsch ausgeführt wird, besteht für einige Körperbautypen ein Verletzungsrisiko. Normalerweise, besonders aber in dieser Haltung, ist ein falsches Üben viel riskanter für verspannte Menschen mit eingeschränkter Bewegungsfreiheit als für diejenigen, bei denen die Muskeln und Sehnen locker sind. Jedesmal, wenn ich in Kursen eine Haltung vorführe, gibt es einige Anfänger, die sich ihre eigene Vorstellungen von der Haltung machen und dann alles falsch ausführen. Dann bin ich unentwegt damit beschäftigt, ihre Haltungen zu korrigieren.
Viele Sportler haben sich bei der «Hürdendehnung» verletzt, einer inkorrekten Anpassung dieser Yogahaltung, was unglücklicherweise der Grund für die Verletzung ist. Gewöhnlich sind Leute mit Muskelschäden extrem verspannt. Dieser Umstand und die Unkenntnis der richtigen Form und Technik führen zu einer enorm schlechten Ausrichtung. Wenn die Dehnung dann forciert wird, kann es ganz plötzlich zu einer Verletzung kommen. Folglich ist diese Dehnung im Bereich der Sportmedizin nicht angezeigt. Die Ironie liegt darin, daß – wie bei der halben Lotoshaltung im letzten Teil – nichts an der Haltung auszusetzen ist, wenn sie richtig ausgeführt wird. Die folgende Vorbereitung wird Ihnen zeigen, wie Sie beim Üben gefahrlos vorgehen können.

Vorbereitung

Bevor Sie die intensive horizontale Gesicht-Bein-Dehnung sicher üben können, müssen Sie in der Haltung sitzen können, die in Abb. 5.18 dargestellt ist. Das ist *Virasana,* die Heldenhaltung. Sie gehört zwar nicht direkt zur eigentlichen Folge, ist aber die Voraussetzung für die intensive horizontale Gesicht-Bein-Dehnung. Erst wenn Sie diese Haltung beherrschen, sind die Hüften, Beine und Knöchel genügend geweitet, so daß sowohl die Gesäßknochen und alle fünf Zehen beider nach hinten gestreckten Füße flach auf dem Boden liegen.
Das bedeutet, daß die Hüftgelenke und die Bänder der mittleren (inneren) Knieseite genügend biegsam und der Drehbereich des Knöchels genügend groß sind, um die Haltung gefahrlos ausführen zu können.
Knie auf den Boden. Zuerst legen Sie Knie und Füße nebeneinander und setzen sich auf die Füße. Das ist Stufe A (Abb. 5.19). Wenn Ihnen das schwerfällt oder Knie, Knöchel oder Füße jetzt schon schmerzen, sollten Sie unten bei den Änderungen für An-

Abb. 5.20

fänger weitermachen. Sollte diese Stellung nur wenig Schwierigkeiten bereiten, machen Sie weiter und versuchen, einige Atemzüge lang so dazusitzen, bis es leichter und bequemer geht. Dann gehen Sie zu Stufe B über. Spreizen Sie die Füße ungefähr 45 cm auseinander. Setzen Sie sich zwischen die Füße, wobei das Gesäß wie in Abb. 5.20 auf dem Boden ruht. Behalten Sie die Knie und die Füße parallel zu den Oberschenkeln.

Anmerkung: Die Füße dürfen sich nicht seitlich nach außen drehen. Das ist falsch und eine für die Knie außerordentlich anstrengende Haltung, die zu Verletzungen führen kann. Wenn die Haltung bei richtiger Ausführung sich dennoch als schmerzhaft, schwierig oder unmöglich erweist, beachten Sie die Schritte im nächsten Abschnitt. Sitzen Sie einfach da, und lassen Sie die Schwerkraft für sich arbeiten, atmen Sie aber weiter, und wenden Sie die Bandhas an.

Abb. 5.21

Abwandlungen bei Knie- und Fußschmerzen

Bei *Knieschmerzen* gibt es zwei Möglichkeiten: Entweder führen Sie die Haltung gar nicht aus, oder Sie arbeiten sich langsam und progressiv hinein.

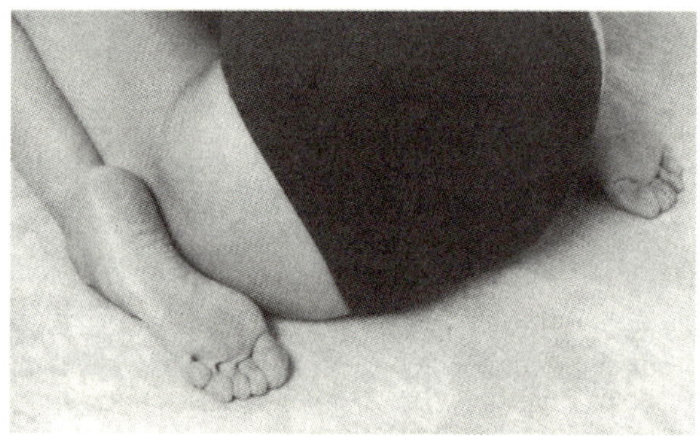

Abb. 5.22

Vorsicht: Wenn Sie vor kurzem eine Kniebehandlung hatten, aber auch bei Knieschmerzen oder Knieverletzungen, kann diese Haltung sehr guttun. Allerdings werden Sie am Anfang außerordentlich sorgsam damit umgehen müssen. Das gehört einfach zu dieser ganzen Folge von Asanas, die die Bewegungsfreiheit der Knie und deren biomechanisches Gleichgewicht wiederherstellt. Sie müssen sich aber ganz langsam auf die Haltung einstellen. Eine Möglichkeit dazu ist, wie bereits dargelegt, auf geschlossenen Füßen wie in Abb. 5.19 zu sitzen. Wenn auch das noch zuviel für die Knie ist, kann man die Haltung leichter einnehmen und Druck von den Kniegelenken nehmen, indem man ein Kissen zwischen Oberschenkel und Waden unter das Gesäß legt (Abb. 5.21). Versuchen Sie, fünf Atemzüge lang so zu sitzen, und üben Sie diese Stellung als vierte Haltung in dieser Folge. Wenn die Knie noch immer

schmerzen, sollten Sie diese Haltung vielleicht ganz auslassen.
Bei *Fußschmerzen* gibt es nur eine Möglichkeit: trotzdem üben!

Anmerkung: Wenn die Fußrücken in dieser Haltung schmerzen, bedeutet das, daß Ihre Plantarflexion entweder schwach oder stark eingeschränkt ist (daß Sie also die Füße nur ungenügend strecken können) und die Knöchel steif sind; das prädestiniert Sie für Fersensporne, Entzündungen der Achillessehne und der Muskelhaut der Fußsohlen sowie chronische Knöchelverstauchungen. Es bedeutet auch, daß Sie die Haltungen *peinlich genau* üben müssen. Da sie keine Schmerzen verursachen, sondern sie beheben sollen, machen Sie sich langsam mit der Übung vertraut, und benutzen Sie ein Kissen. Aber geben Sie Ihre Bemühungen nicht auf! Wenn die oben beschriebene Haltung zu schwierig ist (Abb. 5.18, 5.19 oder 5.21), können Sie versuchen, im Sitzen einen Fuß über den anderen zu legen. Erarbeiten Sie sich über die Wochen hinweg eine Haltung nach der anderen, bis die Füße neben den Oberschenkeln und alle fünf Zehen beider Füße flach auf dem Boden liegen (Abb. 5.22). Dann – und *erst dann* – können Sie beginnen, die intensive horizontale Gesicht-Bein-Dehnung durchzuführen.

Die Haltung hilft ausgezeichnet bei Plattfüßen. Da die Fußrücken und Knöchel gedehnt werden, wird die Plantarflexion wiederhergestellt, und die Fußgewölbe können sich unter Umständen sogar langsam wieder regenerieren. Allerdings benötigen Sie dazu *durga kala*, eine sehr lange Zeit, wie Patanjali in den Yoga-Sutras zum Fortschritt im Yoga sagt, und es erfordert *nairantarya*, wörtlich «ohne Unterbrechung», also eine unablässige Übung der Haltung für eine Dauer von mindestens zwei oder drei Minuten am Tag über Monate hinweg. Bei schmerzenden Fersen oder Fersenspornen können Schmerzen und Sporne schließlich ganz vergehen.
Bei *Oberschenkelschmerzen* haben Sie ebenfalls keine Wahl, außer zu üben.

Anmerkung: Wenn die Oberschenkel in dieser Haltung schmerzen, liegt das wahrscheinlich daran, daß sie infolge von Skilaufen, Radfahren, Jogging oder Wandern besonders verspannt sind. Dann ist die Haltung sehr gut für Sie. Befolgen Sie die Anleitungen für steife Füße und Knöchel. Nachdem es Ihnen gelungen ist, die Heldenhaltung auszuführen, können Sie zur intensiven horizontalen Gesicht-Bein-Dehnung übergehen.

Abb. 5.23

Abb. 5.24

Technik

Einatmen. Winkeln Sie das rechte Bein seitlich nach hinten ab, wobei die rechte Wade und der rechte Fuß parallel zum rechten Oberschenkel liegen (Abb. 5.23). Behalten Sie das Gesäß fest auf dem Boden, umfassen Sie den linken Fuß mit beiden Händen, strecken Sie die Arme, spannen Sie den Oberschenkel an, strecken Sie den Rücken, und schauen Sie auf.
Ausatmen. Beugen Sie sich nach vorne, wobei Sie den Rumpf mit den Arm- und Schultermuskeln zum Bein ziehen (Abb. 5.24). Krümmen Sie den Rücken nicht. Bleiben Sie «offen», was heißt, daß Sie die Schultern nicht hochziehen, den Brustkorb nicht einsacken lassen und die inneren Organe nicht zusammendrücken. Die Ellbogen sind angehoben, der Blick ist auf die Zehen gerichtet.

Bleiben Sie fünf Atemzüge lang in dieser Haltung (Abb. 5.24).

Einatmen. Heben Sie den Kopf, schauen Sie auf, strecken Sie die Arme.
Ausatmen. Lösen Sie die Haltung.

> *Anfänger:* Denken Sie daran, daß Sie Vinyasa hier auslassen und einfach dasselbe auf der anderen Seite wiederholen können.

Einatmen. Versuchen Sie, sich horizontal in der einbeinigen Haltung hochzuheben (Abb. 5.25), schwingen Sie das linke Bein zurück.
Ausatmen. Springen Sie nach hinten.
Einatmen. Aufschauender Hund.
Ausatmen. Hinabschauender Hund.
Einatmen. Schwingen Sie sich nach vorne.

Wiederholen Sie die Haltung auf der linken Seite.

Abb. 5.25a

Abb. 5.25b

5 Ein-Bein-Vorwärtsbeugung A und B: JANU-SHIRSHASANA

Janu bedeutet Knie, *shirsha* Kopf.

Anmerkung: Ich bezeichne diese Haltung der Einfachheit halber meistens als Ein-Bein-Vorwärtsbeugung. Sie wird manchmal unrichtigerweise Kopf-Knie-Haltung genannt, was irreführend ist, weil die Leute dann gerne den Rücken krümmen und damit kämpfen, den Kopf ans Knie zu bringen. Am ehesten sagt mir die Übersetzung der Sanskritbegriffe als «Kopf des Knies» zu, wobei «Kopf» die Kniescheibe des gebeugten Beines meint.

Ein-Bein-Vorwärtsbeugung A

Technik

Einatmen. Legen Sie die rechte Ferse in die Leiste, und öffnen Sie das abgewinkelte Bein um 90 Grad zur Seite (Abb. 5.26). Umfassen Sie den linken Fuß mit beiden Händen, drehen Sie den Rumpf über das ausgestreckte Bein, heben Sie die Brust, strecken Sie den Rücken, und schauen Sie auf. Bei verspannten Kniegelenkbeugen umfassen Sie das Schienbein oder den Knöchel statt des Fußes mit beiden Händen. Drücken Sie die Kniescheibe nach unten.

Ausatmen. Beugen Sie sich in der Hüfte nach vorne, und ziehen Sie den Rumpf mit Hilfe der Arm- und Schultermuskeln zum Oberschenkel (Abb. 5.27). Schieben Sie das Kinn nach vorne; das hilft Ihnen, die Wirbelsäule zu strecken und zu dehnen. Legen Sie das Kinn *unterhalb* des Knies auf das Schienbein. Blicken Sie zu den Zehen hin.

> *Für Anfänger:* Wenn Sie das Schienbein oder den Knöchel halten, dann umfassen Sie sie genügend weit oben am Bein, damit Sie die Ellbogen noch beugen und mit Armen und Schultern ziehen können. Krümmen Sie den Rücken nicht. Brust und Kopf sind erhoben, die Wirbelsäule ist *gestreckt* (Abb. 5.28).

Anmerkung: Das ist sowohl eine Drehung als auch eine Vorwärtsbeugung. Versuchen Sie, den Rumpf über das ausgestreckte Bein zu drehen, so daß die Brust über dem Oberschenkel zu liegen kommt. Schultern, Rumpf und Arme sollten eine Ebene bilden. Weiten Sie den Brustraum, und behalten Sie die Ellbogen oben. Strengen Sie sich nicht an, mit dem Kopf bis zum Knie zu kommen. Der Kopf berührt das Bein erst, nachdem Bauch und Brust

Abb. 5.26

Abb. 5.27

Abb. 5.28

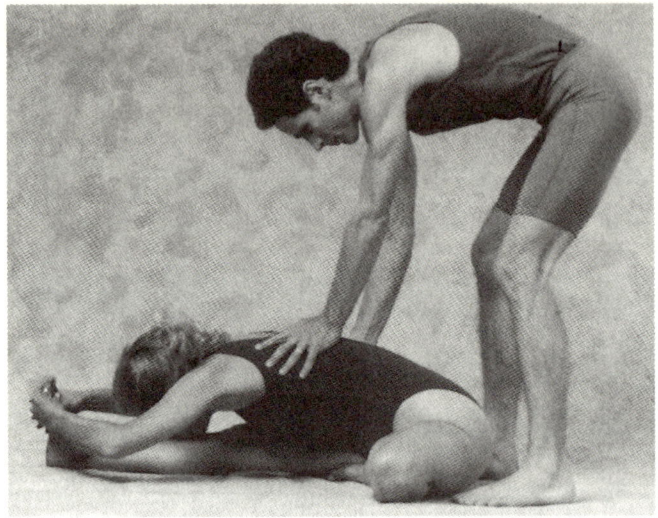

Abb. 5.29

schon aufliegen. Die Wirbelsäule bleibt gedehnt, der Rücken darf sich nicht krümmen. In der vollendeten Haltung liegt der Scheitel wie in Abb. 5.27 vor dem Knie auf dem ausgestreckten Bein.
Wenn Sie eine Weile regelmäßig – also täglich – geübt haben, wäre es Ihnen möglicherweise recht, daß ein Übungspartner Ihnen bei dieser Haltung mit leichtem Druck hilft, sich länger zu dehnen. Dazu müssen Sie aber richtig warm sein und schwitzen und sich darüber hinaus Ihrer Grenzen und Möglichkeiten vollkommen bewußt sein. Beginnen Sie mit einem ganz leichten Druck, der langsam erhöht wird. Es sollte sich gut und nicht schmerzhaft anfühlen! (Abb. 5.29)

Bleiben Sie fünf Atemzüge lang in dieser Haltung (Abb. 5.27 oder 5.28)

Einatmen. Schauen Sie auf, heben Sie die Brust, und nehmen Sie wieder die Ausgangshaltung (Abb. 5.26) ein.
Ausatmen. Lösen Sie die Haltung.

Anfänger: Lassen Sie Vinyasa aus, und fahren Sie mit der Übung linksseitig fort.

Einatmen. Heben Sie sich hoch.
Ausatmen. Springen Sie nach hinten.
Einatmen. Aufschauender Hund.
Ausatmen. Hinabschauender Hund.
Einatmen. Schwingen Sie sich nach vorne.

Wiederholen Sie die Übung auf der linken Seite.

Ein-Bein-Vorwärtsbeugung B

Einatmen. Legen Sie die rechte Ferse – wie in der Ein-Bein-Vorwärtsbeugung A – in die Leiste, heben Sie das Becken, und bewegen Sie die Hüften so nach vorne, daß das Gesäß auf dem Fuß ruht (Abb. 5.30). Die Ferse sollte am Damm anliegen (dem kleinen Muskel zwischen After und Geschlechtsorganen). Dehnen Sie das abgewinkelte Bein um 85 Grad zur Seite. Umfassen Sie den linken Fuß mit beiden Händen. Der Kopf ist nach oben gerichtet, Arme

Abb. 5.30

Abb. 5.31

und Rücken sind gestreckt, der linke Oberschenkel ist angespannt, der Blick nach oben gewandt.
Ausatmen. Beugen Sie sich nach vorne, und ziehen Sie den Rumpf mit Armen und Schultern zum Oberschenkel und den Scheitel zum Fuß wie in der Ein-Bein-Vorwärtsbeugung A. Krümmen Sie den Rükken nicht. Blicken Sie zu den Zehen (Abb. 5.31). Die Lage des Fußes sollte Sie daran erinnern, Mula-Bandha auszuführen.

Für Anfänger: Umfassen Sie den Fuß oder Knöchel, ziehen Sie sich so weit wie möglich nach vorne, wobei die Brust gehoben und Kopf und Rücken gerade bleiben wie in Haltung A. Wenn das Gewicht auf dem Fuß sehr unbequem ist, können Sie mit einer zusammengelegten Matte arbeiten oder die Hände zu Hilfe nehmen, um sich etwas zu entlasten, oder die Heldenhaltung üben (siehe «Abwandlungen bei Knie- und Fußschmerzen» in der vorherigen Stellung), bis der Fuß biegsamer wird und der Belastung standhält. Bleiben Sie in dieser Haltung, und spannen Sie dabei ständig die Muskeln an.

Bleiben Sie fünf Atemzüge lang in dieser Haltung (Abb. 5.31).

Einatmen. Heben Sie den Brustkorb, strecken Sie den Rücken, schauen Sie auf.
Ausatmen. Lösen Sie die Haltung.

Anfänger: Lassen Sie Vinyasa aus, und wiederholen Sie die Übung auf der linken Seite.

Einatmen. Heben Sie sich hoch.
Ausatmen. Springen Sie nach hinten.
Einatmen. Aufschauender Hund.
Ausatmen. Hinabschauender Hund.
Einatmen. Schwingen Sie sich nach vorne.

Wiederholen Sie die Übung auf der linken Seite.

6 Marichyasana A–C

Die *Marichyasana*-Haltung ist nach dem weisen Marichi, dem Sohn des Schöpfergottes Brahma, benannt. Marichi, Strahl des himmlischen Lichts, wurde nach der hinduistischen Mythologie aus dem reinen Geist des Gottes Brahma gezeugt; seine Heiligkeit und Hingabe waren sein einziger Reichtum und seine ganze Herrlichkeit. Marichi gilt auch als der Großvater des Sonnengottes Surya, von dem der Sonnengruß, im Sanskrit *Surya Namaskara*, seinen Namen hat.

Es ist eine sehr schöne, aber etwas komplizierte Reihe von Haltungen. Ich glaube nicht, daß jemandem, der eben erst mit Yoga beginnt, diese drei Haltungen mühelos gelingen. In Anfängerkursen üben wir oft nur Marichyasana A und C, denn B erfordert die halbe Lotoshaltung, die Sportlern nicht eben leicht fällt.

Diese Asanas verschaffen Erleichterung bei Schulterverstauchungen oder ausgerenkten Schultergelenken. Auch Kreuzschmerzen und Schmerzen im mittleren Rückenbereich, die von gestauchten Wirbeln vom Laufen, Schwimmen oder Radfahren herrühren, werden hierdurch gelindert. Bei Hüftschmerzen hilft Marichyasana ebenfalls. Auf die inneren Organe, Leber, Bauchspeicheldrüse, Milz, Eingeweide und Lungen, hat die Übung eine belebende und verjüngende Wirkung.

Marichyasana B ist eine ausgezeichnete Therapie für die Bauchorgane, obwohl viele eine geraume Weile brauchen, um die schwierige halbe Lotoshaltung zu meistern. Rechts ausgeführt, übt die linke Ferse Druck auf den aufsteigenden, umgekehrt die rechte Ferse Druck auf den absteigenden Dickdarm aus. Das regt die Verdauung an, beugt Verstopfung vor und senkt das Risiko von Dickdarmentzündungen oder Dickdarmkrebs. Bei Frauen üben die Fersen Druck auf die Eierstöcke und die Gebärmutter aus, was die Blutzirkulation fördert und die Gesundheit stärkt. Bei regelmäßiger Übung werden vielfach Menstruationsbeschwerden gelindert.

Marichyasana A

Technik

Einatmen. Beugen Sie das rechte Knie, und legen Sie die rechte Fußsohle flach auf den Boden. Ziehen Sie die Ferse so nahe zur rechten Gesäßbacke wie möglich. Die rechte Wade drückt gegen den rechten Oberschenkel. Die Innenseite des rechten Fußes ist mindestens eine Handbreit von der Innenseite des

Abb. 5.32

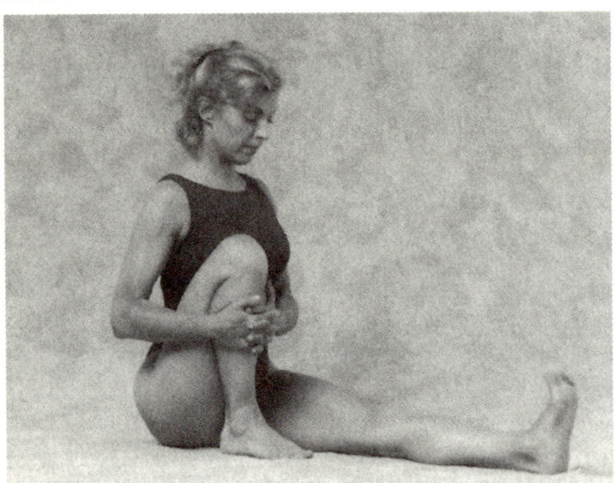

Abb. 5.33

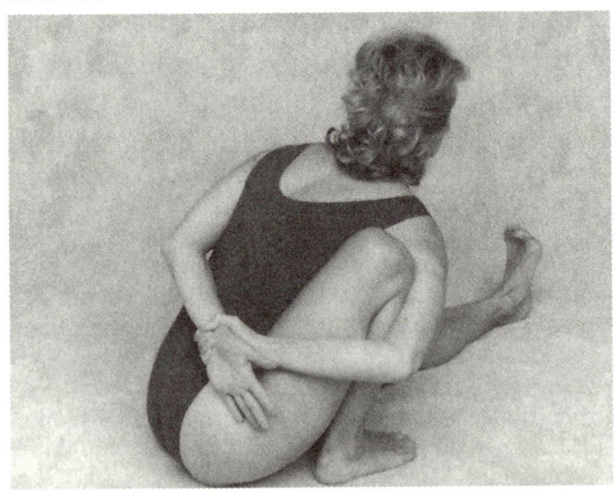

linken Oberschenkels entfernt. Die Außenseite des rechten Fußes bildet mit der rechten Hüfte eine Gerade und verleiht so Stabilität (Abb. 5.32). Das ist eine vorbereitende Haltung.
Ausatmen. Strecken Sie sich mit dem rechten Arm nach vorne, und heben Sie die rechte Schulter über das rechte Knie, bis die Achselhöhle Knie und Schienbein berührt. (Weiter ausatmen.) Drehen Sie den rechten Arm um das rechte Schienbein und den Oberschenkel nach hinten (Abb. 5.33). Halten Sie die rechte Handfläche vom Körper weg nach außen gerichtet, legen Sie den linken Arm nach hinten, und umfassen Sie das linke Handgelenk mit der rechten Hand (Vergrößerung Abb. 5.34). Wenn das nicht möglich ist, umfassen Sie die Handflächen oder Finger.

Für Anfänger: Wenn die Kniegelenkbeuger oder Hüftgelenke sehr steif sind, kann es anfangs schwierig sein, die Schulter genügend weit nach vorne zu führen, um den Arm nach hinten zu legen. Nehmen Sie in diesem Fall einfach das rechte Bein in beide Hände und die Arme zu Hilfe, um gerade zu sitzen (Abb. 5.35). Wenn Sie den rechten Fuß stehenlassen können, ohne das Schienbein zu umklammern, umfassen Sie das linke Schienbein. So arbeiten Sie daran, sich nach

Abb. 5.34

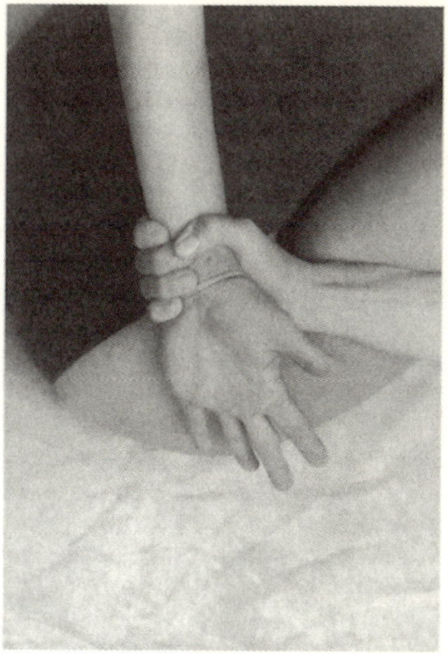

Abb. 5.35

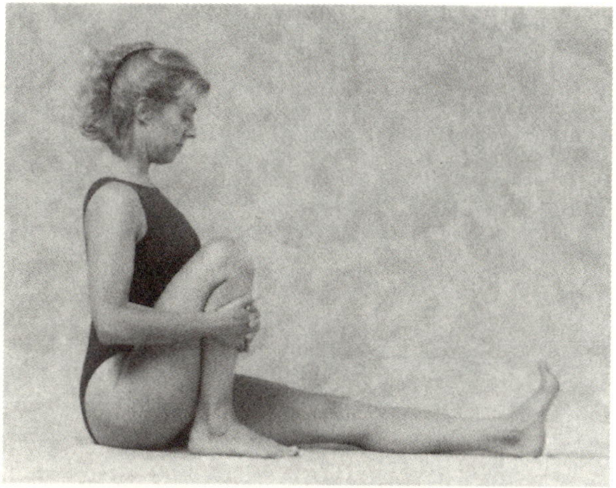

Abb. 5.36

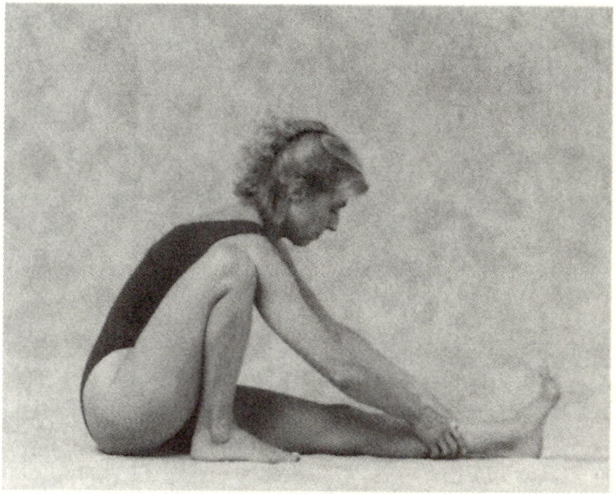

Abb. 5.37

Abb. 5.38

Abb. 5.39

Abb. 5.40

Abb. 5.41

vorne zu beugen (Abb. 5.36). Versuchen Sie nicht, die Arme nach hinten zu legen, solange Sie die Schultern und Achselhöhlen nicht über die Kniescheibe heben können wie in Abb. 5.37. Schließlich werden die Rückseiten der Beine und die Hüften nach monatelanger Übung der letzten drei Asanas genügend flexibel geworden sein, um die korrekte Übung der Marichyasana-Haltung A zu ermöglichen.

Einatmen. Strecken Sie die Wirbelsäule, heben Sie den Kopf (Abb. 5.37).
Ausatmen. Beugen Sie sich nach vorne, und legen Sie zuerst die Stirn, dann die Nase und schließlich das Kinn auf das Schienbein (Abb. 5.38). Blicken Sie zu den Zehen, und dehnen Sie sich zur linken Ferse. Der linke Oberschenkel ist angespannt. Nehmen Sie Arme und Bauchmuskeln zu Hilfe, um die Dehnung zu unterstützen.

Für Anfänger: Umfassen Sie das linke Schienbein mit beiden Händen, und arbeiten Sie an der Vorwärtsbeugung wie in Abb. 5.36. Strecken Sie den Rücken, und setzen Sie sich gerade auf.

Bleiben Sie fünf Atemzüge lang in dieser Haltung (Abb. 5.35, 5.36 oder 5.38).

Einatmen. Heben Sie den Kopf, schauen Sie auf, strecken Sie den Rücken, und richten Sie den Brustkorb auf.
Ausatmen. Lösen Sie sich aus der Haltung.

Anfänger: Wiederholen Sie die Übung auf der linken Seite.

Einatmen. Heben Sie sich hoch.

Variante für Fortgeschrittene: Nehmen Sie das rechte Bein hinter den rechten Arm, drücken Sie das Bein nach hinten, und versuchen Sie, das rechte Bein über die Schulter zu bringen (Abb. 5.39). Dann heben Sie das linke Bein hoch und strecken das rechte Bein (Abb. 5.40), daraufhin beugen Sie das rechte Knie und legen es hinter den rechten Oberarm; ziehen Sie das linke Bein unten durch (Abb. 5.41).

Ausatmen. Springen Sie nach hinten.
Einatmen. Aufschauender Hund.
Ausatmen. Hinabschauender Hund.
Einatmen. Schwingen Sie sich nach vorne.

Wiederholen Sie die Übung auf der linken Seite.

Marichyasana B

Technik

Anmerkung für Anfänger: Je nachdem, wie oft Sie üben, werden Sie entsprechend lange Zeit damit verbringen, nur am ersten Teil dieser Stellung – der halben Lotoshaltung – zu arbeiten. Teilnehmer meiner Kurse, die schon einige Fortschritte gemacht haben, machen gewöhnlich die Erfahrung, daß es ein bis zwei Jahre dauern kann, bis die halbe Lotoshaltung richtig durchgeführt wird, besonders, wenn man weiterhin noch Sport treibt. Wie in der vierten Haltung in diesem Teil, bei der man die Heldenhaltung ausführen können muß, bevor man versucht, die intensive horizontale Gesicht-Bein-Dehnung zu trainieren, muß auch hier die halbe Lotoshaltung gemeistert werden, bevor man zu Marichyasana B übergehen kann.

Einatmen. Beugen Sie das linke Knie, und bringen Sie das linke Bein in die halbe Lotoshaltung. Die linke Ferse sollte Druck auf die untere rechte Bauchhälfte ausüben.
Ausatmen. Beugen Sie das rechte Knie, und ziehen Sie den Fuß zum Gesäßknochen (Abb. 5.42). Der rechte Fuß steht flach auf dem Boden.

Für Anfänger: Wenn Sie die halbe Lotoshaltung beherrschen, können Sie anfangen, das rechte Bein anzuziehen. Es fällt wahrscheinlich leichter, wenn Sie gerade sitzen, den Oberschenkel mit Hilfe der Arme und Schultern zur Brust ziehen und sich in dieser Haltung bemühen, die Hüften zu weiten (siehe Abb. 5.42), bevor Sie versuchen, hinter dem Rücken das Handgelenk zu ergreifen.

Abb. 5.42

Einatmen. Setzen Sie sich gerade hin, strecken Sie die Wirbelsäule, schauen Sie auf.
Ausatmen. Nehmen Sie den rechten Arm nach vorne, halten Sie das rechte Schienbein mit der linken Hand, und versuchen Sie, die rechte Achselhöhle über die rechte Kniescheibe zu bringen. Drükken Sie die Schulter nach hinten, und legen Sie den rechten Arm hinter den Rücken. Die rechte Handfläche weist vom Körper weg nach außen. Führen Sie den linken Arm um den Körper nach hinten, und umfassen Sie das linke Handgelenk mit der rechten Hand. Wenn das nicht möglich ist, umfassen Sie die Handflächen oder Finger.
Einatmen. Unterstützen Sie die Atmung mit den Rückenstreckmuskeln, und heben Sie den Brustkorb.
Ausatmen. Strecken Sie die Wirbelsäule, beugen Sie sich nach vorne, und legen Sie den Kopf zwischen dem rechten Knie und linken Fuß auf den Boden (Abb. 5.43). Die Schulterlinie verläuft parallel zum Boden. Der Blick geht über die Nasenspitze hinaus.

Abwandlungen für die Hüften: Wenn Sie sehr steife Hüften haben, dürfte die halbe Lotoshaltung schwierig sein. Die folgende Variante wird Ihnen helfen, die Hüften zu weiten, und außerdem ist sie eine gute Übung, um sich für eine intensivere Übung von Marichyasana B zu lockern. Legen Sie sich hin, heben Sie die Beine, und legen Sie den linken Knöchel so nahe an der Hüfte wie möglich auf den rechten Oberschenkel. Behalten Sie das Gesäß am Boden, und führen Sie die linke Hand durch die Öffnung zwischen den Oberschenkeln. Verschränken Sie die Hände um das rechte Schienbein. Ziehen Sie das rechte Bein an die Brust. Sie werden die Dehnung tief in der linken Gesäßbacke und in der linken Hüfte spüren (Abb. 5.44).

Bleiben Sie fünf Atemzüge lang in dieser Haltung (Abb. 5.42 oder 5.43).

Einatmen. Heben Sie den Rumpf, schauen Sie auf.
Ausatmen. Lösen Sie die Haltung.

Anfänger: Lassen Sie Vinyasa aus, und wechseln Sie auf die andere Seite über.

Einatmen. Stemmen Sie sich hoch.

Variante für Fortgeschrittene (Abbildungsfolge 5.45): Legen Sie die Hände vor sich auf den Boden, stellen Sie sich auf ein Bein, springen Sie hoch, lösen Sie das Bein aus der halben Lotoshaltung.

Ausatmen. Springen Sie nach hinten.
Einatmen. Aufschauender Hund.
Ausatmen. Hinabschauender Hund.
Einatmen. Schwingen Sie sich nach vorne.

Wiederholen Sie die Übung auf der linken Seite.

Abb. 5.43

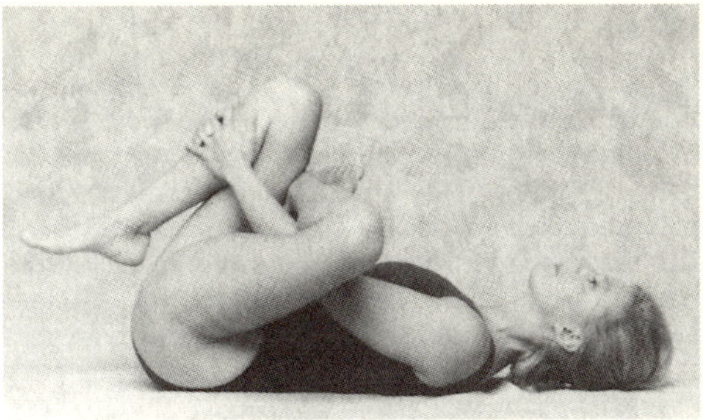

Abb. 5.44

Abb. 5.45a

Abb. 5.45b

Abb. 5.45c

Marichyasana C

Anmerkung: Sie werden wahrscheinlich einige Atemzüge brauchen, um diese Haltung einzunehmen und sich ganz zu verschränken. Das ist vollkommen in Ordnung. Das Wichtige dabei ist, weiterzuatmen und die beschriebenen Bewegungen immer mit der empfohlenen Ein- oder Ausatmung zu kombinieren. Wenn es beispielsweise heißt: «Ausatmen. Legen Sie den Arm hinter den Rücken», dann achten Sie darauf, daß Sie bei dieser Bewegung auch wirklich ausatmen.

Technik

Einatmen. Beugen Sie das rechte Knie, legen Sie die rechte Ferse an den rechten Gesäßknochen. Der rechte Fuß steht flach auf dem Boden, die Außenseite des rechten Fußes sollte eine Linie mit der Außenseite des Oberschenkels bilden wie in der Vorbereitungshaltung für Marichyasana A.
Ausatmen. Drehen Sie sich nach rechts außen. Drehen Sie die Brust wenn möglich um 90 Grad, und versuchen Sie, sie am rechten Oberschenkel vorbeizuziehen (Abb. 5.46). Heben Sie den linken Arm über den rechten Oberschenkel, so daß die Rückseite des Oberarmmuskels (Trizeps) gegen die Außenseite des rechten Beins (Oberschenkel, Knie oder Schienbein) drückt. Dehnen Sie auch das linke Bein.

Für Anfänger: Am Anfang ist es sehr schwierig, diese 90-Grad-Drehung mit dem Rumpf auszuführen. Bei steifem Rücken und eingeschränkter Beweglichkeit des Rumpfes kann es vorkommen, daß sich die linke Schulter zum Hals und Ohr hochhebt, wenn Sie versuchen, den Arm um den Oberschenkel zu legen. Wenn das der Fall ist, dann legen Sie den linken Arm normal um das rechte Bein wie in Abb. 5.47. Blicken Sie aus dem rechten Augenwinkel über die rechte Schulter. *Versuchen Sie nicht weiterzugehen.* Behalten Sie diese Stellung bei, bis die Beweglichkeit Ihres Rumpfes dank regelmäßiger Übung größer geworden ist und Sie sich die nächste Stufe der Haltung vornehmen können. Wiederholen Sie die Übung auf der linken Seite.

Einatmen. Drehen Sie die linke Schulter nach vorne, den Arm einwärts und nach hinten, und legen Sie die linke Hand auf Taillenhöhe hinter den Rücken.

Abb. 5.46

Abb. 5.47

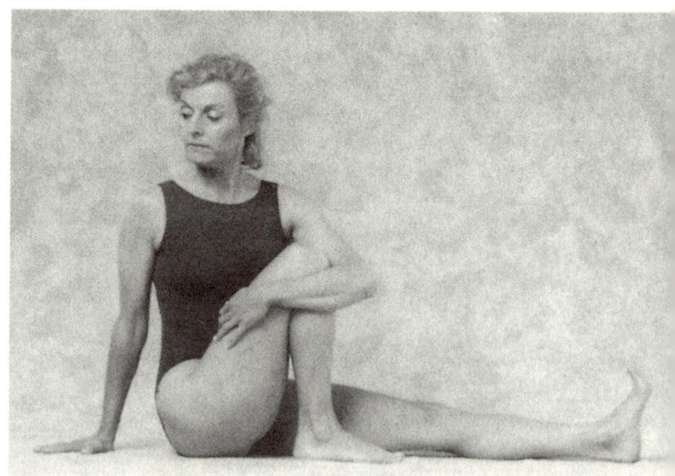

Ausatmen. Führen Sie den rechten Arm hinter den Rücken, und versuchen Sie mit der linken Hand das rechte Handgelenk zu umfassen. (Am Anfang werden Sie wahrscheinlich nur die Finger ineinanderhaken, dann die Handflächen und schließlich die Handgelenke fassen können.) Schauen Sie aus dem Augenwinkel über die rechte Schulter nach hinten (Abb. 5.48 und 5.49).

Anmerkung: Atmen Sie so oft ein und aus wie nötig, bis Sie diese Haltung einnehmen können. Das Wichtige dabei ist, die Ujjayi-Atmung fortzusetzen, während Sie üben! Führen Sie auch Mula- und Uddiyana-Bandha aus, und halten Sie dabei den Blick ruhig. Der linke Arm sollte sich fest um das eingewinkelte rechte Bein schließen. Bemühen Sie sich, jeden Zwischenraum zwischen der linken Achselhöhle und dem rechten Knie zu schließen.
Ziehen Sie mit den Armen, um die Drehung zu forcieren. Es mag eine Weile dauern, bis Sie diese Haltung meistern, besonders wenn die Rücken- und Schultermuskeln vom Sporttreiben sehr verspannt sind. Die Haltung fällt beispielsweise Schwimmern, die sich die Bewegungsfreiheit in den Schultern erhalten haben, viel leichter als etwa Radfahrern, Schlagzeugern oder Golfspielern, bei denen die Schultern oft unglaublich steif und verspannt sind.
Wenn Sie die Wendung mit dem Rumpf ausführen können, nicht aber mit den Schultern, und den Arm nicht hinter den Rücken bringen, dann liegt es wahrscheinlich an einer Versteifung des Schultergelenks (Rotatorenmanschetten) oder der vorderen Deltamuskeln. Manchmal höre ich die Frage: «Und was kann ich tun, um diese Verspannung zu lösen?» Eben genau diese Haltung üben! Arbeiten Sie immer wieder daran, und gehen Sie ganz langsam vor, bis sich schließlich die Hände hinter dem Rücken berühren.

Bleiben Sie fünf Atemzüge lang in dieser Haltung (Abb. 5.46, 5.47, 5.48 und 5.49).

Einatmen.
Ausatmen. Lösen Sie die Haltung.

Anfänger: Lassen Sie Vinyasa aus, und wiederholen Sie die Übung auf der linken Seite.

Einatmen. Stemmen Sie sich hoch.

Abb. 5.48

Abb. 5.49

Variante für Fortgeschrittene: Legen Sie das rechte Bein nach hinten, und beugen Sie es über die rechte Schulter wie in Abb. 5.39 beim Abschluß von Marichyasana A; stemmen Sie sich hoch, und schwingen Sie sich durch.

Ausatmen. Springen Sie nach hinten.
Einatmen. Aufschauender Hund.
Ausatmen. Hinabschauender Hund.
Einatmen. Schwingen Sie sich nach vorne.

Wiederholen Sie die Übung auf der linken Seite.

Wenn Sie jetzt fortfahren, gehen Sie direkt zur ersten Haltung im 6. Teil der Bootshaltung *(Navasana)* über. Für den Fall, daß Sie mit diesem Kapitel begonnen haben, sollten Sie hier aufhören und im 7. Teil der geänderten Abschlußfolge weitermachen. Haltungen 15, 17, 18 und 19 im nächsten Teil sind besonders heikel, aber eine notwendige Voraussetzung für eine gefahrlose Ausführung der gekürzten und vollständigen Abschlußfolge. Führen Sie die gekürzte und die vollständige Abschlußfolge also erst aus, wenn Sie Teil 6 komplett beherrschen! Üben Sie alle Haltungen, die Sie bis jetzt gelernt haben – einschließlich der geänderten Abschlußfolge aus dem 7. Teil – so lange, bis Ihnen Ausrichtung und Reihenfolge der Haltungen sowie die Anleitungen vollkommen geläufig sind. Arbeiten Sie daran, bis Sie alles auswendig kennen. Versuchen Sie es einige Tage ohne Buch, nur anhand der Erinnerung. Wenn Sie körperlich und geistig bereit sind und die Haltungswechsel problemlos meistern, dann können Sie mit dem 6. Teil beginnen.

6. Teil · Feinabstimmung

Erste Folge
Asanas im Sitzen II

Höchste Wärme

Das Geheimnis, dem wir es verdanken, daß uns die Haltungen überhaupt gelingen – wenn es denn ein Geheimnis ist –, habe ich immer wieder erwähnt: Wärme! Die in diesem Teil beschriebenen Haltungen werden dann ausgeführt, wenn die Körpertemperatur am höchsten ist. Sie haben den Sonnengruß A und B nun schon wochen- und monatelang geübt. Sie haben die Haltungen im Stehen weitgehend auswendig gelernt. Sie haben etwa eine halbe Stunde gebraucht, um die beiden Formen des Sonnengrußes und die Haltungen im Stehen auszuführen und sind dabei ganz schön ins Schwitzen gekommen. Die sechs Haltungen der ersten Folge im Sitzen aus dem 5. Teil nehmen etwa eine weitere Viertelstunde in Anspruch, wenn man sie erst einmal kennt und mit dem verbindenden Vinyasa ohne Unterbrechung ausführen kann.
Jetzt üben Sie also schon eine Dreiviertelstunde lang. Wenn irgend etwas helfen kann, Fortschritte in diesen Haltungen zu erzielen, ist es die Wärme. Arbeiten Sie intensiv, konzentrieren Sie sich auch beim Erlernen neuer Haltungen auf die Bandhas und die Atmung. Genau das erhält die Wärme aufrecht. Seien Sie bereit, noch mindestens sieben weitere Haltungen auszuführen, denn wenn Sie einmal mit diesem Teil begonnen haben, dürfen Sie erst nach diesen sieben Haltungen wieder aufhören. Anfänger werden zwei davon auslassen und somit fünf ausführen. Und ganz wichtig: Vergessen Sie bitte nicht, daß dieser Teil den letzten fortsetzt. Sie sollten die Haltungen in diesem Teil erst dann üben, wenn Sie alle vorhergehenden ausgeführt haben. Dies gilt für jede Übungseinheit. Sie können beispielsweise nicht einfach den 5. Teil überspringen, nur weil Sie diese Haltungen letzte Woche oder letzten Monat durchgeführt haben. Dies ist eine Folge von Übungen, vergleichbar dem Erlernen eines Tanzes.

Die Grenzen ausloten

Ein Hauptaspekt, um intensiver üben zu können, besteht darin, die Grenzen auszuloten. Es ist eine echte Hilfe, darauf zu achten, wie man sich an einem bestimmten Punkt einer Haltung fühlt. Ich will es Ihnen verdeutlichen.
Sie gehen mittels des Atems und der Bandhas, wie wir es geübt haben, so tief in eine Haltung hinein wie nur möglich. Erst an Ihrer «Grenze», an dem Punkt, wo es immer beschwerlicher wird und vielleicht auch schmerzhaft, verringern Sie die Intensität; Sie atmen

weiter und entspannen sich, führen aber weiterhin die Bandhas aus und vergessen auch die Ujjayi-Atmung nicht. Atmen Sie fünfmal ein und aus. Dann gehen Sie wieder bis an Ihre Grenze und spüren, wo genau diese ist. Atmen Sie wieder fünfmal ein und aus. Und noch einmal. Jedesmal versuchen Sie, die Grenze weiter hinauszuschieben. Das ist ein sehr wirksames Verfahren, um weiter in eine Haltung hineinzugehen, als Sie es für möglich gehalten hätten, und außerdem kann sich der Körper auf diese Weise auch einer Haltung leichter anpassen, statt daß Sie versuchen, ihn in die Haltung zu zwingen. Dieser Erkundungsprozeß, bei dem Sie Ihre Grenzen ausloten und dann immer mehr auszuweiten versuchen, ist eine äußerst effektive Methode, um sich mit seinen Begrenzungen zu konfrontieren und sie überwinden zu lernen.

Wenn Sie das wirklich wollen, werden Sie sehen, daß es auch funktioniert. Ich habe unglaublich verspannte Männer und Frauen gesehen, denen einige dieser Haltungen mit der Zeit gelangen – nach sechs bis vierundzwanzig Monaten regelmäßiger Übung. Ich habe auch erlebt, daß Schüler, die drei oder vier Jahre lang einmal wöchentlich zum Kurs kamen, keine Fortschritte machten. Weshalb? Weil sie nur einmal wöchentlich üben und sonst nichts tun. Das genügt bei weitem nicht, um in einem sehr steifen Körper irgend etwas zu verändern. Yoga ist eine Disziplin. Hier geht es darum, zu lernen, täglich zu trainieren und darauf aufzubauen, um mehr Achtsamkeit, Kraft und Ausdauer zu erlangen und schließlich auch beweglicher zu werden.

Denken Sie daran, daß diese Haltungen aus gutem Grund in einer bestimmten Reihenfolge durchgeführt werden; die Reihenfolge ist ein wesentlicher Teil der Therapie. Es gibt Stellen darin, an denen man problemlos abbrechen kann, und andere, wo das nicht der Fall ist. Alle Haltungen haben ihre Gegenhaltungen, auch wenn sie nicht immer direkt aufeinanderfolgen. Manchmal liegen zwei oder drei Asanas dazwischen. Wenn Sie eine Haltung ohne die entsprechende Gegenhaltung ausführen, bleibt die Wirbelsäule in bestimmten Fällen schlecht ausgerichtet. Deswegen ist es stets wichtig, die Mindestanzahl von empfohlenen Haltungen in jeder Folge durchzuführen und darauf zu achten, die Wirbelsäule danach in den «Normalzustand» zurückzubringen.

Wie im 5. Teil gibt es auch im 6. einige Haltungen innerhalb der Folge, wo Sie mit dem Üben aufhören und zum Abschluß übergehen können. Das wird an den entsprechenden Stellen erwähnt. Dann hören Sie entweder mit der *gekürzten* oder *vollständigen Abschlußfolge* auf. Der einzige mögliche Grund, weswegen Sie vielleicht immer noch mit der *geänderten Abschlußfolge* arbeiten sollten, wäre der, daß irgendeine der Haltungen in der gekürzten oder vollständigen Abschlußfolge für Sie kontraindiziert ist. In diesem Fall können Sie Ihre Übung mit der geänderten Abschlußfolge beenden.

Die Haltungen

7 Bootshaltung: NAVASANA

Nava bedeutet Boot.

Technik

Einatmen. Schwingen Sie sich nach vorne.
Ausatmen. Heben Sie die Beine direkt nach dem Hindurchschwingen in die Luft, wobei die gestreckten Beine einen 90-Grad-Winkel mit dem Rumpf bilden (Abb. 6.1). Halten Sie den Rücken gerade und die Arme parallel zum Boden. Der Kopf ist oben, der Blick auf die großen Zehen gerichtet.

Für Anfänger: Ausatmen. Beugen Sie die Knie, ziehen Sie die Füße hoch, und legen Sie sie flach auf den Boden (Abb. 6.2). Halten Sie die Knie mit den Händen, und sitzen Sie mit geradem Rücken da.

Abb. 6.2

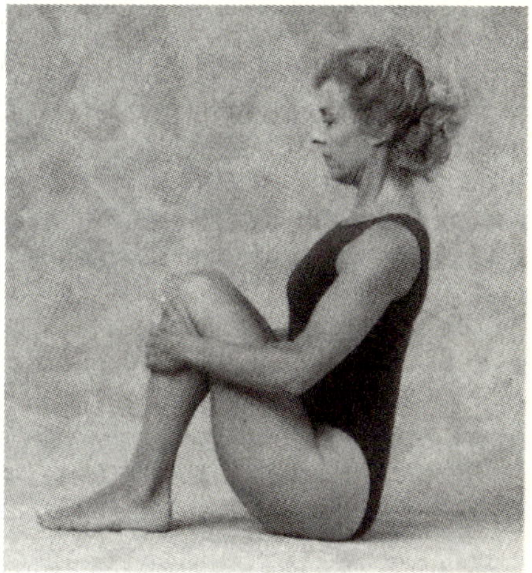

Abb. 6.1

Abb. 6.3

Einatmen. Lehnen Sie sich zurück, bis die Füße sich vom Boden heben, und balancieren Sie *zwischen* Gesäßknochen und Steißbein. Wenn Sie nur auf dem Steißbein aufliegen, lehnen Sie sich zu weit zurück.
Ausatmen. Lassen Sie die Beine los (Abb. 6.3). Halten Sie die Körperstellung! Wenn Sie beim Loslassen der Beine die Stellung nicht beibehalten können (sich beispielsweise der Rücken krümmt), richten Sie sich wieder auf, umfassen Sie wieder die Knie, und versuchen Sie, den Rücken nach und nach ohne Hilfe der Hände gerade zu halten.

Anmerkung: Üben Sie diese Abwandlung der Haltung, bis die Bauchmuskeln kräftig genug geworden sind, so daß Sie die Beine gestreckt halten können, ohne sich nach innen zu krümmen. Wenn Sie zu früh versuchen, die Beine zu strecken und die richtige Haltung auszuführen – also bevor die Bauchmuskeln genügend gekräftigt sind –, dann führt das nur dazu, daß Sie nachlässig üben und den Lendenmuskel enorm anstrengen, was wiederum zu großer Anspannung im Kreuz führt. Achten Sie darauf, daß der Winkel zwischen Beinen und Rumpf 90 Grad oder weniger beträgt. Auch sollten die Brust gehoben und der Rücken gestreckt sein, bevor Sie versuchen, die Beine zu strecken.

Bleiben Sie fünf Atemzüge lang in dieser Haltung (Abb. 6.1, 6.2 oder 6.3).

Einatmen. Stemmen Sie sich hoch.

> *Anfänger:* Kreuzen Sie die Beine, legen Sie die Hände beiderseits auf den Boden, drücken Sie sich mit den Händen ab, und heben Sie das Gesäß vom Boden.
> *Fortgeschrittene:* Kreuzen Sie die Beine, legen Sie die Hände an beide Seiten, stemmen Sie sich hoch, lehnen Sie sich leicht nach vorne, und halten Sie sich mit eingeschlagenen Beinen über dem Boden (wie im Vinyasa zwischen den letzten Haltungen).

Ausatmen. Nehmen Sie wieder die Bootshaltung oder deren Abwandlung ein.

Bleiben Sie fünf Atemzüge lang in dieser Haltung. Wiederholen Sie die ganze Abfolge noch viermal, bis Sie sie insgesamt sechsmal durchgeführt haben.

Denken Sie dabei stets daran, Mula- und Uddiyana-Bandha auszuführen, den Rücken zu schützen, den Wärmepegel und das Energieniveau für diese Arbeit aufrechtzuerhalten und auf Ihre Konzentration zu achten.

Einatmen. Stemmen Sie sich hoch.
Ausatmen. Springen Sie nach hinten.
Einatmen. Aufschauender Hund.
Ausatmen. Hinabschauender Hund.
Einatmen. Springen Sie als Vorbereitung auf die nächste Haltung mit den Füßen außen an den Händen vorbei (Abb. 6.4).
Ausatmen. Bringen Sie die Schultern unter und hinter die Knie.

8 Schulterdruckhaltung: BHUJAPIDASANA

Bhuja bedeutet Schulter oder Arm, *pida* Druck oder zusammendrücken. Die Bezeichnung der Haltung beinhaltet also, daß Druck auf die Schultern ausgeübt oder diese zusammengedrückt werden. Gleichzeitig werden hier die Adduktoren (die Muskeln an der Innenseite der Oberschenkel, mit denen Sie die Beine zueinanderziehen) angespannt, und die Abduktoren (die Gegenmuskeln dazu, die die Beine öffnen) gedehnt. Wir werden in einer späteren Gegenhaltung sehen, wie diese beiden Muskeln dort genau entgegengesetzt wirken.

Technik

Einatmen. Schwingen Sie sich diesmal beim Einatmen nicht zwischen den Armen hindurch, sondern springen Sie so um die Arme herum, daß die Rückseite der Oberschenkel über die Rückseite der Oberarme zu liegen kommt wie in Abb. 6.4. Heben Sie nun die Füße mit flach auf dem Boden liegenden

Händen hoch, und balancieren Sie auf den Händen (Abb. 6.5).
Ausatmen. Überkreuzen Sie die Knöchel (Abb. 6.6), neigen Sie sich nach vorne, und legen Sie den Kopf auf den Boden (Abb. 6.7). Der Blick ist auf die Nasenspitze oder über diese hinaus gerichtet. Versuchen Sie, die Füße dabei zu heben, so daß sie den Boden nicht berühren.

Für Anfänger (etwas leichter):
Einatmen. Stellen Sie die Füße mit einem Sprung außen neben die Hände, so daß die Handflächen etwa schulterbreit zwischen den Beinen flach auf dem Boden liegen. Wenn Ihre Kniegelenk- oder Hüftbeuger steif sind, wird Ihnen diese Haltung vielleicht nicht gelingen; in diesem Fall müssen Sie die Stellungen einzeln üben (siehe im folgenden: *Für Anfänger: ganz leicht).* Atmen Sie weiter.

Abb. 6.4

Abb. 6.5

Abb. 6.6

Abb. 6.7

Abb. 6.8

Abb. 6.9

Realistischerweise ist damit zu rechnen, daß es einige Mühe kostet, bis Sie sich die Haltung erarbeitet haben.
Ausatmen. Bemühen Sie sich, Schultern und Ellbogen hinter die Knie zu bringen, wobei Sie mit der Innenseite der Oberschenkel gegen die Schultern drücken und versuchen, die Schultern hinter die Knie zu klemmen. Die Hände sollten zwischen und etwas hinter den Füßen auf den Boden gelegt werden wie in Abb. 6.4.
Einatmen. Heben Sie die Füße, und balancieren Sie auf den Händen, wobei die Kniekehlen auf der Rückseite der Oberarme ruhen wie in Abb. 6.5. Versuchen Sie, Füße und Knöchel zu überkreuzen (Abb. 6.6).

Schwierigkeiten: Am Anfang rutschen die Beine von den Armen ab, und es kann vorkommen, daß Sie immer wieder nach hinten kippen, wenn Sie versuchen, die Füße hochzuheben und das Gewicht auf Arme und Hände zu verlagern. Diese Arbeit hängt vom Fortschritt beim Vorwärtsbeugen ab; je stärker die Rückseite der Beine sich dehnt, desto höher können Sie sie auf die Arme heben. Am Ende werden Sie die Hände flachlegen und darauf balancieren können.

Vorsicht: Lassen Sie sich nicht in Versuchung führen, die Daumen zu spreizen, um sich besser auf den Händen halten zu können. Das geschieht oft bei verspannten Hüften und Rückseiten der Beine. (Die Beine liegen ziemlich weit unten auf den Armen, und Sie versuchen, nicht nach hinten zu kippen, also spreizen Sie die Daumen ab.) Sie *sollen* sich aber nach hinten rollen lassen können, ohne die Daumen zu sehr anzustrengen oder zu viel Gewicht auf sie zu verlagern – lassen Sie also die Daumen nach vorne zeigen.

Für Anfänger (ganz leicht):
Wenn Ihre Hüften zu steif sind, um die Kniekehlen über die Schultern zu legen, arbeiten Sie erst einmal an einer Seite. Anstatt zu versuchen, aus der letzten Haltung der Verbindungsbewegungen mit den Füßen neben die Hände zu springen, springen Sie mit den Füßen einfach *zu* den Händen hin.
Stellen Sie die Füße etwa 60 cm auseinander. Beugen Sie die Knie etwas, und neigen Sie sich nach vorne, wobei die Schultern unten bleiben und das Gesäß oben. Gehen Sie nicht in die Hocke.

Abb. 6.10a

Abb. 6.10b

1. Stufe: Arbeiten Sie daran, die rechte Schulter zuerst *zum* und schließlich *unter* das rechte Knie zu bringen, wobei Sie sich am Knöchel festhalten, um die Schulter hinter das Knie zu bringen (Abb. 6.8). Drücken Sie das rechte Knie mit den inneren Oberschenkelmuskeln (Adduktoren) nach innen gegen die rechte Schulter. Die Arbeit der inneren Oberschenkelmuskeln ist in dieser Haltung wichtig. Drücken Sie das Gesäß weiter nach oben. Atmen Sie in dieser Haltung fünfmal ein und aus, und wiederholen Sie dies auf der anderen Seite. Damit wird der Weitungsprozeß der Hüften fortgeführt, und nach und nach werden Sie Schultern und Knie bei regelmäßiger Übung einander näher bringen können.

2. Stufe: Wenn es Ihnen gelungen ist, die Schulter hinter das Knie zu bringen, können Sie versuchen, den Arm nach hinten, dann nach oben und über das Gesäß zu drehen. Die rechte Handfläche zeigt nach außen. Führen Sie die linke Hand nach hinten, umfassen Sie damit das rechte Handgelenk, und ziehen Sie die rechte Hand zur Wirbelsäule hoch (Abb. 6.9). Atmen Sie fünfmal, und wiederholen Sie dasselbe auf der anderen Seite. Das ist nicht nur eine Vorbereitung auf die Schulterdruckhaltung, sondern auch auf die folgenden Stellungen.

Bleiben Sie fünf Atemzüge lang in dieser Haltung (wiederholen Sie die geänderte Haltung auf beiden Seiten – Abb. 6.6, 6.7, 6.8 oder 6.9).

Einatmen. Heben Sie den Kopf, lösen Sie die verschränkten Knöchel, und winkeln Sie die Beine an den Armen vorbei nach hinten ab. Beugen Sie ein Bein nach dem anderen nach hinten, und balancieren Sie sie weiter auf den Oberarmen (Abbildungsfolge 6.10).
Ausatmen. Springen Sie aus dieser Gleichgewichtshaltung nach hinten; wenn Sie nicht zurückspringen können, stellen Sie die Füße zuerst auf den Boden und springen von dort aus zurück.
Einatmen. Aufschauender Hund.
Ausatmen. Hinabschauender Hund.
Einatmen. Legen Sie die Beine beim Nachvorneschwingen wieder um die Arme wie bei der letzten Haltung.

Für Anfänger: Schwingen Sie sich nach vorne, und nehmen Sie die Stockhaltung (Dandasana) ein.

9 Schildkrötenhaltung: KURMASANA

Kurma bedeutet Schildkröte.

Technik

Einatmen. Springen Sie mit den Füßen wieder um die Hände herum, wobei die Kniekehlen in Schulternähe auf die Rückseite der Oberarme zu liegen kommen. Stoßen Sie sich ab, heben Sie die Füße, und strecken Sie die Beine aus (Abb. 6.11).
Ausatmen. Beugen Sie die Arme, und lassen Sie das Gesäß zum Boden hin sinken (Abb. 6.12). Die Hände gleiten unter den Knien hindurch; ziehen Sie sie leicht nach hinten, und strecken Sie die Arme auf beiden Seiten gerade aus. Wenn Sie mit den Oberschenkelmuskeln nach unten drücken und die Beine strecken, dehnen Sie die mittleren Rückenmuskeln und drücken Schultern und Brust auf den Boden. Wenn Sie außerdem auch mit Brust und Rücken nach unten drücken, kommen die Schultern schließlich auf dem Boden zu liegen. Dehnen Sie nun den Rumpf, indem Sie den Rücken strecken, und legen

Abb. 6.11

Abb. 6.12

Abb. 6.13

Abb. 6.14

Abb. 6.15

Sie zuerst die Stirn, dann das Kinn und schließlich die Brust auf den Boden. Der Blick ist geradeaus gerichtet – zur Nasenwurzel oder daran vorbei (Abb. 6.13).

Für Anfänger (etwas leichter):
Einatmen: Spreizen Sie die Beine aus der Stockhaltung (Dandasana), beugen Sie die Knie ein wenig, und ziehen Sie die Füße leicht zu den Schultern.
Ausatmen. Beugen Sie sich nach vorne, und schieben Sie eine Hand nach der anderen unter die Knie. Sie werden feststellen, daß sich das ähnlich anfühlt wie die eben durchgeführte Schulterdruckhaltung. Atmen Sie weiter! Strecken Sie die Arme so weit wie möglich seitwärts und zurück. Dehnen Sie den Rumpf, indem Sie die Brust heben und den Rücken strecken. Drücken Sie mit Beinen und Oberschenkeln wie in Abb. 6.13 nach vorne.

Für Anfänger (ganz leicht):
Viele beginnen etwa so wie in Abb. 6.14. Die Schildkrötenhaltung wird mit zunehmendem Fortschritt in den letzten Haltungen leichter.
Ziehen Sie die Fußsohlen gegeneinander, aber nicht die Fersen in die Leiste. Behalten Sie die Füße etwa eine Armlänge von sich entfernt. Umfassen Sie die Knöchel mit den Händen, und ziehen Sie die Brust an die Waden. Versuchen Sie dabei stets, die Brust zu heben und die Wirbelsäule zu strecken (Abb. 6.15). Je biegsamer Hüften und Rückseiten der Beine werden und je näher die Schultern auf die Knie kommen, desto besser werden Sie die Arme unter den Knien durchziehen können.

Anmerkung: Für welche Variante Sie sich auch immer entscheiden, nehmen Sie die entsprechende Haltung ein, und verharren Sie darin.

Bleiben Sie fünf Atemzüge lang in dieser Haltung (Abb. 6.13 oder 6.15).

Gehen Sie sogleich zur nächsten Stellung, der schlafenden Schildkrötenhaltung, über.

Für Anfänger: Wenn Sie die Varianten für Anfänger ausgeführt haben, bleiben Sie fünf weitere Atemzüge lang in der Haltung, überspringen die folgende 10. Haltung (die schlafende Schildkröte) und fahren mit dem darauffolgenden Vinyasa fort. Danach machen Sie weiter mit den Anfängervarianten der Embryo-im-Schoß-Haltung.

10 Schlafende Schildkrötenhaltung: SUPTA-KURMASANA

Supta bedeutet zurücklehnen oder schlafen, *kurma* Schildkröte.

Vorsicht: Diese Haltung ist eine Weiterführung der vorherigen und sollte erst dann angegangen werden, wenn es gelingt, die Schultern unter die Knie zu bringen. Für diese Haltung gibt es keinerlei Abwandlungen außer denjenigen, die in der letzten Haltung beschrieben wurden, die aber von Anfängern hier wiederholt werden können.

Technik: Nur für Fortgeschrittene

Einatmen. Wenden Sie die Handflächen nach oben, heben Sie Knie und Brust etwas an, verlassen Sie die Schildkrötenhaltung, beugen Sie die Ellbogen, drehen Sie die Schultern einwärts, und legen Sie die Arme nach hinten neben die Hüften (Abb. 6.16).
Ausatmen. Führen Sie die Hände über die Hüften nach oben, und verschränken Sie sie möglichst auf Taillenhöhe. Ziehen Sie die Füße näher aneinander, bis Sie schließlich einen Fuß über den anderen legen

Abb. 6.16

und die Knöchel überkreuzen können. Legen Sie dann den Kopf zwischen die Füße und die Stirn auf den Boden (Abb. 6.17). Der Blick geht über die Nasenspitze hinaus.

Anmerkung: Diese Haltung ist leichter auszuführen, wenn Sie ein Hilfsmittel – etwa ein Handtuch wie in Abb. 6.18 – benutzen, um die Hände miteinander zu verbinden.

Bleiben Sie fünf Atemzüge lang in dieser Haltung.

Einatmen. Heben Sie den Kopf.
Ausatmen. Lassen Sie Hände und Füße los, die Beine hingegen bleiben in ihrer Haltung.
Einatmen. Setzen Sie sich mit immer noch über die Rückseite der Oberarme hängenden Knien auf. Stellen Sie die Hände vor die Leisten (Abb. 6.19), stoßen Sie sich nach vorne ab, und stützen Sie sich mit über die Schultern oder Oberarme gestreckten Beinen auf die Hände (Abb. 6.20).
Ausatmen. Neigen Sie sich leicht nach vorne, winkeln Sie nacheinander die Beine ab, wobei die Knie auf der Rückseite der Oberarme liegenbleiben (wie zuletzt im anschließend an die Schildkröte durchgeführten Vinyasa). Springen Sie nach hinten.
Einatmen. Aufschauender Hund.
Ausatmen. Hinabschauender Hund.
Einatmen. Schwingen Sie sich nach vorne.

11 Embryo-im-Schoß-Haltung: GARBHA-PINDASANA

Garbha bedeutet Schoß, *pinda* Embryo. Diese Haltung gleicht der Lage eines Embryos in der Gebärmutter, nur daß die Beine hier im vollen Lotossitz verschränkt sind.
Diese interessante Haltung verursacht meistens einige Aufregung, wenn ich sie zum ersten Mal in einem Anfängerkurs vorführe – zum einen, weil sie nicht einfach ist, zum anderen, weil das Komische daran die Stimmung löst. Richtig ausgeführt erfordert diese Haltung, daß der volle Lotossitz beherrscht wird. Das ist aber für viele Menschen schwierig, und

Abb. 6.17

Abb. 6.18

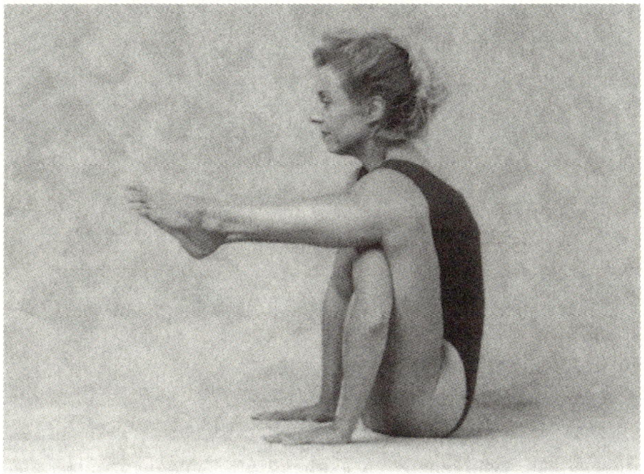

Abb. 6.19

Abb. 6.20

deshalb empfehle ich diese Haltung nur für Fortgeschrittene. Im folgenden finden sich Abwandlungen für Anfänger, die von beinahe ebenso großem Nutzen sind wie die richtige Haltung.

Technik: Nur für Fortgeschrittene

(Anfänger lesen bei dem für sie bestimmten Abschnitt weiter.)
Ausatmen. Nehmen Sie die volle Lotoshaltung (Padmasana) ein, wobei Sie zuerst das rechte Bein anwinkeln (Abb. 6.21).

Einatmen.
Ausatmen. Schieben Sie die Hände durch den Zwischenraum zwischen Oberschenkel und Waden, zuerst die rechte (Abb. 6.22), dann die linke Hand (Abb. 6.23).

Anmerkung: Sie denken jetzt vielleicht, ich wollte Sie verulken, weil Sie bei sich überhaupt keinen Zwischenraum zwischen Oberschenkeln und Waden entdecken können. Ich weiß, da ist nicht viel Platz. Bei manchen kaum, bei anderen gar nicht. Die Arme mit Wasser zu bespritzen hilft erstaunlich gut, um sie durch eine scheinbar nicht vorhandene Lücke

Abb. 6.21

Abb. 6.22

Abb. 6.23

hindurchzuschieben. Verwenden Sie aber ja kein Öl! Das würde die ganze restliche Übung verderben.
Atmen Sie weiter. Schieben Sie die Arme so weit durch, daß Sie die Ellbogen abwinkeln können. Heben Sie die Oberschenkel, und nehmen Sie das Gesicht in die Hände, wenn möglich an den Ohren. Drücken Sie die Wirbelsäule nach vorne und die Schultern zurück, um den Rumpf gerade zu machen und das Gleichgewicht zu halten.
(Achten Sie darauf, daß Sie die Hände dort hindurchschieben, wo die Waden an die Oberschenkel drücken, nämlich zwischen Knöcheln und Knien und *nicht* zwischen Knöcheln und Lenden. Schieben Sie die Hand so nahe beim Knöchel durch wie möglich – da ist mehr Raum als beim Knie, wo der Wadenmuskel dicker ist.)

Einatmen. Versichern Sie sich, daß Sie in der Mitte Ihrer Yogamatte oder Ihres Teppichs sitzen. Nun behalten Sie die Stellung bei, entweder indem Sie den Kopf festhalten (schwieriger) oder indem Sie die gefalteten Hände vor sich hinlegen, lassen Sie sich beim Einatmen zurück- und beim Ausatmen nach vorne rollen; so beschreiben Sie einen Kreis von 360 Grad. Versuchen Sie in neun Rollbewegungen einen Kreis zu bilden.

Für Anfänger:
Einatmen. Wenn Sie die volle Lotoshaltung nicht einnehmen können, beugen Sie die Knie, die Knöchel überkreuzt.
Ausatmen. Ziehen Sie die Beine an die Brust (Abb. 6.24), und umfassen Sie den linken Fuß mit der rechten Hand und den rechten Fuß mit der linken Hand.
Einatmen. Rollen Sie beim Einatmen nach hinten auf die Schultern, bis die Füße hinter Ihnen den Boden berühren.
Ausatmen. Rollen Sie beim Ausatmen wieder nach vorne, und wiederholen Sie den Ablauf mehrmals.
Sie kommen sich vielleicht dabei etwas komisch vor, aber es fühlt sich wunderbar an und massiert die mittleren Rückenmuskeln, die nach der Schildkröten- und schlafenden Schildkrötenhaltung diese Wohltat gut gebrauchen können.

Rollen Sie sich so viele Atemzüge lang nach hinten und nach vorne, bis der Kreis geschlossen ist (Abb. 6.23 oder 6.24).

Wenn Sie wieder an Ihrem Ausgangspunkt angelangt sind, rollen Sie sich bis in den Stand nach vorne

Abb. 6.24

und *wechseln direkt in die nächste Haltung* (Abb. 6.25). Anfänger, die mit der Abwandlung arbeiten, überspringen das folgende Asana und fahren mit dem übernächsten (gebundene Winkelhaltung) fort.

Anmerkung: Bei den Schildkrötenhaltungen werden die Rückenstreckmuskeln durch das Heben der Brust ständig zusammengedrückt und beim Druck der Beine auf die Schultern stark gedehnt. In beiden Haltungen sind sie stark beansprucht. Garbha-Pindasana massiert diese Muskeln und entlastet sie durch das Rollen auf dem Rücken.

12 Hahnenhaltung: KUKKUTASANA

Kukkuta bedeutet Hahn, und ungefähr so sieht die Haltung auch aus.

Technik: Nur für Fortgeschrittene

(Hierzu gibt es keine Änderungen.)

Einatmen. Sie kommen direkt aus der Embryo-im-Schoß-Haltung, rollen sich nach vorn, legen die Hände flach auf den Boden, stoßen sich ab und balancieren auf den Handflächen (Abb. 6.25). Halten Sie den Kopf oben, und wenden Sie beim Balancieren Mula-Bandha an. Schauen Sie geradeaus, am besten auf einen Punkt an der Wand, um das Gleichgewicht besser zu halten.

Bleiben Sie fünf Atemzüge lang in dieser Haltung (Abb. 6.25).

Ausatmen. Setzen Sie sich wieder hin, ziehen Sie die Hände zwischen den Beinen heraus, und lösen Sie die Verschränkung der Beine.
Einatmen. Stemmen Sie sich hoch. Nehmen Sie das Hochdrücken nicht zu leicht. Denken Sie daran, die Hände beiderseits auf den Boden zu legen, die Füße zu kreuzen, sich mit den Händen abzustoßen und Gesäß, Rumpf und Beine vom Boden zu heben! Versuchen Sie, vor- und rückwärts zu baumeln, schwingen Sie sich nach hinten.
Ausatmen. Springen Sie nach hinten.
Einatmen. Aufschauender Hund.
Ausatmen. Hinabschauender Hund.
Einatmen. Schwingen Sie sich nach vorne.
Ausatmen. Setzen Sie sich hin, strecken Sie die Beine.

Abb. 6.25

Abb. 6.26

13 Gebundene Winkelhaltung: BADDHA-KONASANA

Baddha bedeutet fixiert, zurückgehalten oder gebunden, *kona* Winkel.

Anmerkung: Diese Haltung ist die Gegenhaltung zur Schulterdruckhaltung (Bhujapidasana). Hier drükken Sie die Oberschenkel nach außen und unten und dehnen die Adduktoren, während die Abduktoren zusammengezogen werden – das genaue Gegenteil der Schulterdruckhaltung.

Technik

Einatmen. Legen Sie die Fußsohlen aneinander, und ziehen Sie die Fersen so nahe zum Damm wie möglich. Umfassen Sie die Füße. Versuchen Sie, sie wie ein aufgeschlagenes Buch herunterzudrücken (Abb. 6.26).
Ausatmen. Beugen Sie sich in der Hüfte nach vorne, und senken Sie den Rumpf zum Boden. Krümmen Sie den Rücken nicht, und lassen Sie die Vorderseite des Körpers nicht einsacken. Ziehen Sie sich mit der Brust nach vorne, und nehmen Sie die Kraft der Rückenmuskeln zu Hilfe, bis Sie Brust und Kinn auf den Boden legen können. Halten Sie das Gesäß am Boden (Abb. 6.27). Der Blick ist gerade nach vorne gerichtet.

Für Anfänger und hilfreiche Tips:
Bei vielen Menschen, besonders bei Läufern, sind die Adduktoren außerordentlich verspannt. Wenn Sie die Füße aneinanderlegen, sieht es ungefähr so aus wie in Abb. 6.28. Diese Haltung ist eine von vielen, die uns drastisch vor Augen führt, wie steif wir werden können und wie stark sich unser normaler anatomischer Bewegungsbereich durch sportliches Training verändern kann. Sie mögen sich fragen: «Wenn es bei mir aussieht wie auf Abb. 6.28, wie soll ich dann je so weit kommen, mich wie auf Abb. 6.27 vorzubeugen?»
Die häufigsten Fehler, die Anfänger in dieser Haltung machen, sind das Hochziehen der Schultern und das Krümmen des Rückens, um den Kopf auf den Boden zu bringen und flexibel zu erscheinen. *Das dürfen Sie auf gar keinen Fall tun!* Denken Sie vielmehr daran, den Rücken steif zu machen und die Bewegung von der Brust ausgehen zu lassen, wenn sich der Rumpf nach vorne neigt.

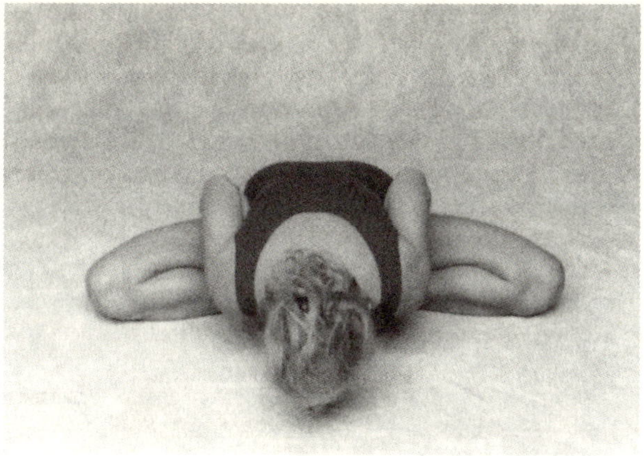

Abb. 6.27

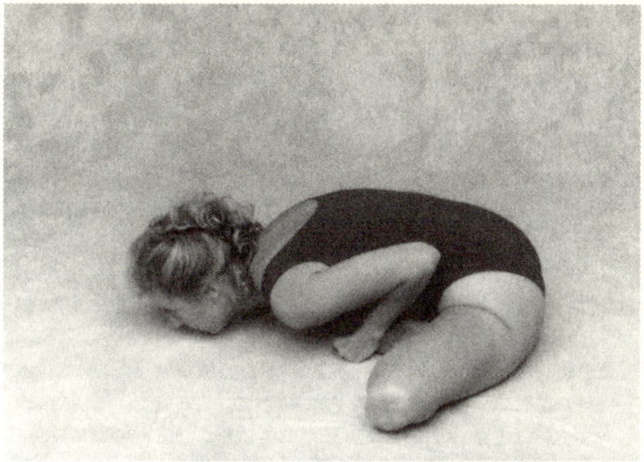

Abb. 6.27, Seitenansicht

Abb. 6.28

Abb. 6.29

Damit Sie den Rücken besser gestreckt halten können, umklammern Sie mit den Händen die Knöchel, und nehmen Sie Arm- und Schultermuskeln zu Hilfe, damit der Rücken gerade bleibt (Abb. 6.29). Drücken Sie die inneren Oberschenkelmuskeln nach außen und unten, bis die Knie am Boden sind. Bevor Sie aber die Knie hinunterdrücken können, müssen die Fersen eng an der Leiste anliegen. Drücken Sie die Knie nicht hinunter, wenn Sie die Füße nicht an die Leisten bringen.

Legen Sie notfalls ein Kissen unter die Hüften, um den Rücken leichter gerade zu halten. Dadurch wird das Becken leicht nach vorne gekippt und das Kreuz gestreckt. Wenn Sie das erst einmal regelmäßig geübt haben, kann sich vielleicht Ihr Partner hinter Sie setzen, seine Füße gegen Ihr Kreuz stemmen und vorwärts drücken, was den Rücken anhebt (Abb. 6.30). Versuchen Sie, in dieser Haltung zu bleiben, nachdem Ihr Partner den Halt weggenommen hat.

Wenn Sie den Rücken allein gestreckt halten können, kann sich Ihr Partner hinter Sie setzen und seine Beine über die Innenseite Ihrer Oberschenkel legen (Abb. 6.31). Das Gewicht auf den Oberschenkeln trägt dazu bei, daß diese sich besser lockern und weiten. Machen Sie das aber erst, nachdem Sie längere Zeit allein geübt haben. Dann können Sie sich mit den Arm- und Schultermuskeln und gestrecktem Rücken nach vorne ziehen, bis die Hüften ganz geweitet sind.

Vergessen Sie nicht zu atmen und die Bandhas auszuführen, während Sie an dieser Haltung arbeiten, gleichgültig, in welcher Variante.

Bleiben Sie fünf Atemzüge lang in dieser Haltung (Abb. 6.27, 6.28, 6.29, 6.30 oder 6.31)

Einatmen. Heben Sie den Kopf, strecken Sie den Rücken, und richten Sie sich wieder mit Hilfe der Lendenmuskeln in die sitzende Haltung auf.
Ausatmen.
Einatmen. Kreuzen Sie die Füße, stemmen Sie sich hoch.
Ausatmen. Springen Sie nach hinten.
Einatmen. Aufschauender Hund.

Abb. 6.30

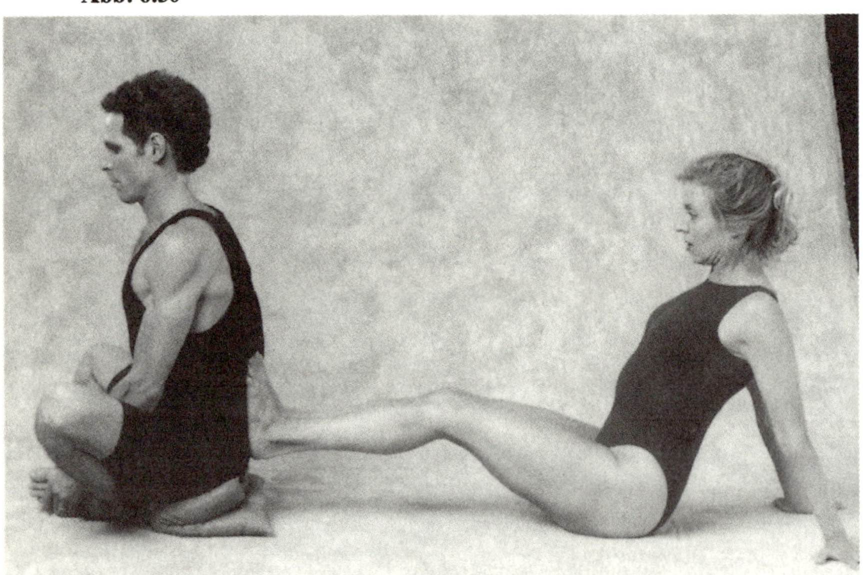

Abb. 6.31

Ausatmen. Hinabschauender Hund.
Einatmen. Schwingen Sie sich nach vorne.
Ausatmen. Strecken Sie die Beine.

An dieser Stelle können Sie, wenn Sie wollen, die erste Folge abschließen. Wer hier aufhören will, sollte als nächsten Schritt im 7. Teil nachlesen, wie die Übungen abgeschlossen oder beendet werden. Sie müssen zumindest die geänderte Abschlußfolge ausführen oder – wenn Sie den Rest dieses Kapitels durchgearbeitet haben – die gekürzte bzw. vollständige Abschlußfolge, damit die Wirbelsäule von den unvermeidlichen Anspannungen aus den eben durchgeführten Haltungen entlastet wird. Vergessen Sie nicht, daß Power-Yoga eine Therapie ist. Deshalb müssen Sie die Haltungen stets in der angegebenen Reihenfolge ausführen. Auf diese Weise können Haltungen und Gegenhaltungen zusammenwirken, damit die Wirbelsäule am Ende der Übungen wieder ausgeglichen ist und zur Ruhe kommt. Führen Sie aber die gekürzte oder vollständige Abschlußfolge nicht durch, bevor Sie nicht alle Haltungen des 6. Teils praktiziert haben.

14 Sitzende Winkelhaltung: UPAVISHTHA-KONASANA

Upavishtha bedeutet sitzend, *kona* Winkel.

Technik

Einatmen. Spreizen Sie die Beine so weit wie möglich. Umfassen Sie die großen Zehen mit Daumen, Zeige- und Mittelfingern. Heben Sie die Brust, halten Sie die Wirbelsäule gerade, dehnen Sie den Brustkorb, schauen Sie auf (Abb. 6.32). Wenn Sie die Zehen nicht zu fassen bekommen, legen Sie die Hände auf Knöchel oder Schienbeine. Beugen Sie nicht die Knie. (Abb. 6.33).
Ausatmen. Beugen Sie sich so weit nach vorne wie möglich. Halten Sie den Rücken gerade. Die Oberschenkel bleiben angespannt und drücken die Kniekehlen auf den Boden. Die Kniescheiben sind gerade nach oben gerichtet. Achten Sie darauf, die Kontraktion in den Oberschenkeln beizubehalten. Führen Sie Mula-Bandha aus (ziehen Sie den Damm ein), um ein Überdehnen der Kniegelenkbeuger zu vermeiden. Besonders für Anfänger: Lassen Sie den Kopf nicht nach vorne hängen, um flexibler zu erscheinen. Denken Sie daran, den Kopf oben und den Rücken beim Vorwärtsbeugen *gerade* zu halten. Der Blick ist geradeaus gerichtet.

Mit zunehmender Beweglichkeit werden Sie sich ganz nach vorne beugen und den Kopf auf den Boden legen können. Strecken Sie dann den Rükken, und legen Sie Brust und Knie auf den Boden. Schauen Sie nach oben (Abb. 6.34).

Bleiben Sie fünf Atemzüge lang in dieser Haltung (Abb. 6.33 oder 6.34).

Einatmen. Beugen Sie leicht die Knie, wobei Sie die Zehen immer noch festhalten, und heben Sie die Beine so weit in die Luft, daß Sie im Gleichgewicht bleiben. Strecken Sie die Beine. Ziehen Sie die Beine nach oben und außen. So können Sie die Arme besser einsetzen und das Gleichgewicht leichter halten. Kopf und Blick sind nach oben gerichtet (Abb. 6.35).

Abb. 6.32

Abb. 6.33

Abb. 6.34, Seitenansicht

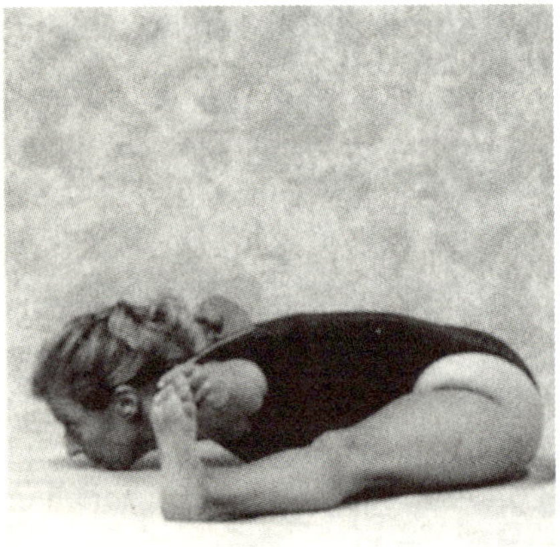

Abb. 6.34

Abb. 6.35

Abb. 6.35, Seitenansicht

Für Anfänger: Wenn Sie die Beine nicht ganz strecken können, lassen Sie die Knie leicht gebeugt, und konzentrieren Sie sich aufs Gleichgewichthalten.

Bleiben Sie fünf Atemzüge lang in dieser Haltung (Abb. 6.35).

Einatmen. Legen Sie die Hände auf beiden Seiten auf den Boden, behalten Sie die gestreckten Beine aber noch in der Luft (Abb. 6.36). Stemmen Sie sich hoch.
Ausatmen. Springen Sie nach hinten.
Einatmen. Aufschauender Hund.
Ausatmen. Hinabschauender Hund.
Einatmen. Schwingen Sie sich nach vorne, legen Sie sich hin.

Abb. 6.36

Wichtig: Wenn Sie mit der nächsten Haltung fortfahren (liegender Winkel), müssen Sie die übrigen Haltungen in diesem Teil ebenfalls alle ausführen, gefolgt von der gekürzten Abschlußfolge (sechs Haltungen) oder der vollständige Abschlußfolge (elf Haltungen) im 7. Teil.

15 Liegende Winkelhaltung: SUPTA-KONASANA

Supta bedeutet zurücklehnen oder sich hinlegen, *kona* Winkel.

Vorsicht! Kontraindikationen für die umgekehrten Haltungen: Das ist die erste umgekehrte Haltung. Darunter versteht man eine Stellung, bei welcher der Körper «auf dem Kopf» steht. Es gibt für jede Haltung leicht unterschiedliche Vorsichtsmaßnahmen, aber im allgemeinen sollten die umgekehrten Haltungen nicht ausgeführt werden von: 1. Menschen mit hohem Blutdruck, 2. Frauen in den ersten Tagen der Menstruation (bei starken Blutungen), 3. Menschen mit Augenleiden und hohem Augendruck (etwa bei abgelöster Netzhaut), 4. Menschen mit Nackenschmerzen oder unregelmäßiger Ausrichtung der Halswirbel (etwa bei einer umgekehrten Halswirbelkrümmung) und 5. Menschen mit Kreuzschmerzen oder -verletzungen. Siehe nachfolgend die Änderungen bei Verletzungen oder Schmerzen.

Abb. 6.37

Technik

Vorbereitung: Legen Sie sich am Anfang dieser Haltung mit nebeneinanderliegenden Beinen und Füßen und nach unten gestreckten Armen auf den Boden, also so, wie Sie beim letzten Vinyasa aufgehört haben. Das ist wie Samasthiti, nur im Liegen.

Ausatmen. Heben Sie die Beine über den Kopf nach hinten, bis die Zehen den Boden berühren, wobei Sie die Beine spreizen und denselben Winkel wie in der letzten Haltung bilden. Umfassen Sie die großen Zehen mit Daumen, Zeige- und Mittelfinger. Der Kopf wird nicht mehr bewegt und ist in der Mitte, das Kinn in die Kuhle des Schlüsselbeins gedrückt (Abb. 6.37). Der Blick ist auf das Herzchakra in der Mitte der Brust gerichtet. Wenn Sie die Zehen nicht zu fassen bekommen, dann greifen Sie an die Waden (Abb. 6.38).

Abwandlungen bei Verletzungen oder Schmerzen: Sehen wir uns einmal die Kontraindikationen bei Hals- und Kreuzproblemen im einzelnen an.
Rückenbeschwerden: Wenn Sie unter Kreuzschmerzen leiden, gestauchte Wirbel oder Bandscheibenprobleme oder ein besonders steifes Kreuz und verspannte Rückseiten der Beine haben, dann könnte diese Haltung bei falscher Durchführung die Beschwerden verstärken. Bei Verspannungen wird die eingeschränkte Flexibilität der Rückseite der Beine dazu führen, daß das Gesäß bei dieser Haltung zu weit über den Kopf hinausragt und das Kreuz dadurch gebogen und belastet wird. Alternativ können Sie die Beine an eine Wand stellen; das verhindert die Belastung und Stauchung im Kreuz (Abb. 6.39). Um die Haltung bei irgendwelchen Schäden im Kreuz völlig gefahrlos durchzuführen, sind dieselben Regeln wie beim Vorwärtsbeugen zu beachten; im Grunde ist es ein um 180 Grad umgekehrtes Vorwärtsbeugen. Die Wirbelsäule muß ohne jede Krümmung gestreckt bleiben und darf nicht gestaucht werden. Bei richtiger Ausführung ist die Haltung außerordentlich heilsam für die ganze Wirbelsäule. Wenn Sie aber Rückenbeschwerden oder -verletzungen haben und nicht sicher sind, ob diese Haltung gut für Sie ist, würde ich empfehlen, sie auszulassen.

Hals- und Nackenbeschwerden: Wenn Sie infolge eines Schleudertraumas Verletzungen davongetragen haben, unter einer umgekehrten Halswirbelkrümmung, schlecht ausgerichteten Nackenwirbeln mit Schmerzen oder Taubheit in Schultern oder Armen, gestauchten oder entzündeten Bandscheiben in der Halswirbelsäule oder einfach schlecht ausgerichteten Halswirbeln leiden, kann diese Haltung Ihre Nackenprobleme verschlimmern. Falls Sie nur selten oder kurze Zeit üben, dann lassen Sie dieses Asana aus! Man darf es keinesfalls nur ab und zu, außerhalb der Reihenfolge oder unvollständig üben. Dann hat es nämlich nicht den geringsten Nutzen!

Es ist allerdings heilsam, wenn es als Teil der *gesamten* ersten Folge in der richtigen Reihenfolge ausgeführt wird. Um wirksam zu sein, muß die erste Folge jedoch täglich und im Schnitt sechs Tage pro Woche durchgeführt werden. Das dauert ungefähr 70 bis 80 Minuten und sollte drei Wochen bis drei Monate lang durchgehalten werden. Es handelt sich hier also um eine ernsthafte Verpflichtung, die viel Zeit und Hingabe erfordert. Deshalb ist es viel sicherer, diese Haltung auszulassen, wenn Sie nicht sicher sind, ob Sie die nötige Zeit aufbringen können.

Die nächsten Haltungen werden die Wirbelsäule genügend stärken und ausrichten, um die Spannung größtenteils zu lösen und Nacken- und Kreuzschmerzen zu lindern.

Wichtig: Wenn Sie diese Haltung wegen einer der oben erwähnten Kontraindikationen auslassen, müssen Sie auch die umgekehrten Haltungen der Abschlußfolge auslassen. Das heißt, daß Sie *nur* die geänderte Abschlußfolge durchführen können.

Bleiben Sie fünf Atemzüge lang in dieser Haltung (Abb. 6.37, 6.38 oder 6.39).

Einatmen. Halten Sie die Zehen fest, und rollen Sie ins Gleichgewicht zurück, ohne die Knie zu beugen (Abbildungsfolge 6.40). Sie benötigen etwas Übung, bis Sie herausfinden, wie stark Sie rollen müssen, um ins Gleichgewicht zu kommen. Mitten im Rollen anzuhalten setzt voraus, daß Sie mit den Bauch- und Rückenmuskeln «abbremsen». Am Anfang werden Sie die Zehen nicht festhalten können. Das nächste Problem wird sein, daß Sie nicht zurückrollen können, ohne die Knie zu beugen. Dann können Sie zwar die Beine gestreckt halten, finden aber den

Abb. 6.38

Abb. 6.39

Abb. 6.40a

Abb. 6.40b

Gleichgewichtspunkt nicht. Wenn Sie es schließlich doch geschafft haben, dann bleiben Sie einen Moment lang in dieser Position.
Ausatmen. Beugen Sie sich nach vorne, lassen Sie sich aus dem Gleichgewicht gleiten, und rollen Sie langsam so hinunter, daß die Wadenmuskeln den Boden berühren, wobei Sie immer noch die Zehen festhalten (Abb. 6.41).

Vorsicht: Achten Sie darauf, die Füße beim Herabrollen genügend weit nach oben zu ziehen, damit Sie auf den Wadenmuskeln und nicht auf den Fersenknochen aufsetzen. Sonst können die Fersenknochen geprellt werden, was keinesfalls empfehlenswert ist. Gehen Sie sorgsam vor, am besten verwenden Sie zuerst eine weiche Unterlage oder einen weichen Teppich!

Abb. 6.41a

Abb. 6.41b

Abb. 6.41c

Einatmen. Stemmen Sie sich hoch.
Ausatmen. Springen Sie nach hinten.
Einatmen. Aufschauender Hund.
Ausatmen. Hinabschauender Hund.
Einatmen. Schwingen Sie sich nach vorne.
Ausatmen. Legen Sie sich hin, die Beine nebeneinander und die Arme seitlich am Körper.

Sehr wichtig: Mit dieser Haltung beginnt das Dehnen und Weiten des Nackens; damit wird die Wirbelsäule auf die Haltungen in der vollständigen Abschlußfolge vorbereitet, die die therapeutische Ausrichtung der Wirbel weiterführt. Wenn diese Haltung eine Wirkung hervorbringen soll, muß sie (wie schon mehrmals erwähnt) innerhalb der angegebenen Reihenfolge und *als Teil der vollständigen Übungsabfolge* durchgeführt werden. Wenn Sie diese Haltung üben, müssen Sie auch bereit sein, entweder die gekürzte oder vollständige Abschlußfolge anzuschließen. Andernfalls fahren Sie mit der nächsten Haltung fort.

16 Liegende Zehenhaltung: SUPTA-PADANGUSHTHASANA

Supta bedeutet zurücklehnen oder schlafen, *pada* Fuß, *angushtha* bezeichnet den großen Zeh. Diese Haltung ist dieselbe wie die gestreckte Hand-Zeh-Haltung (Utthita-Hasta-Padangushthasana), allerdings im Liegen.

Technik

Vorbereitung: Diese Haltung wird in der liegenden Stellung – wie Samasthiti im Liegen – begonnen.

Einatmen. Heben Sie das rechte Bein senkrecht hoch, und umfassen Sie den großen Zeh mit Daumen, Zeige- und Mittelfinger der rechten Hand (Abb. 6.42). Wenn Sie den großen Zeh nicht erreichen können, umfassen Sie den Knöchel oder die Rückseite der Wade. Beugen Sie das Knie nicht. Lassen Sie das linke Bein mit angespanntem Oberschenkel und hochgezogenem Fuß gerade liegen. Legen Sie die linke Handfläche auf den linken Oberschenkel.
Ausatmen. Heben Sie den Rumpf mit dem rechten Arm und den Bauchmuskeln. Ziehen Sie den Kopf zum Knie. Der Blick ist nach oben zum großen Zeh gerichtet. Der Rücken sollte sich vom Boden heben; spannen Sie also Arm- und Bauchmuskeln stark genug an, um den Rumpf zu heben (Abb. 6.43).

Atmen Sie fünfmal in dieser Haltung (Abb. 6.43).

Ausatmen. Spreizen Sie das rechte Bein zur Seite. Drehen Sie den Kopf nach links, und blicken Sie aus den Augenwinkeln in die gleiche Richtung. Nehmen Sie die linke Hand zu Hilfe, um die linke Hüfte und den linken Oberschenkel niederzudrücken (Abb. 6.44). Beide Oberschenkel sollten kontrahiert und beide Beine gestreckt sein. Achten Sie darauf, daß das linke Bein auf den Boden drückt.

> *Für Anfänger:* Beugen Sie die Knie nicht. Vielleicht müssen Sie die Hand weiter zurücknehmen oder anders hinlegen, um das Bein seitlich zu spreizen (Abb. 6.45). Sie können auch den Winkel des Beines leicht verringern.

Atmen Sie fünfmal in dieser Haltung. (Abb. 6.44 oder 6.45).

Einatmen. Ziehen Sie das Bein wieder in die Ausgangslage wie in Abb. 6.42 zurück (wenn nötig wieder mit veränderter Handstellung), und spannen Sie die inneren Oberschenkelmuskeln an, um das Bein hochzuheben. Beugen Sie weder das rechte noch das linke Knie. Beide Oberschenkelmuskeln sollten die ganze Abfolge hindurch angespannt bleiben.
Ausatmen. Heben Sie den Rumpf noch einmal, und versuchen Sie, das Knie mit dem Kopf wie in Abb. 6.43 zu berühren.
Einatmen. Legen Sie den Kopf wie in Abb. 6.42 auf den Boden.
Ausatmen. Lassen Sie das Bein los, und nehmen Sie wieder die liegende Haltung ein.

Abb. 6.42

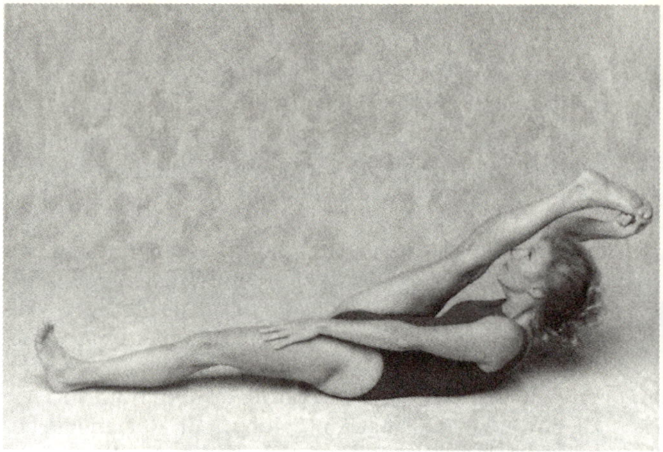

Abb. 6.43

Wiederholen Sie die Übung auf der linken Seite, und fahren Sie mit Vinyasa fort:

Einatmen. Setzen Sie sich auf, kreuzen Sie die Beine, und stemmen Sie sich hoch.
Ausatmen. Springen Sie nach hinten.
Einatmen. Aufschauender Hund.
Ausatmen. Hinabschauender Hund.
Einatmen. Schwingen Sie sich nach vorne, legen Sie sich hin.

Wichtig: Das ist wieder eine Stelle, an der Sie die erste Folge abschließen können. Wer hier aufhören und zur Abschlußfolge übergehen möchte, hat zwei Möglichkeiten. Wenn Sie die letzte liegende Winkelhaltung ausgelassen haben, gehen Sie als nächstes zur geänderten Abschlußfolge über und ruhen sich danach aus. Sollten Sie aber die letzte Haltung ausgeführt haben und hier aufhören wollen, müssen Sie mit der gekürzten oder vollständigen Abschlußfolge schließen.

Abb. 6.44

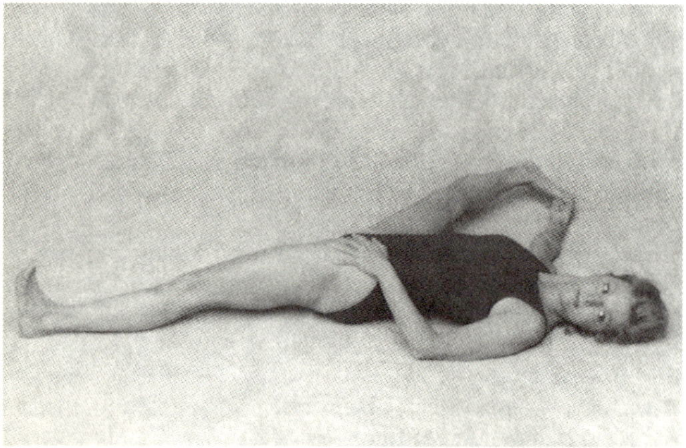

Abb. 6.45

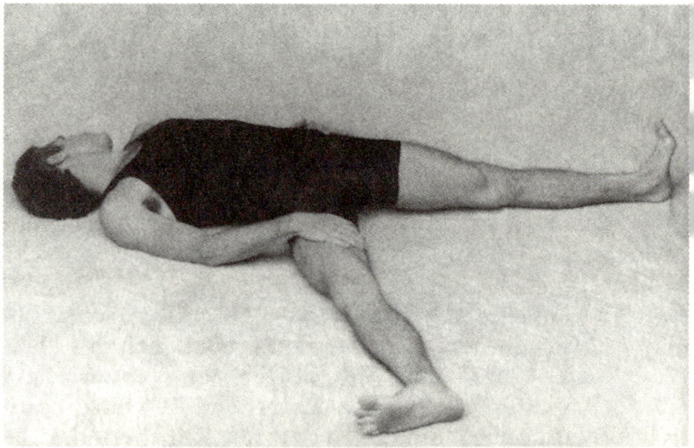

17 Zwei-Zehen-Haltung: UBHAYA-PADANGUSHTHASANA

Ubhaya bedeutet beide, *pada* Fuß, *angushtha* bezeichnet den großen Zeh. In dieser Haltung umfassen Sie beide großen Zehen mit den Händen.

Vorsicht – beachten Sie die Kontraindikationen für umgekehrte Haltungen: Dies ist die zweite umgekehrte Haltung. Die Kontraindikationen sind hier dieselben wie für die 15. Haltung, den liegenden Winkel. Wenn Sie diesen ausgelassen haben, dann führen Sie auch diese und die nächste Haltung nicht aus.

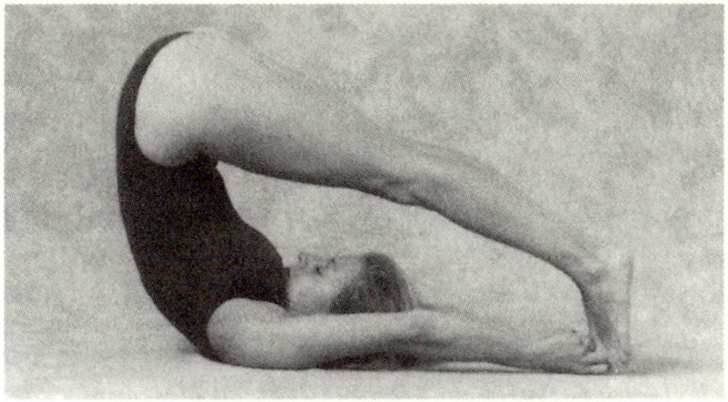

Abb. 6.46

Abb. 6.47

Abb. 6.48

Technik

Vorbereitung: Beginnen Sie die Haltung aus der liegenden Stellung.

Ausatmen. Heben Sie beide Beine über den Kopf, bis die Zehen den Boden berühren. Legen Sie die Arme nach hinten, und umfassen Sie beide großen Zehen mit Daumen, Zeige- und Mittelfingern beider Hände (Abb. 6.46). Der Kopf bleibt in der Mitte. Wenn Sie die Füße nicht erreichen, umfassen Sie die Knöchel oder Rückseiten der Waden. Beugen Sie die Knie nicht, und verharren Sie bewegungslos.

> *Für Anfänger:* Wenn Sie die Füße nicht bis auf den Boden bringen, dann heben Sie sie so weit nach hinten, wie es Ihnen ohne Anstrengung möglich ist (siehe die Kontraindikationen der 15. Haltung).

Einatmen. Lassen Sie sich ins Gleichgewicht rollen; halten Sie die Zehen bzw. die Knöchel fest. Beugen Sie die Knie nicht (Abb. 6.47).
Ausatmen. Halten Sie die Arme gerade, die Beine gestreckt, den Kopf nach hinten. Schauen Sie auf (Abb. 6.48). Bemühen Sie sich um größtmögliche Genauigkeit. Wenn Sie die Knie leicht beugen müssen, ist das in Ordnung. Führen Sie Mula- und Uddiyana-Bandha aus.

Abb. 6.49

Abb. 6.50

Anmerkung: Wie die Rollbewegung in *Supta-Konasana* ist das Rollen auch hier eine Weile lang heikel. Vielleicht haben Sie nicht genug Schwung, Sie kommen nur bis zur Hälfte und rollen dann zurück. Oder Sie haben zuviel Schwung und rollen über den Gleichgewichtspunkt hinaus. Wenn das geschieht, dann beugen Sie unbedingt die Knie, und stoppen Sie mit den Füßen ab, damit Sie nicht auf dem Boden aufschlagen.

Atmen Sie fünfmal in dieser Haltung (Abb. 6.48).

Einatmen. Legen Sie die Hände auf den Boden, stemmen Sie sich hoch, wobei Sie die Beine möglichst in der Schwebe halten. Kontrahieren Sie die Bauchmuskeln! (Abb. 6.49 und 6.50).
Ausatmen. Springen Sie nach hinten.
Einatmen. Aufschauender Hund.
Ausatmen. Hinabschauender Hund.
Einatmen. Schwingen Sie sich nach vorne, legen Sie sich wieder hin.

18 Intensive Dehnung nach oben (volle Vorwärtsdehnung): URDHVA-MUKHA-PASHCHIMOTTANASANA

Urdhva bedeutet hinauf, *mukha* Gesicht, *pashchima* rückwärtig. Das ist dieselbe Haltung wie die intensive Dehnung (Vorwärtsbeugung), nur daß die Haltung um 90 Grad gedreht und das Gesicht nach oben gewandt ist.

Wichtige Vorsichtsmaßnahme: Das ist die dritte umgekehrte Haltung. Die Kontraindikationen sind dieselben wie für die 15. Haltung (liegende Winkelhaltung). Wenn Sie die 15. oder 17. Haltung nicht ausgeführt haben, dann lassen Sie auch diese aus.

Technik

Vorbereitung: Beginnen Sie diese Haltung aus dem liegenden Samasthiti.

Abb. 6.51

Ausatmen. Heben Sie wieder beide Beine über den Kopf wie in der letzten Haltung, bis die Zehen den Boden berühren. Es gelten dieselben Änderungen und Anpassungen. Greifen Sie nach hinten, und umfassen Sie diesmal die Außenkanten der Füße in Fersennähe.
Einatmen. Rollen Sie sich zum Gleichgewichtspunkt wie in der letzten Haltung.
Ausatmen. Ziehen Sie den Rumpf mit Bauchmuskeln und Armen an die Oberschenkel (Abb. 6.51). Heben Sie die Brust, strecken Sie die Wirbelsäule, und krümmen Sie den Rücken nicht. Das Gleichgewichthalten ist auch hier sehr heikel. Konzentrieren Sie sich auf das Wechselspiel zwischen Rücken- und Bauchmuskeln. Der Blick ist nach oben zu den Zehen hin gerichtet. Halten Sie den Kopf aufrecht, und machen Sie keine runden Schultern.

Bleiben Sie fünf Atemzüge lang in dieser Haltung (Abb. 6.51).

Einatmen. Lassen Sie die Hände los, legen Sie sie beiderseits neben sich auf den Boden, behalten Sie die Beine in der Luft, und stemmen Sie sich wie in der letzten Haltung vom Boden ab.
Ausatmen. Springen Sie nach hinten.
Einatmen. Aufschauender Hund.
Ausatmen. Hinabschauender Hund.
Einatmen. Schwingen Sie sich nach vorne.
Ausatmen. Legen Sie sich hin.

19 Brückenhaltung: SETU-BANDHASANA

Setu kann Erdwall, Uferböschung, Damm oder Brücke bedeuten. Wenn es mit *bandha* zusammen verwendet wird, bedeutet es soviel wie das Erbauen eines Damms oder einer Brücke.

Vorsicht: Die richtig ausgeführte Brücke ist eine fortgeschrittene Haltung, die ohne Lehrer nicht leicht zu erlernen ist. Wenn Sie das Gleichgewicht nicht gut halten können, kippen Sie schnell um, was mindestens unangenehm ist, aber auch ein Verletzungsrisiko in sich birgt. Daher ist die Brücke für Anfänger nicht zu empfehlen und bei Nackenverletzungen sogar kontraindiziert. Wer die bisherigen drei umgekehrten Haltungen ausgelassen hat, sollte auch diese Haltung nicht ausführen.
Hingegen haben die hier angegebenen Änderungen ganz ausgezeichnete Wirkungen bei Nackenverletzungen; es ist eine hervorragende Gegenhaltung für einen Großteil der vorausgegangenen Übungen. Außer fortgeschrittenen Power-Yoga und Ashtanga-Yoga-Schülern empfehle ich daher allen Übenden, die Haltung mit den Änderungen auszuführen.

Technik: Nur für Fortgeschrittene

(Anfänger halten sich an die Änderungen.)

Anmerkung: Im Gegensatz zum aufschauenden Hund ist diese Haltung die einzige der ersten Folge, in der man sich nach hinten lehnt. Sie stärkt Hals und

Nacken und erhöht den Muskeltonus die ganze Wirbelsäule entlang. Die Rückenstrecker, die wir in den vorwärtsgebeugten Haltungen (und auch beim Vorstrecken der Brust und dem Strecken des Rückens) zu dehnen versuchen, werden durch diese Haltung sehr gestärkt.

Vorbereitung: Legen Sie sich hin, Füße und Beine nebeneinander.

Einatmen. Beugen Sie die Knie, und ziehen Sie die Fersen zum Gesäß. Legen Sie die Fersen nebeneinander, spreizen Sie die Füße, und drücken Sie ihre Außenseiten fest auf den Boden (Abb. 6.52). Heben Sie die Ellbogen neben dem Körper hoch, stoßen Sie die Brust vom Boden ab, wölben Sie den Nacken nach hinten, so daß der Scheitel auf dem Boden liegt. Ziehen Sie den Kopf so weit wie möglich nach hinten, indem Sie das Kreuz und die mittlere Rückenpartie anheben. Kreuzen Sie die Arme über der Brust, und umfassen Sie die Schulterblätter mit den Händen (Abb. 6.53).

Anmerkung: Dies alles wird schließlich in einer Bewegung und in einem Atemzug durchführbar sein. So lange Sie aber noch lernen, atmen Sie normal weiter, bis Sie sich in die Haltung emporgehoben haben.

Ausatmen. Heben Sie die Hüften hoch, Schieben Sie den Kopf so weit nach hinten, daß die Stirn auf dem Boden liegt. Wenn die Füße im richtigen Abstand vom Gesäß stehen, lassen sich die Beine ganz strekken. Behalten Sie die Fersen beieinander, und drükken Sie die Außenkanten der Füße fest auf den Boden. Der Blick ist auf die Stelle zwischen den Augenbrauen gerichtet (Abb. 6.54).

Mit ein wenig Übung werden Sie die Füße zu Beginn der Haltung nach und nach in die richtige Distanz zu den Hüften stellen. Dann können Sie die Beine ganz strecken und brauchen die Füße nicht zu verschieben, nachdem Sie sich bereits vom Boden gehoben haben. Ebenso können Sie dann den Kopf so weit in den Nacken ziehen, daß die Stirn auf dem Boden aufliegt. Es wirkt vielleicht abschreckend, aber es ist eine herrliche Haltung und leicht zu erlernen, wenn

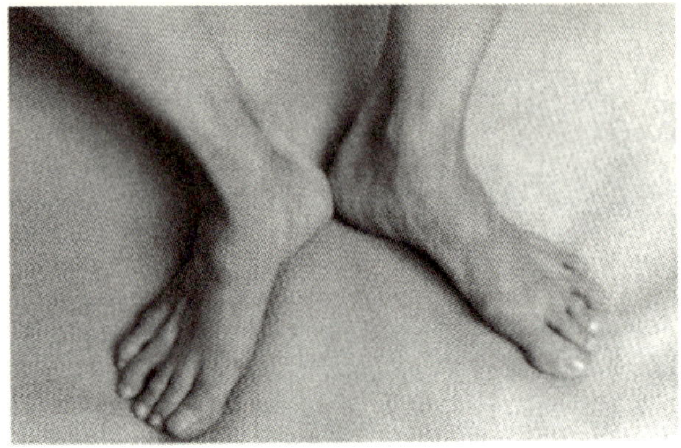

Abb. 6.52

Sie einen professionellen Yogalehrer finden, der Ihnen hierbei hilft. Solange Sie jedoch niemanden gefunden haben, sollten Sie die Abwandlungen üben.

Für Anfänger:
Einatmen. Beugen Sie die Knie, und ziehen Sie die Fersen zum Gesäß. Stellen Sie die Füße in Hüftbreite parallel auseinander.
Ausatmen. Heben Sie das Gesäß hoch, und falten Sie die Hände unter den Hüften (Abb. 6.55). Drücken Sie die Schulterblätter zusammen, und bemühen Sie sich, den Brustkasten zu weiten und die Brustmuskeln an der Vorderseite der Schultern zu dehnen. Lassen Sie das Kinn zum Hals sinken, den Kopf auf den Boden, und entspannen Sie den Nacken. Bewegen Sie den Kopf nicht. Heben Sie das Gesäß mit Hilfe der Oberschenkelmuskeln so hoch wie möglich.

Atmen Sie fünfmal in dieser Haltung ein und aus (Abb. 6.54 oder 6.55).

Einatmen.
Ausatmen. Lösen Sie die Arme, legen Sie die Hände auf den Boden (Abb. 6.56), beugen Sie die Knie, lassen Sie Waden und Gesäß zu Boden sinken, entspannen Sie Kopf und Nacken, und legen Sie sich flach hin. Wenn Sie die geänderte Haltung nicht

Abb. 6.53

Abb. 6.54

Abb. 6.55

Abb. 6.56

durchgeführt haben, nehmen Sie einfach die Hände auseinander und legen das Gesäß wieder auf den Boden.
Einatmen. Setzen Sie sich auf, kreuzen Sie die Beine, und stemmen Sie sich hoch.
Ausatmen. Springen Sie nach hinten.
Einatmen. Aufschauender Hund.
Ausatmen. Hinabschauender Hund.
Einatmen. Schwingen Sie sich nach vorne, legen Sie sich hin.

Damit endet die erste Folge. Jetzt geht es mit der Abschlußfolge weiter. Es gibt allerdings noch eine Haltung, die oft am Ende der ersten Folge geübt wird, obwohl sie eigentlich zur zweiten Folge gehört. Der Bogen-nach-oben (Urdhva-Dhanurasana) wird gewöhnlich (mit der vollen Vorwärtsbeugung Pashchimottanasana als Gegenhaltung) am Ende der zweiten Folge ausgeführt. Sie können sie aber hier mit der Vorwärtsbeugung zusammen üben, um sich auf die zweite Folge vorzubereiten. Ich würde empfehlen, mindestens zwölf bis sechzehn Wochen lang die Haltungen der grundlegenden ersten Folge zu üben, bevor diese Ergänzungshaltung hinzugefügt wird.

20 Bogen-nach-oben-Haltung: URDHVA-DHANURASANA (Ergänzungshaltung)

Urdhva bedeutet aufwärts, wie wir uns aus Urdhva-Mukha-Shvanasana oder dem aufschauenden Hund erinnern, *dhanur* bedeutet bogenförmig oder gebogen.

Vorsicht: Der aufschauende Hund und die eben durchgeführte Brückenhaltung sind die beiden einzigen Haltungen in der ersten Folge, in denen man sich nach hinten beugt. Wenn Sie wegen Rückenproblemen den aufschauenden Hund und die Brückenhaltung abgeändert haben, dann sollten Sie auch diese Haltung auslassen, da es sich hier ebenfalls um eine rückwärtsgebeugte Haltung handelt. Bei steifen Schultern kompensiert der Rücken im Kreuzbeinbereich die eingeschränkte Bewegungsfreiheit. Das ist nicht gerade gut für das Kreuz. Ich weiß, wovon ich spreche, weil ich mich sechs Monate lang mit Mula- und Uddiyana-Bandha abgequält habe, um damit die Stauchung im Kreuz zu vermeiden und die Schultern zu weiten. Die Haltung sieht aus, als erfordere sie viel Kraft, aber in Wirklichkeit brauchen Sie nur einen beweglichen Rücken und flexible Schultern. Ab und zu probiert jemand die Haltung zum ersten Mal, und es gelingt ihm gleich, Arme und Beine ganz zu strecken. Ich habe sehr lange gebraucht, um nur den Kopf vom Boden zu heben! Als ich anfing, mich wirklich darauf zu konzentrieren, Schultern und Brustbereich zu weiten, hat sich langsam etwas verändert. Damit will ich sagen, daß Sie trotz aller Kraftanstrengung keinen Erfolg haben werden, wenn die Bewegungsfreiheit der Schultern eingeschränkt ist. Ich habe Gewichtheber gesehen, die Hunderte von Kilos stemmen, aber sich selbst nicht vom Boden hochdrücken können. Diese Haltung meistert man mit Intelligenz, Vorausplanen, Geduld und Ausdauer, aber *nicht* mit Kraft.
Wie die rückwärtsgebeugten Haltungen in der zweiten Folge (siehe Einleitung zur zweiten Folge im 8. Teil) weitet auch diese Haltung Brustbereich und Schultern. Es klingt vielleicht etwas abwegig, aber sie weitet nicht nur den Brustkorb, sondern auch das Herz. Und das meine ich im wahrsten psychologischen Sinn des Wortes. Gleichgültig, wie bedrückt Ihr Herz sein mag, diese Haltung kann Sie von Ihrem seelischen Leid befreien. Das klingt wohl etwas absonderlich, und Sie halten mich vielleicht für versponnen, aber warten Sie ab – und üben Sie.

Technik

Vorbereitung: Beginnen Sie aus der liegenden Haltung.

Einatmen. Ziehen Sie die Füße zu den Gesäßknochen, und stellen Sie sie etwa in Hüftbreite flach auf den Boden. Drehen Sie die Zehen leicht einwärts (damit die Füße parallel bleiben, wenn Sie sich heben), und legen Sie die Hände mit den Handflächen nach unten neben die Ohren (Abb. 6.57).

Abb. 6.57

Abb. 6.58

Ausatmen. Stoßen Sie sich hoch. Behalten Sie die Füße flach und parallel auf dem Boden. Versuchen Sie jetzt, Arme und Beine zu strecken. Achten Sie darauf, daß Sie den Kopf entspannen und zurückfallen lassen, halten Sie ihn nicht hoch. Blicken Sie über die Nasenwurzel zum Boden (Abb. 6.58). Wenn Ihr Kreuz schmerzt oder Ihnen ernstliche Beschwerden verursacht, üben Sie besser mit einer der nachfolgenden Abwandlungen oder warten bis zum Ende der zweiten Folge, bevor Sie diese Haltung angehen.
(Obwohl ich nun schon viele Jahre lang intensiv daran gearbeitet habe, ist die Verspannung meiner Schultern immer noch deutlich zu sehen. Die Nachwirkungen meines früheren Sporttrainings sind offensichtlich, obwohl es schon über dreißig Jahre zurückliegt.)

Abwandlungen und hilfreiche Tips: Es gibt vieles, was Sie tun können, um Rücken und Schultern langsam zu weiten, was für diese Haltung erforderlich ist. Dazu brauchen Sie einen Stuhl oder eine Bank, einen Partner, der Ihnen bei der Übung hilft, oder eine Wand. Hier gibt es keine Varianten wie bei den letzten Übungen, wo man einfach eine andere Körperhaltung einnehmen konnte.

Erste Abwandlung: Wenn Sie steife Schultern haben, können Sie sich an den Knöcheln eines Partners festhalten. Fehlt Ihnen ein Partner, dann stellen Sie zwei kleine Holzklötze (ca. 12 × 22 × 15 cm) an die Wand. Ihr Partner steht hinter Ihnen und stellt seine Füße in Ihrer Schulterbreite auseinander. Wenn Sie Holzklötze verwenden, stellen Sie diese ebenfalls schulterbreit direkt an die Wand. Legen Sie sich so

Abb. 6.59

Abb. 6.60

hin, daß Ihr Kopf genau vor den Füßen Ihres Partners oder vor die Holzklötze zu liegen kommt.

Einatmen. Greifen Sie mit den Händen nach den Knöcheln Ihres Partners oder nach den Holzklötzen, wobei die Innenseite der Handgelenke nach außen gerichtet ist (Abb. 6.59).
Ausatmen. Stoßen Sie sich hoch. Bei Schwierigkeiten kann Ihr Partner Ihnen unter die *Schulterblätter* greifen und die Aufwärtsbewegung unterstützen. Das erzeugt eine Hebelwirkung, und Sie können den Brustkorb besser dehnen und die Arme leichter strecken (Abb. 6.60).

Zweite Abwandlung: Diesmal heben Sie nicht die Hände höher, um den Rückwärtsbogen zu erleichtern, sondern die Füße. Stellen Sie eine stabile Bank oder einen Stuhl direkt an die Wand. Setzen Sie die Füße etwa in Hüftbreite auf die Bank. Die Füße werden beim Hochheben flach darauf zu stehen kommen.

Einatmen. Legen Sie die Hände neben die Ohren (Abb. 6.61).
Ausatmen. Stoßen Sie sich nach oben ab. Hier brauchen Sie etwas mehr Kraft in den Armen, weil das Gewicht des Rumpfes von den Armen getragen

Abb. 6.61

Abb. 6.62

Abb. 6.63

Abb. 6.64

wird, aber wenn Sie erst einmal oben sind, geht es leichter. Es ist auch möglich, sich auf den Scheitel zu stützen (Abb. 6.62). Mit erhöhten Füßen zu üben verringert die Stauchung im Kreuz beträchtlich (Abb. 6.63), und Sie können sich richtig strecken. Auch bei dieser Form kann Ihnen Ihr Partner helfen (Abb. 6.64).

Atmen Sie fünfmal ein und aus (Abb. 6.58, 6.60, 6.63 oder 6.64).

Einatmen.
Ausatmen. Lassen Sie sich absinken, nehmen Sie einen oder zwei Atemzüge, um sich zu erholen, und führen Sie das Ganze noch einmal durch. Wiederholen Sie den Bogen mindestens dreimal, und bleiben Sie bei jeder Wiederholung fünf Atemzüge lang in der Haltung.

21 Intensive Dehnung (volle Vorwärtsbeugung): PASHCHIMOTTANASANA

Wichtiger Hinweis: Diese Haltung ist eine Gegenhaltung zum Bogen nach oben und *muß* danach durchgeführt werden. Es ist die erste Haltung der Asanas im Sitzen der ersten Folge, die zu Beginn des 5. Teils ausführlich beschrieben wurde.

Technik

Vorbereitung: Setzen Sie sich aufrecht hin, und nehmen Sie die Stockhaltung Dandasana ein.

Einatmen. Strecken Sie die Beine, umfassen Sie die Seiten der Füße oder die Knöchel mit den Händen, strecken Sie die Arme und die Wirbelsäule.

Anmerkung: Wenn Sie zuvor die Haltung wegen Verspannungen oder Verletzungen etwas abgeändert haben, dann tun Sie dasselbe auch hier. Diese Haltung wirkt als Gegenhaltung, weil sie etwaige Stauchungen im Kreuz, die aus der letzten Haltung herrühren (was manchmal vorkommt, auch wenn es

Abb. 6.65

nicht sein sollte), behebt. Beugen Sie also die Knie, wenn die Haltung nicht in den Kniegelenkbeugern, sondern im Kreuz wirken soll.

Ausatmen. Beugen Sie sich in den Hüften, ziehen Sie sich mit den Armen nach unten, und krümmen Sie den Rücken nicht. Spüren Sie, wie die Rückenwirbel auseinandergezogen werden! Ihr Trainingspartner kann hier mit etwas Druck nachhelfen, aber erst, wenn Sie mindestens sechs bis acht Wochen lang regelmäßig allein geübt haben. Der Partner muß genügend weit unten am Rücken Druck ausüben, damit der Brustkorb nach vorne gedehnt und eine etwaige Krümmung nicht verstärkt wird. Wenn die Rückseiten der Beine so weit gedehnt sind, daß der Brustkorb auf den Oberschenkeln zu liegen kommt, kann der Druck weiter oben am Rücken erfolgen (Abb. 6.65).

Atmen Sie fünfmal in dieser Haltung (Abb. 6.65).

Einatmen. Heben Sie den Kopf, strecken Sie die Arme.
Ausatmen. Legen Sie sich hin.

Damit ist die erste Folge beendet.

Wichtiger Hinweis zu den Übungsvarianten

Wenn Sie sich die gesamte erste Folge (5. und 6. Teil) erarbeitet und ein Minimum an Kraft in Armen und Schultern entwickelt haben (Sie sich also beispielsweise in der viergliedrigen Stockhaltung oder im Liegestütz hochhalten können), können Sie mit dem Üben der Abschlußfolge beginnen. Die gekürzte Abschlußfolge ist eine Alternative zur vollständigen Abschlußfolge und sollte *nur* als Vorbereitung geübt werden, solange Sie die Haltungen im 7. Teil lernen, oder wenn die Zeit knapp ist. Richtig durchgeführt endet die Übung immer mit der vollständigen Abschlußfolge.
Gehen Sie jetzt also zum 7. Teil über, und fangen Sie an, die Übungen der Abschlußfolge zu erlernen; beginnen Sie mit den Haltungen der gekürzten Abschlußfolge. Ich empfehle Ihnen, einige Monate bis ein Jahr lang die Haltungen aus dem 4. bis 6. und 7. Teil zu üben, je nachdem, ob Sie früher schon Yoga geübt haben und wie schnell Sie Fortschritte machen. Üben Sie so lange, bis Sie die genaue Form jeder einzelnen Haltung auswendig kennen.
Beginnen Sie *immer* mit den beiden Formen des Sonnengrußes, und hören Sie mit einer der drei Abschlußfolgen auf, ganz egal, was und wie lange Sie üben. Es gibt mehrere Möglichkeiten, ein Training zusammenzustellen, das in Ihren Zeitplan paßt und Ihrem Fitneßniveau entspricht.

Die *vollständige Übung* setzt sich folgendermaßen zusammen: Beide Formen des Sonnengrußes, erste Folge, vollständige Abschlußfolge und die übrigen Haltungen. Im Idealfall führen Sie das vier- bis fünfmal die Woche durch.
Kürzere Varianten sehen etwa so aus: 1. Sonnengruß (beide Formen fünf oder sechsmal), geänderte Abschlußfolge und die übrigen Haltungen. 2. Sonnengruß (je drei- bis fünfmal), Haltungen im Stehen, eine der Abschlußfolgen und die übrigen Haltungen. 3. Nur die beiden Formen des Sonnengrußes (beliebig viele Wiederholungen).

Diese letzte Variante, die nur aus dem Sonnengruß besteht, ist eine ausgezeichnete Aufwärmübung für jede sportliche Betätigung.
Sobald Ihnen die Reihenfolge erst einmal vertraut ist, werden Sie Ihre Übung auf die Bedürfnisse von Körper und Geist und auf die verfügbare Zeit abstimmen. Der positivste Aspekt dieser Übungsform, nachdem Sie die jeweiligen Haltungen perfekt beherrschen, ist die Leichtigkeit, mit welcher Geist und Körper von der einen Haltung fließend in die nächste übergehen. Sie müssen nicht innehalten und sich fragen, wie es weitergeht. Ihr Körper wechselt wie von selbst und ohne langes Überlegen von einer Haltung in die andere. Letztendlich geht es genau darum: ohne Denken zu üben. Patanjali definiert Yoga als jenen inneren Zustand, in dem die seelisch-geistigen Vorgänge zur Ruhe kommen. Das ist wahre Geisteskontrolle, die Kontrolle *unseres eigenen* Geistes. Wenn Sie dies vermögen, haben Sie der Yoga-Philosophie zufolge die Kontrolle über alles. Es gibt nichts in dieser Welt, das Sie noch einschränken oder begrenzen könnte.

7. Teil · Schutz in der Schutzlosigkeit

Die Abschlußfolge

Entfaltungsmöglichkeiten

Von dem Tag an, als ich Power-Yoga entdeckte, hatte ich intuitiv das Gefühl, daß die Übungen eine Art Schutz sind – nicht nur gegen Sportverletzungen, sondern auch gegen Krankheiten, Depression, Schwächen und ganz allgemein gegen das Gefühl, daß etwas im Leben nicht stimmt. Wenn ich morgens meine Übungsabfolge durchführe, denke ich oft, das sei das Härteste, was der Tag überhaupt für mich bereithält. Das gibt mir ein Gefühl psychischer Stärke und Zentriertheit.

Das heißt nicht, daß ich überheblich wäre. Es heißt nur, daß die Übung mir ein Gefühl des Lebendigseins und der Bewußtheit gibt. Man kann nicht schlafend durch den Tag gehen und sich einfach geschützt fühlen, ohne aktiv seinen Teil dazu beizutragen. Ich versuche, aufmerksam zu sein. Aber die Arbeit mit der Atmung, die Anstrengung in den Haltungen, das Bemühen, mich «bewußt zu entwikkeln», machen mich demütig. Ich denke dann an alle Menschen, die vor mir – genau wie ich es heute tue – mit den Haltungen gerungen haben, und ich bin ihnen dafür dankbar, daß sie diese Übungsform am Leben erhalten haben. Ich spüre, daß ich meine Arbeit getan habe. Ich habe sowohl physische wie psychische Gifte ausgeschieden, habe negative Gedanken und Gefühle abgelegt, habe versucht, täglich einen besseren Menschen aus mir zu machen. Der Yoga erhält meine Jugend, körperliche Gesundheit und Fitneß, aber er führt auch zu einer klaren und wohlausgewogenen geistigen Schau.

Meinem Mann hilft Yoga unter anderem, die Angst vor Verletzungen im Schnelligkeits- und Hochleistungstraining abzulegen. Wir können nicht alle Spitzensportler sein, aber wir können alle nachvollziehen, daß wir etwas besser machen, ein wenig weitergehen oder etwas effektiver trainieren oder ganz allgemein bewußter leben wollen.

Jeder Sportler, der intensiv trainiert, sei es Kanusport, Wandern, Golf, Klettern oder Radfahren, gelangt zu der Erkenntnis, daß ihn immer irgend etwas einschränkt. Ein Teil dieser Einschränkung ist auf rein physiologische Begrenzungen wie Steifheit oder Schwäche zurückzuführen. Der Rest ist Angst. Die Angst, uns zu verletzten, wenn wir auch nur eine Hundertstelsekunde schneller laufen oder einen Zentimeter höher springen und damit den Bereich unserer Möglichkeiten überschreiten. Das hält uns zurück. Und es ist eine begründete Angst! Mein Mann meint dazu: «Da man in dieser Yogaform sein gesamtes Potential ausschöpft und vollständige Bewegungsfreiheit entwickelt, weiß man, daß die Muskeln die Dehnung aushalten.»

Zuerst einmal kommen Sie bewußter mit der Leistungsfähigkeit und Bewegungsfreiheit Ihrer Mus-

keln in Berührung. Zweitens werden Sie psychisch stabiler, und die Angst vor Verletzungen verschwindet. Mit dem zunehmenden, stillen Vertrauen, das durch die Atmung entsteht, erkennen Sie auch, daß Ihre Grenzen sich verschoben haben und der Bereich Ihrer Fähigkeiten, sowohl der psychischen als auch der physischen, größer geworden ist.
Wenn wir beim Yoga mit unseren Grenzen konfrontiert werden, dann ist das eine große Hilfe, um hemmende Faktoren auch in anderen Lebensbereichen zu erkennen und nicht notwendigerweise nur im körperlichen Bereich. Die Angst, uns in Situationen hineinzuwagen, die jenseits unserer Möglichkeiten liegen, macht sich überall bemerkbar. Ob wir nun im Meer schwimmen oder auf Berge steigen, immer hält uns diese Angst davor zurück, unsere Träume ganz zu verwirklichen.
Im Power-Yoga lernen wir bestimmte Beschränkungen sehr genau kennen. Wir arbeiten täglich damit. Und am Ende beobachten wir, wie sie sich zuerst verändern und dann verschwinden, was wir uns zu Beginn nie hätten träumen lassen. Wir lernen im Yoga, unseren Begrenzungen durch die regelmäßige Konfrontation die Macht zu nehmen, unsere Bewegungsfreiheit einzuschränken. So erkennen wir nach und nach, daß nicht nur unsere Muskeln, sondern unsere ganzen menschlichen Möglichkeiten sich mehr entfalten können, als wir jemals dachten.

Drei Varianten zum Abschluß

In diesem Teil geht es nun um die inzwischen oft erwähnte Abschlußfolge, auf die ich immer wieder hingewiesen habe. Diese Folge von Haltungen bringt Sie nach der ersten oder zweiten Folge sozusagen wieder ins Lot. Häufig sage ich meinen Schülern: «Das ist eine Abfolge. Jede Haltung ist eine Gegenhaltung oder Ergänzung der vorhergehenden. Wenn Sie auch nur eine davon ausführen, müssen Sie entweder die ganze oder die abgekürzte Folge von Haltungen üben, und zwar in der richtigen Reihenfolge.» Die nachfolgenden Haltungen kühlen Ihre erhöhte Körpertemperatur wieder ab, legen die Stoffwechselgeschwindigkeit für den Tag fest, regulieren den Gesamtorganismus, bis er wieder seinen normalen Rhythmus hat, und bringen alle Körperfunktionen ins Gleichgewicht. Das Wichtigste aber ist, daß die Abschlußhaltungen auch ein etwaiges körperliches Unbehagen beheben, das nach der Übung übriggeblieben sein mag. Es gibt drei Varianten der Abschlußfolge:

1. die *geänderte Abschlußfolge*
2. die *gekürzte Abschlußfolge*
3. die *vollständige Abschlußfolge*

In den ersten Teilen dieses Buches habe ich an einigen Stellen empfohlen, die Übungen mit der *geänderten Abschlußfolge* zu beenden. Für diejenigen, die gerade erst angefangen haben und nur die Haltungen aus dem 3. und 4. Teil üben, ist diese Abfolge ein ausgezeichneter Abschluß. Sie kann auch bei Zeitmangel verwendet werden. Wenn Sie aber so weit fortgeschritten sind, daß Sie alle Haltungen durchführen, ist sie nicht mehr zu empfehlen. Diese Form des Abschlusses gehört nicht eigentlich zu den Yogahaltungen. Sie verleiht Ihnen aber sowohl physisch als auch psychisch ein gutes Gefühl und läßt Sie wohlig und ausgeglichen die letzte entspannende Haltung (Shavasana) einnehmen.
Wer überhaupt erst mit diesem Kapitel beginnt, Yoga zu praktizieren, dem empfehle ich die *gekürzte Abschlußfolge*. Sie ist eine Folge von sechs Haltungen, aus denen Sie weitgehend denselben Nutzen ziehen wie aus der vollständigen Abschlußfolge, und außerdem erfüllt sie mit den drei grundlegenden Gegenhaltungen der vollständigen Folge ihre ausgleichende Funktion.
Ein konkretes Beispiel dafür, was ich unter ausgleichender Funktion einer Gegenhaltung verstehe, ist das Haltungspaar Schulterstand (Salamba-Sarvangasana) und Fischhaltung (Matsyasana). Im Schulterstand wird das Kinn nach vorne gegen den Hals gedrückt, wodurch die Vorderseite des Halses zusammengezogen und der Nacken gedehnt wird. In der Fischhaltung hingegen wird der Kopf nach hinten in den Nacken gedrückt, was die Nackenmuskeln zusammenzieht und die Vorderseite des Halses dehnt. In der richtigen Reihenfolge werden alle Haltungen zu Gegenhaltungen, die einander ausgleichen, unterstützen und die beteiligten Muskeln, Bänder und Sehnen sowohl stärken als auch dehnen. Die sechs Haltungen der gekürzten Abschlußfolge

sind Schulterstand (Salamba-Sarvangasana), Pflughaltung (Halasana), Ohrdruckhaltung (Karnapidasana), Fischhaltung (Matsyasana), die gebundene Lotoshaltung (Baddha-Padmasana) und die Totenhaltung (Shavasana). Diese Haltungen sind mit einem Sternchen (*) gekennzeichnet.
Die vollständige Abschlußfolge besteht aus allen zwölf Haltungen dieses Teils, einschließlich der Totenhaltung. Das ist die korrekte Reihenfolge, und wenn Sie kein Anfänger mehr sind und keine der Kontraindikationen für umgekehrte Haltungen auf Sie zutreffen, sollten Sie Ihre Übung stets mit der vollständigen Abschlußfolge beenden.

Anmerkung: Mit der Zeit wird Ihnen sowohl in der gekürzten als auch in der vollständigen Abschlußfolge der Übergang von einer Haltung in die nächste in einem einzigen Atemzug gelingen. Aber solange Sie die Haltungen erlernen, werden Sie einige Atemzüge für den Übergang brauchen.

Geänderte Abschlußfolge

Technik

Legen Sie sich auf den Boden, und heben Sie beide Knie zur Brust. Legen Sie die Arme um die Knie, und ziehen Sie die Oberschenkel zum Rumpf. Rollen Sie ein wenig nach hinten und nach vorne oder seitlich über das Kreuzbein hin und her, als wollten Sie die Rückenmuskeln auf dem Boden massieren. Wenn Sie vorstehende Wirbel haben, die es Ihnen unbequem machen, dann vergessen Sie nicht, eine Matte oder einen Teppich als Polster für die Wirbelsäule zu verwenden.
Strecken Sie jetzt die Arme seitlich aus, halten Sie die Knie gebeugt und beieinander, lassen Sie sie nach rechts sinken, und versuchen Sie, den rechten Ellbogen mit den Knien zu berühren. Die Schultern sollten so gut wie möglich auf dem Boden bleiben. Schauen Sie in die Gegenrichtung. Lassen Sie die Knie bis auf den Boden sinken, auch wenn die Schulter sich hebt. Entspannen Sie sich, und atmen Sie intensiv. Der Rücken bleibt locker und soll sich dehnen. Bleiben Sie fünf oder zehn Atemzüge lang in dieser Stellung. Wiederholen Sie dasselbe auf der anderen Seite. Danach heben Sie die Knie wieder in die Mitte und umfassen sie noch einmal. Stellen Sie die Füße mit immer noch gebeugten Knien auf den Boden, etwa hüftbreit auseinander. Strecken Sie die Beine, und entspannen Sie wie in der 12. Haltung (Shavasana) dieses Kapitels. Wenn sich Ihr Rücken immer noch nicht gut anfühlt, dann führen Sie die Änderung der Brückenhaltung (19. Haltung im 6. Teil) aus, und wiederholen Sie danach die geänderte Abschlußfolge.

Die Haltungen
Gekürzte und vollständige Abschlußfolge

1 Schulterstand: SALAMBA-SARVANGASANA*

Salamba bedeutet unterstützt oder gehalten, *sarvanga* alle Glieder, der ganze Körper. Die wörtliche Übersetzung wäre also «alle Glieder – oder der ganze Körper – mit Hilfe einer Unterstützung». Diese Haltung ist als Schulterstand bekannt, da das ganze Gewicht auf den Schultern ruht.

Vorsicht: Diese Haltung sollte – wie alle umgekehrten Haltungen einschließlich Pflughaltung und Kopfstand (siehe weiter unten) – *nicht* ausgeführt werden von:

1. Frauen während der Menstruation
2. Schwangeren (es sei denn, sie haben vom ersten Monat an geübt und arbeiten mit einem spezialisierten Lehrer)
3. Fettleibigen
4. Menschen mit hohem Blutdruck, hohem Cholesterinspiegel oder erhöhtem Herzanfall- oder Herzschlagrisiko
5. Menschen mit Netzhautablösung oder während der Rekonvaleszenz nach einer Augen- oder Schönheitsoperation und ganz allgemein während Augenbehandlungen (Augenarzt fragen!)
6. Menschen mit Nacken- oder Kreuzverkrümmungen oder -verletzungen ohne vorherige Absprache mit einem ausgebildeten Yoga-Therapeuten oder Power-Yoga-Lehrer

Exkurs: Eine lehrreiche Geschichte

Im Jahre 1986 litt ich unter «sekundären» Schulter- und Armschmerzen, was heißt, daß die Ursache für die Schmerzen anderswo lag. In meinem Fall handelte es sich um eine umgekehrte Halswirbelkrümmung. Ein verrutschter Wirbel drückte auf einen Nerv, der zur Schulter und zum Arm führte. Das war ursprünglich auf einen Unfall während des Studiums zurückzuführen, als ich vom Pferd stürzte und mit dem Kopf aufschlug. Später bekam ich bei einem leichten Autounfall noch einmal einen Schlag auf den Kopf, was die Sache verschlimmerte.
Mein Chiropraktiker meinte, ich solle Schulterstand und Pflughaltung nicht ausführen. Tatsächlich meldete sich jedesmal, wenn ich das Verbot überschritt, der alte Schmerz wieder. Als ich aber anfing, die Stellungen täglich als Teil der gesamten ersten Folge mit allen Haltungen und Gegenhaltungen durchzuführen, erwies es sich als sehr heilsam für meinen Nacken. Nach drei Wochen regelmäßiger Übung waren die Schmerzen vergangen. Nach drei Monaten war die Halswirbelkrümmung behoben.
Ob diese Haltung Ihnen hilft oder schadet, kann also (muß aber nicht!) davon abhängen, wie Sie an sie herangehen. Wenn Sie besondere Fragen zu Ihrem eigenen Gesundheitszustand haben, fragen Sie besser einen Orthopäden, vorzugsweise jemanden, der etwas vom Yoga versteht.

Technik

Vorbereitung: Legen Sie sich hin, Beine und Füße zusammen, die Arme seitlich am Körper. Nehmen Sie fünf Atemzüge.

Einatmen. Heben Sie die Beine um etwa 30 Grad.
Ausatmen. Heben Sie die Beine weiter über den Kopf bis in die Pflughaltung. Verschränken Sie die Hände, strecken Sie die Arme. Drücken Sie die Hände auf den Boden. Dadurch wird die Vorderseite der Schultern gedehnt. Ziehen Sie die Oberarme parallel zum Körper, öffnen Sie die Hände, und legen Sie sie so tief wie möglich auf den Rücken wie in Abb. 7.2. Behalten Sie den Kopf in der Mitte, entspannen Sie den Nacken. Atmen Sie so lange wie

* Haltungen der gekürzten Abschlußfolge sind mit einem Sternchen gekennzeichnet.

nötig, bis Sie Hände, Arme und Schultern in die richtige Stellung gebracht haben. Wenn Ihnen der Schulterstand erst einmal vertraut geworden ist, brauchen Sie nicht mehr zuerst in die Pflughaltung zu gehen, sondern heben sich bei der Ausatmung direkt in den Schulterstand.

Vorsicht: Drücken Sie das Kinn nicht zum Hals, weil das der normalen Krümmung der Halswirbelsäule entgegengesetzt wäre. Entspannen Sie lieber den Hals, und lassen Sie die Mulde zwischen den Schlüsselbeinen dem Kinn entgegenkommen. Richtig ausgeführt ruht im Schulterstand das Gewicht auf den Schultern. Die Wirbelsäule berührt nirgends den Boden. Deshalb ist es wichtig, Arme und Schulterblätter zusammenzuziehen. Dadurch wird eine Stütze gebildet, auf der das Körpergewicht ruht. Es liegt nicht auf dem Nacken oder der Wirbelsäule.

Einatmen. Heben Sie die Beine in den Schulterstand (Abb. 7.1).
Ausatmen. Stützen Sie den Rücken mit Händen und Armen. Die Zehen sind genau über der Stirn. Der Blick ist auf die Zehen gerichtet. Atmen Sie langsam und entspannt. Strecken Sie die Wirbelsäule, damit der Rumpf eine Senkrechte zum Boden bildet.

Vorsicht: Wenden Sie nicht den Kopf in dieser Haltung, um sich umzuschauen. Lassen Sie ihn ruhig in der Mitte liegen. Wenn Sie den Kopf im Schulterstand mehr als die paar zur genaueren Ausrichtung nötigen Millimeter bewegen, kann der Nacken dadurch stark belastet werden.

Abb. 7.1

Atmen Sie in dieser Haltung fünfmal ein und aus. Wenn Sie genügend geübt haben, atmen Sie bis zu 25mal (Abb. 7.1).

Einatmen. Bereiten Sie sich darauf vor, die Stellung in die nächste Haltung hinein zu verändern.

Abb. 7.2

Abb. 7.3

2 Pflughaltung: Halasana*

Hala bedeutet Pflug und hat dieselben Kontraindikationen wie die letzte Haltung.

Technik

Ausatmen. Lassen Sie die Beine über dem Kopf auf den Boden sinken (Abb. 7.2). Behalten Sie die Füße mit gestreckten Zehen beieinander. Nehmen Sie die Hände vom Rücken, strecken Sie sie auf dem Boden aus, und verschränken Sie die Finger (Abb. 7.3). Achten Sie darauf, daß die Schulterblätter zusammenbleiben, indem Sie die Schultern nach hinten und unten ziehen. Drücken Sie die Arme zusammen, und pressen Sie das Kinn nicht auf die Brust. Entspannen Sie den Nacken. Blicken Sie über die Nasenspitze mitten auf die Brust.

Atmen Sie in dieser Haltung fünfmal ein und aus (Abb. 7.3).

Einatmen. Bereiten Sie sich darauf vor, die Stellung für die nächste Haltung zu verändern.

3 Ohrdruckhaltung: Karnapidasana*

Karna bedeutet Ohr, *pida* kann Druck, Schmerz oder Unbehagen meinen. Hier bedeutet *pida* «die Ohren mit den Knien sanft zudrücken» oder «die Knie zu den Ohren heben». Manchmal wird dies Ohr-Knie-Haltung genannt.

Technik

Ausatmen. Lassen Sie die Knie neben den Ohren zu Boden gleiten (Abb. 7.4). Die Arme bleiben in derselben Haltung wie beim Pflug. Blicken Sie auf die Mitte der Brust.

> *Für Anfänger:* Wenn Ihnen diese Haltung schwerfällt oder Sie mit den Knien nicht ganz bis auf den Boden kommen, entspannen Sie sich, und versuchen Sie es, so gut Sie können. Legen Sie die Knie wenn nötig auf die Stirn.

Atmen Sie in dieser Haltung fünfmal ein und aus. (Abb. 7.4).

Gehen Sie direkt zur nächsten Haltung über, außer bei der gekürzten Abschlußfolge: Dann legen Sie die Hände flach auf den Boden und rollen sich aus der Ohrdruckhaltung wieder auf den Boden zurück (Abb. 7.5). Machen Sie mit der 6. Haltung (Fisch) weiter.

Abb. 7.4

Abb. 7.5

4 Umgekehrte Lotoshaltung: URDHVA-PADMASANA

Urdhva bedeutet aufwärts, *padma* Lotos. Im ersten Teil der ersten Folge kam *urdhva* in *Urdhva-Mukha-Svanasana*, dem aufschauenden Hund, und *padma* in *Ardha-Baddha-Padma-Pashchimottanasana*, der «gebundenen halben Lotoshaltung», vor.

Technik

Einatmen. Heben Sie die Beine wieder in den Schulterstand. Stützen Sie den Rücken mit den Händen.
Ausatmen. Legen Sie die Füße in die Lotoshaltung, wenn nötig mit Hilfe der Hände. Winkeln Sie zuerst das rechte Bein ein (Abb. 7.6), und legen Sie danach das linke Bein über das rechte. Das ist ziemlich heikel und erfordert einige Übung. Atmen Sie weiter. Am Anfang brauchen Sie mehrere Atemzüge, bis Sie die Haltung eingenommen haben.
Strecken Sie nun die Arme hoch, und stützen Sie die Knie mit den Händen (Abb. 7.7). Wenn Sie die Beine nur gekreuzt haben, können Sie trotzdem die Knie auf den Händen abstützen. Der Blick ist zur Decke gerichtet.

Anmerkung: Bei richtiger Ausführung sollte das Gewicht des Rumpfes genügend weit hinten liegen, so daß die Knie Druck auf die Hände ausüben. Die Hände stützen die Knie und verhindern, daß Sie zurückrollen. Wenn das Gewicht nicht weit hinten genug über dem Kopf ist, rollt man leicht aus der Haltung. Das kommt häufig bei steifem Nacken vor oder wenn man Angst hat, nach hinten zu kippen. Die Haltung wird mit zunehmender Dehnung des Nackens und der Schultern leichter.

Atmen Sie fünfmal ein und aus (Abb. 7.7).

Einatmen. Bereiten Sie sich darauf vor, in die nächste Haltung überzugehen.

Abb. 7.6

Abb. 7.7

5 Embryohaltung: PINDASANA

Pinda bedeutet Embryo. Diese Haltung gleicht der Stellung des Embryo in der Gebärmutter.

Technik

Ausatmen. Senken Sie die Beine in der vollen Lotoshaltung oder überkreuzt zur Brust. Legen Sie die Arme um die untergeschlagenen Beine (Abb. 7.8). Der Blick wird wie in der letzten Haltung auf die Mitte der Brust gerichtet.

Anmerkung: Wie in der letzten Haltung ist es auch hier bei Versteifungen oder eingeschränkter Bewegungsfreiheit im Rücken und Nacken schwierig, nicht aus der Haltung zu rollen. Wenn Sie Rücken und Nacken in den bisherigen umgekehrten Haltungen nicht wirklich gut gestreckt haben, werden Sie nicht hoch genug auf die Schultern kommen, um in der Haltung zu bleiben.

Bleiben Sie fünf Atemzüge lang in dieser Haltung (Abb. 7.8).

Einatmen. Bereiten Sie sich vor, die Stellung in die nächste Haltung hinein zu verändern.

6 Fischhaltung: MATSYASANA*

Matsya bedeutet Fisch. Diese Haltung ist sowohl in der gekürzten als auch in der vollständigen Abschlußfolge von zentraler Wichtigkeit und eine Gegenhaltung zum Schulterstand, zur Pflughaltung und zur Ohrdruckhaltung. Sie *muß* zum Ausgleich der vorherigen Haltungen dieser Folge durchgeführt werden.

Technik

Ausatmen. Lassen Sie die Arme los, und legen Sie die Handflächen zu beiden Seiten auf den Boden. Die Beine bleiben in der eingenommenen Haltung, sei es in der vollen Lotoshaltung oder mit gekreuzten Beinen, während Sie sich hinausrollen lassen (Abb. 7.9).
Einatmen. Legen Sie die Ellbogen an die Seiten, und stoßen Sie die Brust mit Hilfe der Arme hoch, bis der Kopf auf dem Scheitel ruht.
Ausatmen. Drücken Sie die Knie auf den Boden; wenn Sie die volle Lotoshaltung eingenommen haben, umfassen Sie die großen Zehen mit den Händen (Abb. 7.10). Bei gekreuzten Beinen legen Sie die Hände auf die Innenseiten der Oberschenkel. Der Blick ist aufwärts gerichtet.

Abb. 7.8

Abb. 7.9

Anmerkung: Tragen Sie das Gewicht des Körpers nicht mit den Armen. Die Ellbogen sollten nicht auf dem Boden liegen. Die Brust wird mit den Rückenmuskeln gehoben. Die Nackenmuskeln helfen dabei. Das ist eine ausgezeichnete Stärkungsübung, die Nacken- und Schultermuskeln entlastet.

Bleiben Sie fünf Atemzüge lang in dieser Haltung (Abb. 7.10).

Einatmen. Bereiten Sie sich darauf vor, die Stellung in die nächste Haltung hinein zu verändern.

7 Gestreckte Beinhaltung: UTTANA-PADASANA

Uttana bedeutet ausgestreckt oder «mit dem Gesicht nach oben auf dem Boden liegen». Der Wurzel des Wortes sind wir bereits in einigen früheren Haltungen begegnet, etwa in *Parshvottanasana* in den Haltungen im Stehen, wo *uttana* mitten im Wort vorkommt (*ut* bedeutet wörtlich intensiv und *tan* dehnen oder strecken). *Pada* heißt Bein.

Technik

Ausatmen. Lösen Sie die Beine, und strecken Sie sie etwa in einem 45-Grad-Winkel in die Luft. Strecken Sie gleichzeitig die Arme mit aneinanderliegenden Handflächen aus (Abb. 7.11). Der Blick geht in dieselbe Richtung wie beim Fisch.

Anmerkung: Das kann sich anfühlen, als sei es anstrengend für das Kreuz, aber tatsächlich stärkt es die Lendenstrecker, die den Körper senkrecht stützen. Selbstverständlich sollte die Haltung bei akuten Schmerzen ausgelassen werden, wie übrigens jede Haltung, die einen heftigen Schmerz auslöst. Auf diese Haltung folgt – wie bereits erwähnt – eine ausgleichende Gegenhaltung, die das Kreuz in die umgekehrte Richtung dehnt.

Bleiben Sie fünf Atemzüge lang in dieser Haltung (Abb. 7.11).

Einatmen.
Ausatmen. Lösen Sie sich aus der Haltung, und setzen Sie sich auf.
Einatmen. Stemmen Sie sich hoch.
Ausatmen. Springen Sie nach hinten.
Einatmen. Aufschauender Hund.
Ausatmen. Hinabschauender Hund.
Einatmen. Springen Sie zu den Händen.

Abb. 7.10

Abb. 7.11

8 Kopfstand: SHIRSHASANA

Shirsha bedeutet Kopf. In alten Hatha-Yoga-Texten wird der Kopfstand als König der Asanas bezeichnet. Er ist eine außerordentlich wichtige Haltung, weil er Gehirn und Geist belebt und zu Klarheit verhilft. Die Haltung ist außerdem insofern sehr heilsam und ausgleichend, als die Hirnanhangsdrüse (Hypophyse) und die Zirbeldrüse (Epiphyse) mit einer reichlichen Blutzufuhr versorgt werden. Untersuchungen haben ergeben, daß die regelmäßige Übung des Kopfstandes den Hämoglobingehalt des Blutes erhöhen kann.

Gewichtsverlagerung
Wenn ich in meinen Mittelstufe- und Fortgeschrittenenkursen zum Kopfstand komme, empfehle ich meinen Schülern immer, sie sollten ihr Gewicht gleichmäßig auf Handgelenke, Unterarme und Ellbogen verteilen und es nicht mit dem Kopf tragen. Das stärkt Arme und Schultern, hält den Körper in der Mitte, die Gewichtslast wird dem Kopf abgenommen, und Verletzungen des Nackens und der Wirbelsäule werden vermieden.
Wenn die Übenden langsam Fortschritte erzielen, was gewöhnlich erst nach drei bis vier Jahren der Fall ist, verlagern sie ganz langsam das Gewicht immer mehr auf Kopf und Unterarme, und die Hände werden nur noch benutzt, um das Gleichgewicht zu halten. So werden die Muskeln, die im Kopfstand angespannt werden, langsam kräftiger und können die Wirbelsäule gerade halten. Die Halswirbel sollten im Kopfstand nicht gestaucht, sondern von Nacken-, Rücken- und Schultermuskeln in ihrer normalen Position gehalten werden. Um abzuschätzen, wieviel Körpergewicht der Kopf unbeschadet tragen kann, muß man die Größe des Übenden in Betracht ziehen. Wenn jemand 100 kg wiegt, ist es besser, das Gewicht größtenteils *nicht* mit dem Kopf zu tragen, während jemand, der nur 50 kg wiegt, den Kopf im Verhältnis stärker belasten kann.

Dauer
Anfangs wird es Ihnen sehr schwerfallen, zehn Atemzüge lang – etwa eine Minute – in dieser Haltung zu verharren. Mit der Zeit können Fortgeschrittene die Haltung problemlos 50 bis 60 Atemzüge lang beibehalten, also etwa zehn Minuten! Wenn Sie schon einige Zeit geübt haben und die erste Folge ziemlich gut beherrschen, würde ich empfehlen, daß Sie die Übung immer mit der vollständigen Abschlußfolge beenden und versuchen, den Kopfstand mindestens zehn Atemzüge lang beizubehalten, bevor Sie wieder herunterkommen. Dafür können Sie einen anderen Teil der Übung etwas verkürzen, um etwas länger im Kopfstand zu bleiben.

Ausrichtung
Im Kopfstand sollten Sie die Schultern vom Boden wegheben und so weit wie möglich seitlich dehnen. Vergrößern Sie den Abstand zwischen Ohren und Schultern. Achten Sie darauf, daß Ellbogen und Schultern eine Gerade und gemeinsam mit den Händen ein gleichseitiges Dreieck bilden. Dies ist das Fundament des Kopfstands und muß stabil und richtig ausgerichtet bleiben. Die Handgelenke sollten senkrecht zum Boden liegen. Lassen Sie die Hände nicht nach außen fallen.
Von der Seite gesehen bilden Fersen, Gesäß und Ohren eine Senkrechte zum Boden. Auch die Körpermitte sollte gerade und senkrecht sein. Vielleicht bitten Sie jemanden, Ihnen zuzusehen und zu sagen, ob Sie sich gerade halten oder zu sehr auf die eine oder andere Seite, nach vorne oder rückwärts neigen.
Man knickt leicht in der Körpermitte ein, und zwar so, daß der Rücken nach vorne gebogen und der Bauch vorgestreckt wird. Das kommt bei steifen Schultern, schwachen Rücken- oder Bauchmuskeln, verspannten Hüftbeugern (besonders dem Lendenmuskel) vor, aber auch, wenn zuviel Gewicht zu weit vorne auf den Ellbogen ruht. Wenn Ihr Rücken zu stark gekrümmt ist, werden Ihnen Mula- und Uddiyana-Bandha helfen, die Wirbelsäule richtig auszurichten.

Fallen
Alle haben zu Beginn der Übung Angst zu fallen. Die beste Art und Weise, mit dieser Angst umzugehen, ist die, wie man mit jeder Angst umgehen sollte, nämlich sich direkt mit ihr zu konfrontieren. Sie gehen besser davon aus, daß Sie irgendwann einmal hinfallen werden. Das passiert jedem. Es ist nicht so schlimm, wie Sie es sich vorstellen, und außerdem auch gefahrlos.
Wenn Sie das Gleichgewicht verlieren, dann entspannen Sie sich, lösen Sie den Handgriff, ziehen Sie das Kinn ein, machen Sie den Rücken rund, beugen Sie die Knie, und lassen Sie sich abrollen. Eine weitere Möglichkeit ist, die Hände loszulassen, den Rücken nach vorne zu krümmen und sich auf die Füße fallen zu lassen. Wahrscheinlich wird Ihnen die eine oder andere dieser Möglichkeiten instinktiv näherliegen. Ich mußte mir das Abrollen beibringen, das Rückenkrümmen geschah automatisch. Üben Sie beide Möglichkeiten mehrmals auf einer dicken Matte, bis Sie keine Angst mehr vor dem Fallen haben. Statt einer Matte können Sie auch eine Matratze oder ein Kissen nehmen.

Die richtige Technik
Die richtige Art und Weise, sich in den Kopfstand hochzuheben und daraus herunterzukommen, ist die, sich beim Hochheben mit fest zusammengehaltenen und geraden Beinen mit den Zehen abzustoßen und beim Herunterkommen auf den Zehen aufzusetzen. Anfangs mag das schwierig erscheinen, aber das ist die korrekte Methode, und so sollte man sie lernen. Mein Lehrer hat mir *nie* erlaubt, die Knie zu beugen oder eine Wand für den Kopfstand zu benutzen, aber er hat mir geholfen. Zuerst mußte ich die Zehen langsam zum Kopf hinbewegen (siehe Abb. 7.14 und 7.15), bis ich sie endlich 2 bis 3 cm vom Boden heben konnte. Dann mußte ich sie so lange wie möglich in dieser Lage halten. Schließlich hob ich die Beine hoch und fiel natürlich die ersten paar Male hin.

Vorsicht: Diese Haltung ist nicht einfach. Ich führe sie nie in Anfänger- oder Mittelstufekursen vor, sondern erst, wenn meine Schüler schon einige Zeit geübt haben. Eine gute Vorbereitung für den Kopfstand ist die, mit dem Sonnengruß und dem ständig wiederholten Vinyasa Kraft in den Armen und Schultern zu entwickeln.
Wenn Sie nicht sicher sind, ob Ihr Gesundheitszustand es Ihnen erlaubt, den Kopfstand zu üben, fragen Sie besser einen Arzt. Beachten Sie auch die Kontraindikationen für umgekehrte Haltungen zu Beginn dieses Teils.

Technik

Vorbereitung: Gehen Sie in die Knie.

Einatmen. Legen Sie die Unterarme mitten auf die Matte, wobei Sie die Arme so ineinanderlegen, daß Sie die Ellbogen mit den Händen umfassen können (Abb. 7.12). Jetzt halten Sie die Ellbogen in diesem Abstand, drehen die Unterarme nach vorne und verschränken die Finger so (Abb. 7.13), daß die Unterarme ein gleichseitiges Dreieck bilden.
Ausatmen. Legen Sie den Kopf so zwischen die Hände, daß nur der Scheitel auf der Matte ruht und nur die Daumenballen den Hinterkopf berühren (Abb. 7.14).
Einatmen. Trippeln Sie mit den Füßen langsam Richtung Kopf (Abb. 7.15).
Ausatmen. Stoßen Sie sich mit den Zehen vom Boden ab (Abb. 7.16). Obwohl die Knie bei richtiger Durchführung nicht gebeugt werden sollen, merken Sie wahrscheinlich, daß Sie sie dennoch leicht beugen, um die Hüften hoch genug zu bekommen, so daß die Füße sich vom Boden heben. Bleiben Sie einige Atemzüge lang in dieser Haltung, wenn Sie noch Anfänger sind. Zunächst ist es schwierig, das Gleichgewicht auch nur einige Atemzüge lang zu halten. Je weniger verwirrend Ihnen die umgekehrte Stellung vorkommt, je vertrauter sie Ihnen wird, desto leichter können Sie bei fortgesetzter Übung das Gleichgewicht halten.
Einatmen. Lehnen Sie sich mit dem Gesäß leicht nach hinten, und heben Sie die Beine vom Boden. Wenn Sie mit den Hüften ein Gegengewicht bilden, können Sie die Beine leichter vom Boden heben.

Abb. 7.12

Abb. 7.13

Abb. 7.14

Abb. 7.15

Abb. 7.16

Ausatmen. Heben Sie beide Beine zusammen an, und stoßen Sie sie mit Unterstützung der Bauchmuskeln bis auf halbe Höhe (Abb. 7.17). In dieser Haltung ist der Druck auf Nacken und Schultern groß. Am Anfang werden Sie diese «halbe Beugung» (oder wörtlich «aufwärtsgerichtete Stockhaltung», Urdhva-Dandasana) nur wenige Sekunden lang halten können. Je kräftiger Sie werden, desto länger können Sie in dieser Haltung bleiben.
Einatmen. Heben Sie die Beine weiter an.
Ausatmen. Heben Sie die Beine langsam in die Senkrechte an, und drücken Sie das Gesäß leicht nach vorne, bis es eine Linie mit den Beinen bildet (Abb. 7.18). Wenn Sie die Gesäßstellung beim Beineheben nicht verändern, liegt das Gewicht des Rumpfes zu weit hinten, und Sie kippen um. Der Blick ist auf den Boden oder einen sonstigen ruhigen Punkt gerichtet.

Anmerkung: Üben Sie, die Beine hochzuheben und herunterzulassen, ins Gleichgewicht zu kommen und um kräftiger zu werden. Achten Sie darauf, Arme und Schultern als Halt zu verwenden und das Gewicht vom Kopf weg zu verlagern. Wenn Sie erst

Abb. 7.17

Abb. 7.18

einmal das Gefühl haben, im Gleichgewicht zu sein, halten Sie es fünf Atemzüge lang. Nach einiger Zeit können Sie die «halbe Beugung» üben, die auf den Kopfstand folgt.

Bleiben Sie fünf Atemzüge lang in dieser Haltung (arbeiten Sie sich nach und nach bis zu zehn Atemzügen vor, bei fortschreitender Übung bis zu 25 und 50 Atemzügen) (Abb. 7.18).

Einatmen.
Ausatmen.

Anfänger: Lassen Sie sich auf den Boden herunter.
Fortgeschrittene: Senken Sie die Beine bis in die «halbe Beugung» (Abb. 7.17). Bleiben Sie, wenn möglich, fünf Atemzüge lang in dieser Haltung.

Einatmen. Heben Sie die Beine wieder in den Kopfstand hoch. Bleiben Sie einen Atemzug lang in dieser Haltung.
Ausatmen. Lassen Sie sich mit dem Ausatmen langsam herunter, wobei die Beine zusammen und gestreckt bleiben und Sie sich langsam in der Hüfte beugen, je tiefer Sie kommen. Senken Sie die Beine kontrolliert.
Einatmen. Beugen Sie die Knie, lassen Sie das Gesäß auf den Fersen ruhen.
Ausatmen. Legen Sie die Stirn auf den Boden. Bleiben Sie so lange in dieser Haltung, wie Sie im Kopfstand waren, mindestens aber zehn Atemzüge lang.
Einatmen. Legen Sie die Hände unter den Schultern auf den Boden.
Ausatmen. Springen Sie nach hinten.
Einatmen. Aufschauender Hund.
Ausatmen. Hinabschauender Hund.
Einatmen. Schwingen Sie sich nach vorne.
Ausatmen. Setzen Sie sich hin.

9 Gebundene Lotoshaltung: BADDHA-PADMASANA*

Technik

Einatmen. Legen Sie das rechte Bein in die halbe Lotoshaltung.
Ausatmen. Legen Sie das linke Bein über das rechte in die volle Lotoshaltung. Es mag einige Atemzüge lang dauern, bis Sie soweit sind. Atmen Sie weiter, während Sie sich in die Haltung hineinarbeiten.
Einatmen. Greifen Sie mit dem linken Arm nach oben und hinten, bis Sie den linken Fuß mit der linken Hand fassen können.
Ausatmen. Greifen Sie mit dem rechten Arm nach oben und hinten, bis Sie den rechten Fuß mit der rechten Hand fassen können. Vielleicht müssen Sie sich leicht vorwärts beugen, um die Füße zu erreichen (Abb. 7.19). Wenn Sie in der vollen Lotoshaltung die Füße nicht erreichen oder wenn Sie nicht in der vollen Lotoshaltung sind, sondern die Beine einfach überkreuzt haben, dann verschränken Sie die Arme hinter sich.

Abb. 7.19

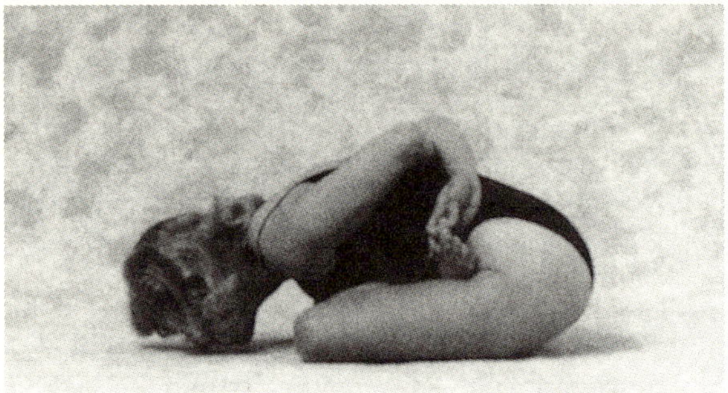

Abb. 7.20

Einatmen. Der Blick ist nach oben gerichtet. Bleiben Sie einen Atemzug lang in dieser Haltung.
Ausatmen. Beugen Sie sich nach vorne, und legen Sie zuerst die Stirn, dann die Nase und am Schluß das Kinn auf den Boden (Abb. 7.20).

Anmerkung: Diese Vorwärtsbeugung heißt *Yoga-Mudrasana*, was soviel wie «versiegelte Yogahaltung» bedeutet. *Mudra* bezeichnet im Yoga eine Haltung – gewöhnlich der Hände – durch die ein Nadi (Energiekanal) versiegelt oder geschlossen wird.

> *Für Anfänger:* Da diese Haltung besonders für das Kreuz eine wichtige Gegenhaltung zum Fisch ist, müssen Sie zumindest eine veränderte Form davon ausführen. Wenn Sie nicht in der vollen Lotoshaltung sitzen, die Füße fassen oder den Boden mit dem Kopf erreichen können, beugen Sie sich einfach mit gekreuzten Beinen aus der Hüfte heraus nach vorne, und neigen Sie den Kopf zum Boden. Blicken Sie auf einen ruhenden Punkt gerade vor Ihrer Nasenspitze.

Bleiben Sie fünf Atemzüge lang in dieser Haltung (Abb. 7.20).

Einatmen. Schauen Sie auf, während Sie sich nach vorne beugen, und heben Sie die Brust.
Ausatmen. Setzen Sie sich auf.
Einatmen. Schauen Sie wieder auf, strecken Sie den Rücken.
Ausatmen. Lösen Sie die Haltung.

10 Lotoshaltung: PADMASANA

Technik

Einatmen. Legen Sie die Hände auf die Knie, die Handflächen weisen nach außen, Daumen und Zeigefinger berühren sich an der Spitze und bilden einen Kreis (Abb. 7.21).
Ausatmen. Heben Sie Kreuz und Brust. Ziehen Sie das Kinn leicht zur Mulde zwischen den Schlüsselbeinen. Entspannen Sie die Schultern, führen Sie aber die Bandhas kräftig aus. Der Blick ist gerade über die Nasenspitze hinaus gerichtet, welche sich leicht zum Boden neigt.

Atmen Sie in dieser Haltung zehnmal ein und aus, ganz langsam und kontrolliert, so daß jedes Ein- und Ausatmen 10 bis 15 Sekunden dauert. Wenn Sie die volle Lotoshaltung nicht einnehmen können, dann sitzen Sie einfach mit normal gekreuzten Beinen.

Bleiben Sie zehn Atemzüge lang in dieser Haltung, und gehen Sie direkt in die nächste Stellung über (Abb. 7.21).

Abb. 7.21

11 Waagschalenhaltung: TOLASANA

Tola bedeutet Waagschale.

Technik

Einatmen. Legen Sie die Hände neben sich auf den Boden.
Ausatmen. Stemmen Sie sich vom Boden ab, wobei Sie die Knie so hoch wie möglich heben (Abb. 7.22). Das ist in der vollen Lotoshaltung viel leichter. Wenn Sie die volle Lotoshaltung nicht einnehmen können, stemmen Sie sich einfach nach oben, und halten Sie sich so gut wie möglich in dieser Position. Der Blick ist zwischen die Augenbrauen oder gerade nach vorn gerichtet.

Bleiben Sie fünf Atemzüge lang in dieser Haltung. Üben Sie, bis Sie 25 Atemzüge lang darin bleiben können (Abb. 7.22).

Einatmen. Lassen Sie sich herunter.
Ausatmen. Lösen Sie sich aus der Haltung.
Einatmen. Legen Sie die Hände auf den Boden, und stemmen Sie sich hoch – wenn möglich, immer noch in der vollen Lotoshaltung.
Ausatmen. Springen Sie nach hinten.
Einatmen. Aufschauender Hund.
Ausatmen. Hinabschauender Hund.
Einatmen. Schwingen Sie sich nach vorne.
Ausatmen. Legen Sie sich hin, und ruhen Sie sich aus.

Abb. 7.22

12 Totenhaltung: SHAVASANA*

Shava bedeutet Leichnam oder toter Körper. Das heißt, daß wir in dieser Haltung völlig reglos daliegen.

Technik

Spreizen Sie die Beine aus der liegenden Haltung etwa 30 bis 45 cm auseinander, und lassen Sie die Füße zur Seite fallen. Breiten Sie die Arme 30 bis 60 cm vom Körper entfernt seitlich aus, und drehen Sie die Handflächen nach oben. Wenn Sie sich in dieser Haltung wohl fühlen wollen, müssen Sie es sich richtig bequem machen. Die folgenden Anpassungen tragen dazu bei, etwaige verbleibende Störfaktoren oder Beschwerden zu beheben, die Sie möglicherweise davon abhalten, Ihre Aufmerksamkeit auf die Entspannung zu richten:

1. Ziehen Sie die Zehen (zum Schienbein) hoch, und dehnen Sie die Rückseite der Beine.
2. Lassen Sie die Füße entspannt wieder seitlich fallen.
3. Drücken Sie die Schulterblätter leicht zusammen; das lockert die Brust auf. Entspannen Sie die Schultern wieder.
4. Lassen Sie die Brust entspannt zu Boden sinken, ohne die Schulterblätter nochmals zu bewegen.
5. Drücken Sie das Kreuz auf den Boden.
6. Lassen Sie locker, so daß der Rücken sich wieder normal krümmt.
7. Drücken Sie das Kinn an die Brust.
8. Entspannen Sie den Nacken wieder.

Anmerkung: Viele stellen fest, daß das Kinn in dieser Haltung zur Decke weist und die Nackenmuskeln zusammengedrückt sind. Dann ist die Ausrichtung falsch. Das Kinn sollte in der Totenhaltung auf gleicher Höhe mit der Stirn sein. Üben Sie, das Kinn einzuziehen und den Nacken zu dehnen. Möglicherweise müssen Sie ein kleines Kissen unter den Kopf legen, um ihn zu heben und richtig auszurichten.
Die oben erwähnten Anpassungen sollten alle Beschwerden beheben, die Sie eventuell im Kreuz verspüren. Wenn immer noch eine leichte Spannung im Rücken übriggeblieben ist, schaffen das Anziehen der Knie zur Brust und die kreuzweise Dehnung (wie in der geänderten Abschlußfolge beschrieben) Abhilfe.

Bleiben Sie 10 bis 30 Minuten lang in dieser Haltung (nach jedem Üben immer mindestens fünf Minuten).

Ein ruhiger Geist

Die Totenhaltung bietet dem Körper nach dem Üben Gelegenheit zum Ruhen und Abkühlen, und außerdem ermöglicht sie es den verschiedenen Körperteilen und Ausscheidungsorganen, die durch die Übung entstandenen Verspannungen und Versteifungen zu lockern und die gelösten Gifte fortzuschaffen. Der tiefere Sinn liegt darin, bewegungslos und ohne Gedanken zu sein. Wenn der Körper still bleibt, wird der Geist geschult, ebenfalls still zu sein und sich zu entspannen. Man kann nicht ruhig werden, solange der Geist von einem Gedanken zum anderen springt.
Eine Übungsfolge sollte immer mit Shavasana enden, und zwar 5 bis 30 Minuten lang. Auch wenn Sie wenig Zeit haben, müssen Sie sich *mindestens* fünf Minuten nehmen, um sich abzukühlen und die Körperfunktionen sich wieder regulieren zu lassen. Allerdings empfehle ich immer, länger zu ruhen und diese Zeit auch zur Meditation und allgemeinen Erholung zu nutzen.
Wenn ich in den Kursen zum ersten Mal Shavasana vorführe, denken die Leute oft: «Wunderbar, jetzt kann ich schlafen.» Anfänger schlafen denn auch oft ein, besonders in den Abendkursen. Es geht aber nicht darum, besser einschlafen zu können, sondern um unbewußtes Entspannen. Schon bald wird Ihnen aufgehen, wie schwierig die Haltung eigentlich ist, weil sie im Gegensatz zu den anderen Übungen keinerlei Aktivität verlangt. Plötzlich «müssen wir ganz ruhig sein». Es gibt nichts, was unsere Aufmerksamkeit erfordert. Das mag uns schwierig erscheinen. Wir sind gewohnt, ständig an irgend etwas zu denken, beispielsweise was es zum Abendessen gibt, welche Telefonate heute versäumt wurden oder welche Dinge morgen zu erledigen sind und so weiter. Wenn der Geist aktiv ist, wird der Körper unruhig. Viele meiner Kursteilnehmer können nicht wirklich still daliegen – entweder bewegen sie die Finger oder die Zehen, oder das Gesicht zuckt.
Selbstbeobachtung kann Ihnen helfen, sich dieser geistigen Aktivität und der daraus resultierenden körperlichen Anspannungen bewußt zu werden und schließlich tatsächlich still zu sein. Die Übung lehrt den Geist, dem Atem zu folgen, konzentriert zu bleiben und in eine sanfte Meditation zu gleiten. Dann ist die Haltung außerordentlich stärkend und erfrischend. In Vers 32 des ersten Kapitels der *Hatha-Yoga-Pradipika* heißt es: «Wenn man wie ein Toter auf dem Rücken liegt, heißt dies Shavasana. Dieses Asana nimmt die Müdigkeit, die durch andere Asanas hervorgerufen wurde, und bringt die Gedanken zur Ruhe.»

Die «Körperreise» – Vorbereitung auf die Meditation

Eine ausgezeichnete Möglichkeit, sowohl den Geist als auch den Körper auf Shavasana vorzubereiten, ist die «Reise durch den Körper». Ich verwende diese Methode seit Jahrzehnten: Das Prinzip besteht darin, seine verschiedenen Körperfunktionen zu erspüren bzw. sich vorzustellen, was im Organismus abläuft.
Machen Sie es sich wie oben empfohlen bequem. Dann versuchen Sie, Ihr Knochengerüst und Ihre Muskeln zu visualisieren oder zu erspüren (was immer Ihnen am leichtesten fällt). Wie «fühlen» sich die einzelnen Körperteile an, wie sehen sie aus? Sind die Knochen gleichmäßig weit auseinander und richtig angeordnet? Sind sie im Gleichgewicht? Ist der

Druck des rechten Hüftknochens auf den Boden der gleiche wie beim linken? Und wie sieht es mit dem rechten und linken Fersenknochen aus? Liegen sie einigermaßen symmetrisch?

Manchmal mache ich das oberflächlich, ein anderes Mal gehe ich in die Tiefe. Das hängt davon ab, wie ich mich fühle und was gerade ansteht. Wenn ich verspannt bin, nehme ich mir mehr Zeit. Dann kann ich mir beispielsweise vorstellen, meine Hüftknochen oder Schulterblätter seien wie Berge, auf denen ich in Gedanken herumklettere. Zu anderen Zeiten geht das nicht so gut, dann überfliege ich das Ganze.

Nachdem Sie sich mit der Oberflächenstruktur der Knochen und Muskeln befaßt haben, versenken Sie sich noch ein wenig tiefer in den Blut- und Sauerstoffkreislauf. Sie können bei der Nase beginnen und sich vom Atem in die Lungen tragen lassen. Stellen Sie sich vor, wie Sie als Sauerstoffmolekül durch die Lungen strömen und durch die Lungenwand weiter bis ins Herz. Dort «sehen» Sie die Herzklappen und wie sie, ganz rein und glatt, leicht wie Schwingtüren, reibungslos und auf den leisesten Druck hin auf- und zuschwingen.

Lassen Sie sich mit dem Blut weiterpumpen in das weitverzweigte Netz der Adern und Venen des Kreislaufsystems, vielleicht auf einem kleinen Boot oder Floß, von dem aus Sie sich den Zustand der «Ufer» ansehen. Halten Sie Ausschau nach Schutt und Abfall. Wenn Sie welchen entdecken, dann stellen Sie sich vor, wie ein großer «Müllschluckerkahn» (ein weißes Blutkörperchen) den Fluß herabkommt, den ganzen Abfall aufsaugt und ihn wegbefördert. Anschließend sind die Blutgefäßwände völlig ohne Belag, rosafarben und makellos. Kurzum, sehen Sie sich in einer schönen, gesunden Umgebung.

Gehen Sie so weit, wie Sie wollen. Nehmen Sie die Verästelungen und Nebenflüsse des Hauptstroms wahr, die zu den verschiedenen Versorgungsstationen – den Organen – abzweigen, und wie gut die Beseitigung von Abfallstoffen auf diesen Verbindungswegen funktioniert.

Wenn Sie bereit sind, lassen Sie sich noch tiefer sinken – bis ins Nervensystem hinein. Hier verändert sich die Landschaft. Jetzt gehen Sie Vernetzungen von Straßen, Wegen und Pfaden. Schauen Sie sich an, wie gut sie instand gehalten sind. Vielleicht glänzen sie wie polierter, rostfreier Stahl ohne jeden Fleck. Kein einziges Netz ist unterbrochen. Überprüfen Sie die Verbindungen, die Kreuzungen und die Schaltstellen der unzähligen Nadis (Kanäle). Kontrollieren Sie sie auf Störungen und Fehlschaltungen, besonders nach einem anstrengenden Tag. Wenn Sie feststellen, daß irgend etwas den reibungslosen Energiefluß stört, dann erneuern Sie die defekten Leitungen, und sorgen Sie für mehr Prana in dem betreffenden Abschnitt.

Auf das Nervensystem folgen der Verdauungstrakt und die Ausscheidungsorgane. Gehen Sie in Ihrem Magen umher, und nehmen Sie Ihre letzte Mahlzeit genau unter die Lupe. Das mag erschreckend oder angenehm sein, je nachdem, was Sie Ihrem Körper zugeführt haben. Nach einer Mahlzeit mit vielen Nähr- und Ballaststoffen, etwa Hafer, Mais, Reis, Gerste, jede Art von Vollkornkost, Obst, frisches Gemüse mit Tofu, sieht es sicher ziemlich gut aus. Dann haben Sie reichlich Vitamine und Mineralien aufgenommen, es ist alles leicht verdaulich und wird problemlos abgebaut und verteilt. Aber angenommen, Sie hatten zwei Croissants oder Brötchen zum Frühstück, zum Mittagessen ein Käsesandwich und Pizza oder ein Stück Rindfleisch zum Abendessen. Dann können Sie froh sein, wenn es Ihnen gelingt, von einem Ende des Magens zum anderen zu kommen, und Sie werden sich kaum durch den Darm quetschen können. Er ist verstopft wie die Stadtautobahn zur Stoßzeit. So viel Weißmehl ist wie Leim! Außerdem verursacht Käse bei den meisten Menschen Verstopfung, und Fleisch ist für einen ausgewogenen Körper bei weitem nicht so leicht verdaulich wie Gemüse.

Beobachten Sie also, ob Ihr Weg verstopft ist oder ob Sie bequem weitergleiten können. Es ist wichtig, daß Sie sich dieses Aspekts Ihrer Gesundheit bewußt sind. Manche nehmen einfach Mittel gegen Sodbrennen und Verstopfung, ohne eine Verbindung herzustellen zwischen dem, was sie in den Mund stecken, und dem, was im Magen vor sich geht. Das erstaunt mich immer wieder. In der Regel denken die Leute, wenn sie Magenbeschwerden haben, etwa Sodbrennen, dann brauchten sie nur eines der zahlreichen Mittelchen zu nehmen, die sie in der Apotheke bekommen.

Wieviel besser wäre es jedoch, sie würden Kaffee,

Weißmehl, Milchprodukte und Fleisch eine Weile beiseite lassen und statt dessen Hafer, Reis und gedämpftes Gemüse essen! Auch frische Gemüsesäfte sind außerordentlich heilsam, und wenn ein gereizter Magen mit dem hohen Ballaststoffgehalt von rohem Gemüse nicht fertig wird, schafft eine Saftpresse Abhilfe; so nehmen Sie nur den heilenden Saft ohne Ballast auf. Achten Sie also immer auf Ihren Darm. Er kann Ihnen unbeschwerte Freude bereiten – es kommt ganz auf Sie selbst an!

Meditation zulassen

Nun sind Sie am Ende Ihrer Körperreise angelangt. Das Ganze hat vielleicht 5 bis 25 Minuten gedauert. Jetzt kann die Meditation folgen. Über die Jahre habe ich die Feststellung gemacht, daß es den meisten Menschen nach den Asanas leichter fällt, sich eine Vorstellung davon zu machen, was ein meditativer Zustand ist, als ohne vorhergehende Übung. Ich denke, daß der Grund mit Newtons drittem Axiom, dem Wechselwirkungsgesetz, zusammenhängt, demzufolge die Wirkung stets gleich der Gegenwirkung ist. Das heißt, daß Sie in dem Maße, in dem Sie in den Asanas «hart» gearbeitet haben, «weich» in die Entspannung gehen können. Anscheinend fällt es dem Körper nach dem Trainieren der Haltungen leichter, loszulassen und zu entspannen. Und wenn der Körper losläßt und entspannt, kann der Geist diesem Beispiel folgen und spontan die Meditation erfahren. Übrigens ist das die einzige Weise, wie Meditation geschieht: spontan. Sie können Meditation nicht herbeiführen. Sie müssen sie geschehen *lassen*, indem Sie Spannungen, Gedanken, Wünsche und Anstrengung überwinden. Und das kann man nur durch Übung erreichen. Sie üben, sich auf einen Punkt zu konzentrieren, und wenn Sie Glück haben, stellt sich Meditation ein. Das ist alles.
Früher lehrte ich Meditation mit Hilfe von Biofeedbackgeräten. Die Instrumente maßen Hirnstromwellen und gaben den Leuten ein hörbares Feedback, wenn sie auf dem rechten Weg waren, das heißt, wenn ihre Hirnwellen langsamer wurden und sie sich dem meditativen Zustand näherten. Davor hatte ich autosuggestive Sätze mit ihnen geübt, etwa: «Ich bin entspannt», «Ich lasse alle Spannungen los» oder «Meine Muskeln sind entspannt und verschmelzen mit dem Boden». Das war aber auch alles, was ich tun konnte. Wenn ich die Leute zum Meditieren bringen wollte, so konnte ich nur ständig wiederholen, sie sollten nicht zu meditieren «versuchen», sondern es einfach zulassen. Das ist keine besonders handfeste Hilfe. Aber mehr kann kein Lehrer für Sie tun.
Niemand kann Ihnen Meditieren beibringen. Das einzige, was man Ihnen beibringen kann, ist eine Technik, um Konzentration zu lernen. Danach ist einfach nur noch Übung, Übung und noch einmal Übung nötig. Und genau so eine Konzentrationstechnik haben Sie mit Power-Yoga zur Verfügung.
Was Sie beim Üben tun, nämlich auf den Atem achten, die Atemzüge zählen und ständig auf einen Punkt schauen, das sind auch die wirksamsten und vertrautesten Hilfen, die Sie weiterhin in der Totenhaltung (Shavasana) anwenden können. Es gibt allerdings unzählige Meditationstechniken, von der tibetischen Methode des Hörens auf die Geräusche der Umgebung bis zum Zählen der Atemzüge im Zen. Es spielt keine große Rolle, welche Methode Sie anwenden – ob Sie sich auf ein Gebet, ein Bild, eine Flamme, eine Blume, einen Ton, Ihren Atem oder ein Mantra konzentrieren –, solange Sie sich etwas aussuchen, was Ihnen zusagt, und Sie dabei bleiben. Hier folgen nun zwei verschiedene Methoden, die Sie in Shavasana anwenden können.

Mantra wiederholen

Eine beliebte Vorbereitungsmethode zur Meditation ist die Wiederholung eines Mantra oder Tons. Das Wort *Mantra* geht auf die Sanskritwurzel *man* zurück und bedeutet denken, sich vorstellen, glauben. Ein Mantra ist ein Gedanke oder eine Absicht, die als Klang in einem einzelnen Ton oder einer Reihe von Tönen ohne bestimmte Bedeutung ausgedrückt wird. Es kann aber auch einen mystischen Vers, eine Beschwörung, ein heiliges Gebet oder eine Hymne enthalten. Die Urmantras sind die einzelnen Töne oder Urklänge des Sanskritalphabets; eines dieser Mantras zu wiederholen ist eine ausgezeichnete Methode für Anfänger.
Das OM (oder AUM) ist das älteste und erhabenste

aller yogischen Mantras. Diese heilige Silbe verkörpert sowohl in der hinduistischen als auch in der buddhistischen Tradition die göttliche universelle Energie. Das OM ist der Klang des Universums, in dem seine sämtlichen Teile und Elemente zusammenwirken.
Ich würde Ihnen empfehlen, bereits in der Lotoshaltung mit dem Mantra zu beginnen. Summen Sie den Ton laut vor sich hin. Lassen Sie sich vom Klang Ihrer Stimme nicht stören. Wenn Sie sich dabei kindisch vorkommen, denken Sie einfach, es sei eine Übung für das Zwerchfell – was es auch ist! – und außerdem eine besonders gute Weise, um störende Gedanken zu beseitigen. Teilen Sie den Ton in vier Abschnitte auf: Summen Sie zuerst ein «Aaaaah», danach ein «Ooooh», gefolgt vom «Mmmmmm», und hören Sie mit einem nasalen Summen auf. Üben Sie jeden Ton zuerst einzeln. Atmen Sie tief durch die Nase ein, und lassen Sie den Ton dann während der Dauer des Ausatmens zuerst aus dem Mund und danach aus der Nase strömen. Wenn Sie sie alle einzeln geübt haben, fügen Sie die Töne in einem einzigen Atemzug zusammen. Atmen Sie tief bis in die Lungenspitzen ein (das sollte Ihnen inzwischen ziemlich gut gelingen), fangen Sie mit dem «Aaaaah» an, und halten Sie jeden Ton ein Viertel der Ausatmungsdauer lang. Setzen Sie das Zwerchfell und die Bandhas ein, um den Ton hervorzubringen.
Stellen Sie sich vor, daß Sie einen ganz klaren, präzisen und konstanten Ton aussenden und versuchen, ihn in ein Nadelöhr einzufädeln, das sich einen bis zwei Meter vor Ihrem Gesicht befindet. Der Ton soll nicht schwach oder zögernd sein. Lassen Sie einen starken Ton erklingen – er muß nicht unbedingt laut sein, aber kraftvoll, so daß Sie ein Echo hören. Fühlen Sie das Echo des nasalen Summens in Ihrem Kopf. Wenn Sie das eine Zeitlang geübt haben, werden Sie es noch hören können, nachdem das Summen schon beendet ist. Nehmen Sie dann Shavasana ein, und wiederholen Sie den Vorgang innerlich.
Sie können auch gleich nach der letzten sitzenden Haltung mit den Mantras beginnen und die Körperreise auslassen. Der Ton sollte in Ihrem Kopf beständig weiterklingen, und jedesmal, wenn Ihr Geist abschweift – was unzählige Male der Fall sein wird –, holen Sie Ihre Aufmerksamkeit zurück zum OM. Schließlich werden Sie sich immer besser und länger darauf konzentrieren können.
Irgendwann kann es geschehen, daß der Ton plötzlich aufhört, kein Gedanke mehr da ist und Sie einfach Freude verspüren oder das Gefühl haben, Sie würden schweben. Das ist der Anfang des Meditationszustandes, der sich eigentlich mit Worten überhaupt nicht beschreiben läßt.

Auf den Atem achten

Die zweite Methode besteht darin, auf den Atem zu achten, was Ihnen inzwischen zu einer vertrauten Gewohnheit geworden sein dürfte. Hören Sie ihn herein- und hinausfließen. Das ist alles. Jedesmal, wenn Sie abschweifen, bringen Sie Ihre Aufmerksamkeit zum Atem zurück, als würden Sie ein Objekt mit einer Kamera fixieren. Wenn der Atem im Hintergrund verschwindet, holen Sie ihn einfach wieder scharf in den Vordergrund und halten Ihre Aufmerksamkeit so lange wie möglich darauf gerichtet. Es gibt keinen Trick, damit es leichter geht. Vergeuden Sie keine Zeit damit, nach einer einfacheren Methode zu suchen. Es gibt keine. Aber wenn es dem Geist langweilig wird, dem Atem zu folgen, können Sie noch eine weitere Methode anwenden: Schließen Sie den Mund. Drücken Sie die Nasenlöcher mit den Fingern fest zu, und beobachten Sie, wie lange es dauert, bis Ihr elementares Interesse am Atmen wieder da ist.

Auftrag erfüllt

Als ich an diesem Buch schrieb, hatte ich eines Tages eine wichtige Erkenntnis. An jenem Vormittag wandte ich sämtliche Konzentrationsmethoden darauf an, meinen Geist zu disziplinieren, weil ich vor lauter Ablenkungen und Aufregung keinen klaren Gedanken mehr fassen konnte. Ich beobachtete meinen Geist ganz genau und bemerkte dabei, wie er sich von der Uhr, den Vögeln draußen, dem Wunsch, zum Strand zu gehen oder etwas zu essen, und allen möglichen anderen Dingen ablenken ließ.

Bei jeder Ablenkung richtete ich meine Aufmerksamkeit wieder auf die Bandhas, den Atem und den Blick. Langsam dämmerte es mir wie noch nie zuvor, daß man überhaupt nicht Yoga praktiziert, wenn man nicht die gesamte Übung zur Geistesschulung verwendet! Dann dehnt man sich, man atmet, schwitzt, wird fit und stark, aber wenn der Geist nicht voll dabei ist, dann ist es gar kein Yoga!

Das mag zwar ziemlich banal klingen, und das alles war mir eigentlich klar, nur hatte ich das Gefühl, als würde ich diesmal etwas voll und ganz erkennen, was ich vorher nie so deutlich wahrgenommen hatte. Es ist nicht leicht zu erklären, aber in etwa damit zu vergleichen, daß ich Interessenten, die anrufen und wissen wollen, wie sich Power-Yoga in zwei Jahren oder gar schon zwei Wochen für sie anfühlen wird, keine Antwort geben kann. Die Übung offenbart Ihnen mit der Zeit Dinge über Sie selbst und die Welt, die Sie sich nie hätten träumen lassen.

Wirklich Yoga zu üben bedeutet *Anwendung*, heißt, auf den Atem, den Blick und die Pranakontrolle mittels der Bandhas und der Ujjayi-Atmung zu *achten*, die Haltungen dazu zu verwenden, den Geist zu zähmen, ihn davon abzuhalten, einfach abzuschweifen, wenn er anfängt, gegen die Monotonie der auf einen Punkt ausgerichteten Konzentration zu rebellieren.

Wir können zum Beispiel auch nicht gleichzeitig zuhören und denken. Entweder übermitteln und verarbeiten wir, oder wir empfangen, aber wir können nicht beides gleichzeitig tun. Es ist mir schon seit langem – seit ich versuche, eine bessere Zuhörerin zu sein –, klargeworden, daß das Geheimnis des guten Zuhörens darin besteht, den Denkprozeß zu unterbrechen. Schlechte Zuhörer können ihren Geist nicht abstellen. Die Ungeduld, mit der sie während eines Gesprächs weiterdenken, ist deutlich sichtbar. Sie warten einfach darauf, bis man aufhört zu reden, damit sie ihre eigenen Gedanken ausbreiten können.

Yoga ist eine schwierige Disziplin. Grundsätzlich mag der Geist «so etwas» nicht. Er läßt sich nicht gerne einschränken. Lieber gehen wir ins Kino und lassen uns unterhalten, als daß wir Yoga üben. Als ich das einmal in einem Kurs erwähnte, fing eine meiner Schülerinnen, die an jenem Abend zum ersten Mal ihren Freund mitgebracht hatte, an zu lachen. Sie sah zuerst mich an, dann ihn, dann wieder mich: «Wie konnten Sie das wissen?» fragte sie. «Um ein Haar hätten wir die Stunde geschwänzt und wären ins Kino gegangen.»

Wenn wir Ashtanga-Yoga, die uralte, klassische Form des Hatha-Yoga üben, dann wenden wir Kraft an, um einen schlecht ausgerichteten oder unausgewogenen Körper in Haltungen zu «zwingen», aber nicht aggressiv, wie wir etwa den Fuß in einen Schuh zwängen, der eine Nummer zu klein ist, sondern indem wir Geduld haben, weil wir Gesundheit und Gleichgewicht erlangen wollen. Wichtiger aber ist, daß wir den umherschweifenden Geist zwingen, sich auf eine einzige Tätigkeit auszurichten. «Ach, ich übe dann morgen», ist leicht gesagt, und wie leicht lassen wir uns von den Launen des Geistes vom Üben abhalten. «Morgen» kommt aber nie.

Wenn wir die Aufmerksamkeit des Geistes kraftvoll auf einen Punkt richten, setzen wir seinen Schwankungen Grenzen und werden zu besseren Empfängern. Der Geist wird stiller. Wir sind weniger abgelenkt. Jedesmal, wenn wir die ganze Wirksamkeit dieses Yoga ausschöpfen, wird unsere Motivation zum Weitermachen stärker. Die Macht des Geistes nimmt langsam zu, wenn er lernt, sich der Konzentration hinzugeben.

Aus der Erkenntnis heraus, daß wir nicht gleichzeitig denken und zuhören können, haben die alten Yogis die äußerst kluge Technik entwickelt, die ich Ihnen hier vorstelle. Diese Technik zwingt uns, zu einem Empfänger zu werden. Jedesmal, wenn wir «senden» wollen, geht ein rotes Warnsignal an, das uns sagt: «Schalte auf Empfang!» Dann hören wir wieder achtsam hin. Diese Übungsform versetzt mich auch heute noch immer wieder in Erstaunen.

8. Teil · Der Sprung ins Nichts

Einführung in die zweite Folge
Rückwärtsgebeugte Haltungen zur Stärkung des Rückens

Ein völlig neues Abenteuer

Die vorwärtsgebeugten Haltungen der ersten Folge – das heißt, alles, was wir im wesentlichen bisher geübt haben –, werden gewissermaßen auf sicherem Grund und Boden ausgeführt. Sie sind nicht immer einfach, aber man hat bei ihrer Ausführung ein sicheres Gefühl. Die sechs Monate Schwerarbeit, um die Rückseite des Körpers zu dehnen, haben nicht immer Spaß gemacht, aber sie haben sich gelohnt.
Mit der zweiten Folge des Ashtanga-Yoga beginnen die rückwärtsgebeugten Haltungen. Sich nach hinten zu beugen ist etwas ganz anderes. Für mich war die zweite Folge wie ein Flugzeugstart. Man verläßt die relative (und außerdem illusorische) Sicherheit des Bodens, auf dem man monatelang geübt hat, begibt sich in völlig neue Gefilde. Einige kommen damit besser zurecht, andere weniger. Ich kann nicht sagen, ich sei besser oder schlechter damit zurechtgekommen, es war einfach anders. Die Wolken von einem Flugzeugfenster und aus vielen Kilometern Höhe aus zu betrachten, rückt sie in eine ganz andere Perspektive, als wenn man sie vom Boden aus sieht.
Nach der Überlieferung der Yogis bezwingt das Rückwärtsbeugen die Angst und das Vorwärtsbeugen das Ego. Die rückwärtsgebeugten Haltungen lassen ein Gefühl von Vitalität und Energie entstehen, das sich von der belebenden Wirkung der ersten Folge stark unterscheidet. Ich habe immer gedacht, das liege daran, daß die Vorderseite des Körpers – die viel geschützter, aber psychologisch verletzbarer ist als die Rückseite – dabei geweitet und gedehnt wird.
Ich will anhand einer Haltung aus diesem Kapitel verdeutlichen, worin sich die Rückwärtsbeugungen so grundlegend unterscheiden. In der Schöner-Donnerkeil-Haltung (Laghu-Vajrasana) beginnen Sie auf den Knien, beugen sich nach hinten, umfassen Ihre Knöchel und lassen den Kopf bis auf den Boden sinken. Das ist anspruchsvoll und auch etwas beängstigend.
Wir sind es gewohnt, etwas vor uns zu haben, und damit kommen wir gut zurecht. Was hinter uns liegt, ist uns nicht so vertraut, und es ist uns auch nicht geheuer. Wenn wir uns umdrehen, um zu sehen, was hinter uns liegt, ist es nicht mehr hinter uns und wird vertraut. Rückwärtsbeugen ist etwa so, als ob man der Welt auf dem Kopf und rückwärts entgegenträte. Das sind wir nun gar nicht gewohnt, und daher ist es auch nicht gerade beruhigend.
Zuerst machen wir uns Sorgen, daß wir auf den Kopf fallen, den Rücken überanstrengen oder unsere

Oberschenkelmuskeln überdehnen könnten. Auch wenn wir körperlich perfekt vorbereitet sind, brauchen wir dennoch Mut, uns nach hinten zu beugen, was in der ersten Folge bei keinem Asana der Fall ist. Wir brauchen Entschlossenheit dazu. Sie stehen sozusagen einer Herausforderung gegenüber, drehen sich um, atmen ein paarmal tief ein und aus, und dann stürzen Sie sich – rückwärts – mitten ins Abenteuer. In den Kursen sage ich gewöhnlich, daß die zweite Folge den Vorsatz oder die Absicht fördert, etwas zu tun. Damit meine ich, daß Sie Ihre Vorstellungen klären und sich in Ihrer Absicht bestärken. Sie müssen einen tiefen Atemzug nehmen, sich vorstellen, wohin Sie gehen, sehen, wie es geschieht, und dann hineinspringen. Dazu brauchen Sie starke Nerven.

Die Nerven reinigen und stärken

«Nerven» ist ein interessantes Wort, denn die zweite Folge des Ashtanga-Yoga heißt *Nadi-Shodhana*, was Reinigung der Nerven bedeutet. Wie wir schon sahen, bedeutet Nadi wörtlich Kanal und bezeichnet im besonderen die Kanäle, durch die Prana fließt. Shodhana heißt Reinigung. Mit dieser Folge von Asanas wird die Arbeit der ersten Folge fortgesetzt, aber mit einer unmittelbareren Wirkung auf das Nervensystem. Die Nervenstränge werden gestärkt und funktionstüchtiger gemacht.

Vielleicht denken Sie jetzt, man brauche sicherlich gute Nerven zum Fallschirmspringen, Drachenfliegen, Wildwasserkajak und Bergsteigen, aber zum Yogaüben? Oder Sie denken: «Ist das nicht etwas übertrieben, zu behaupten, Yogaüben erfordere gute Nerven?» Nun, die Antwort ist ja und nein. Ja insofern, als die Schöne-Donnerkeil-Haltung im Vergleich zum Drachenfliegen eine ziemlich harmlose Sache ist. Und nein, weil es in verschiedener Hinsicht auch wieder ähnlich ist. Sie begeben sich in unerforschtes Gebiet, und das mit einer neuen Technik.

Sehen wir uns als Analogie dazu den Bau eines Hauses an: Die erste Folge wäre dabei das Fundament und das Gerüst. Damit ein Haus solide ist und lange hält, braucht es ein richtiges Fundament, und alles muß so exakt angelegt sein, daß sämtliche Winkel und Mauern genau stimmen. Dann ist das Haus gut konstruiert und sein Gewicht auf dem gesamten Fundament gleichmäßig verteilt.

In der zweiten Folge geht es um die «elektrischen Leitungen». Damit der Strom (Prana) sicher und wirkungsvoll in den richtigen Kanälen fließt, müssen alle Leitungen, Schalter und Verbindungen in der passenden Abfolge fachgerecht isoliert, geschaltet, gereinigt, aufeinander abgestimmt und gewartet werden. Dann besteht keine Überlastungsgefahr.

«Das Herz öffnen»

Jeder Ausdauersportler, egal, ob Langläufer, Radfahrer oder Schwimmer, braucht eigentlich einen großen Brustkorb, damit die Lungen sich maximal ausdehnen können. Die Ironie ist nun, daß der Brustkorb bei vielen, die einen solchen Sport betreiben, wegen der stets vornübergebeugten Haltung kleiner ist als bei anderen. Sie erinnern sich vielleicht, daß ich diese Schwäche bereits im 3. Teil beschrieben habe. Die Brust sieht leicht einwärtsgekrümmt aus, die Schultern sind nach vorne gezogen, die obere Rückenpartie ist oben gerundet, und die Schultern sind steif. Ein derartiger Zustand der Brust kann die verschiedensten Ursachen haben, von geringer Selbstachtung bis zu übermäßig trainierten Brust- und vorderen Deltamuskeln in den Schultern und überentwickelten breiten Rückenmuskeln, die die Wirbelsäule nach vorne biegen oder krümmen.

In solchen Fällen ist die Rückenstärkung durch Rückwärtsbeugen außerordentlich heilsam. Die Vorderseite des Körpers wird gedehnt, die Rückseite gestärkt, und die Lungen werden vom Einwärtsdruck des Brustkorbs befreit. Es ist also ein besonders wichtiges Training für alle Läufer, Radfahrer, Schwimmer, Bergsteiger, Skiläufer, Kajaksportler, Ruderer oder Golfspieler, das heißt für alle Sportarten, in denen Schultern und Brustkorb steif und eng werden.

Ein eingeengter Brustkorb ist auch ein Hinweis darauf, daß jemand Gefühle nicht an sich heranlassen will. In der Yogatherapie weist eine Einengung dieses Bereiches auf ein verkümmertes Gefühlsleben und ein geschlossenes Herzchakra – das

Zentrum für Liebe und Mitgefühl – hin. Wenn wir uns nun langsam zu dehnen beginnen und mit den rückwärtsgebeugten Asanas der zweiten Folge diesen Bereich aufbrechen, öffnen wir damit tatsächlich das Herz (wie bereits Ende des 6. Teils in der Bogen-nach-oben-Haltung erwähnt).

Im 2. Teil habe ich bei meiner ersten Erwähnung des Atmens beschrieben, weshalb manche Menschen falsch oder oberflächlich atmen. Dann sagte ich, daß dies aus einer Vielzahl physiologischer oder psychologischer Gründe auf ein verschlossenes Manipura-Chakra (Bereich des Sonnengeflechts) zurückzuführen sei. Dadurch werden nicht nur die Bauchorgane von einer vollständigen Versorgung ausgeschlossen, sondern das Gefühlszentrum wird ebenfalls seiner vollen Kapazität beraubt. Mit der Ujjayi-Atmung, den Bandhas und den Asanas der ersten Folge haben wir begonnen, dieses dritte Chakra mit Energie zu versorgen und zu wecken.

In ähnlicher Weise fangen wir mit einigen Asanas der zweiten Folge – stets mit Hilfe der Ujjayi-Atmung und der Bandhas – damit an, das vierte Chakra, das Herzchakra, zu öffnen und ihm Energie zuzuführen. Im Sanskrit heißt dieses Chakra Anahata-Chakra; ihm wird das Element Luft zugeordnet. Im elementarsten Sinne bedeutet das körperliche Öffnen dieses Bereiches einfach, daß mehr Luft in den Brustraum fließt.

Wenn meine Schüler gerade erst mit den Haltungen der zweiten Folge begonnen haben, stelle ich oft fest, daß sie dazu neigen, eine Haltung bis zur Hälfte auszuführen und dann abzubrechen. Meistens sind weder Schmerz noch Steifheit daran schuld, sondern Angst. Es kann Angst vor Verletzungen sein, aber öfter handelt es sich um die Angst, nicht zu wissen, wohin das alles führt. Es ist also die Furcht davor, einen geschützten Bereich zugunsten von Verletzlichkeit aufzugeben. Auf einer tieferen und weniger zugänglichen Ebene sind alte Ängste in den Zellen gespeichert. Auf einen einfachen Nenner gebracht, zielen die rückwärtsgebeugten Haltungen darauf ab, die Angst zu besiegen und das Herz zu öffnen.

Sehen Sie zu den Sternen auf

Die Wirbelsäule ist grundsätzlich an vier Stellen gekrümmt. Die Halslordose im Nacken und die Lendenlordose im Lendenbereich sind Krümmungen der Wirbelsäule nach innen. Die Sakralkyphose unterhalb der Lendenwirbelkrümmung und die Brustwirbelkyphose sind Krümmungen nach außen. Es kommt oft vor, daß mit den Jahren aufgrund von Streß, schlechter Haltung, Verletzungen, Müdigkeit, übermäßigen oder hochspezialisierten Trainingsarten die Hals- und Lendenlordose abnehmen, die Brustwirbelkyphose jedoch zunimmt. Die regelmäßige Übung der Asanas der zweiten Folge wirkt dieser Tendenz der Abnahme der Hals- und Lendenwirbelkrümmung und Vergrößerung der Brustwirbelkrümmung entgegen.

Yoga zielt vor allem darauf ab, Kraft, Gesundheit, Gleichgewicht, Unversehrtheit und Biegsamkeit der Wirbelsäule zu stärken und zu erhalten. Die Wirbelsäule sollte sich in alle Richtungen bewegen können. Wir vergessen oft, daß sich die Wirbelsäule rein anatomisch gesehen rückwärts biegen läßt, weil wir das in unseren Alltagsverrichtungen gewöhnlich nicht tun. Wenn ich meine Schüler bitte, nach oben und über die Augenbrauen hinweg nach hinten zu schauen, fragen sie oft: «Ist das nicht schlecht für meinen Nacken?»

Dann erkundige ich mich: «Hat jemand eine Halswirbelverletzung?»

«Nein», lautet meist die Antwort.

«Tut es weh?» frage ich weiter.

«Nein, der Nacken fühlt sich nur etwas steif an», sagen sie dann.

«Wahrscheinlich *ist* er auch steif. Ist es schlecht, hinauf zu den Sternen zu schauen? Sollte unser Nacken etwa nicht dafür geeignet sein?»

Wenn Sie keine Verletzung im Hals-Nacken-Bereich haben, dann schadet es Ihnen nicht, hinauf- oder nach hinten hinunterzuschauen. Das vermag unser Körper durchaus. Nur gibt es im Alltag nichts, was uns dazu bewegen würde. Anscheinend erfordert alles nur Vorwärtsbeugungen, vom Pflanzen und Ernten bei der Gartenarbeit angefangen über Kehren, Windelnwechseln, Schreibtisch- und Computerarbeit bis zum Klavierspielen. Man beugt sich auch in den meisten Sportarten nicht rückwärts, außer vielleicht beim Tanzen, Turnen und Hochsprung.

Daß wir uns so oft nach vorn beugen, hat eine schwächere Hals- und Lendenwirbelkrümmung und eine verstärkte Brustwirbelkrümmung zur Folge, wodurch die Wirbel an der Vorderseite gestaucht werden und sich auf der Rückseite auseinanderdehnen. Stellen Sie sich eine Säule von gleichmäßig aufeinandergeschichteten Wirbeln mit kleinen schützenden Polstern dazwischen vor und wie sich diese Säule stets nur nach vorne neigt. Allmählich nutzen sich die Polster vorne ab, und die vorderen Ränder der Wirbel kommen einander immer näher, berühren sich und reiben mit der Zeit gegeneinander, während die hinteren Ränder immer weiter auseinanderklaffen.

Die Rückwärtsbeugung kehrt diesen Vorgang um. Rückwärtsbeugen – oder auch einfache Rückenübungen (etwa mit gestreckten Armen und Beinen auf dem Bauch liegen und Arme und Beine heben) – weitet die vorderen Zwischenräume zwischen den Wirbeln und stärkt die Muskeln, die dafür sorgen, daß die hinteren Abstände gleich bleiben. So können sich vorne gestauchte Bandscheiben wieder erneuern und heilen; außerdem verschwinden Rükkenschmerzen, die von eingeklemmten Nerven zwischen einfallenden, aneinander reibenden Wirbeln stammen.

Wettlauftraining

Die nächsten Abschnitte sind vor allem für Menschen wichtig, in deren Sport die Kniegelenkbeuger die Hauptantriebsmuskeln sind, was bei Langläufern, Fußballspielern und anderen Sportarten, in denen Laufen eine wichtige Rolle spielt, der Fall ist. Die folgenden Ratschläge lassen sich aber auf die meistbeanspruchten Muskeln in jedem Sport übertragen.

Wenn ich weiß, daß mehrere Teilnehmer an einem Mittelstufekurs bald an einem Wettlauf teilnehmen (beispielsweise an einem Marathon), konzentriere ich die Arbeit auf die einfachen rückwärtsgebeugten Haltungen anstelle der Asanas der ersten Folge. Über die Jahre habe ich festgestellt, daß das Zusammenziehen der Kniegelenkbeuger beim Rückwärtsbeugen ein besseres Training vor dem Rennen ist, als sie zu dehnen. Es ist tatsächlich sinnvoller, den Hauptantriebsmuskeln wenigstens einige Tage vor dem Wettlauf Ruhe vor zu starken Dehnungen zu gönnen. Das gilt allerdings nur für Sportler, die regelmäßig Power-Yoga üben.

Durch das Zusammenziehen in den rückwärtsgebeugten Haltungen – etwa Asana 1 bis 4 – werden die Kniegelenkbeuger aktiviert und gewöhnen sich an die beim Wettlaufen nötige Kontraktion. Da aber Yoga eine andere Art von Kontraktion als der Wettlauf erfordert – nämlich statische statt dynamischer Kontraktionen –, werden die Muskeln anders beansprucht und nicht geschwächt. Man könnte es mit einer Generalprobe vergleichen, bei der die Darsteller in Schwung kommen und sich nicht verausgaben. In diesen Haltungen wird auch keine Milchsäure produziert wie bei den dynamischen Kontraktionen, sondern das Gewebe wird im Gegenteil von Milchsäureansammlungen gereinigt.

Daher lege ich Läufern immer nahe, mehrere Tage vor einem Wettkampf ihre Kniegelenkbeuger nicht zu dehnen. Vielmehr empfehle ich die Aufwärmübungen und Haltungen im Stehen als Teil des Wettlauftrainigs. Dabei sollte bei den Haltungen im Stehen nur auf das Zusammenziehen der Oberschenkelstrecker geachtet werden und nicht darauf, die Kniegelenkbeuger zu dehnen.

Wenn Sie regelmäßig Yoga geübt haben, brauchen Sie sich nicht so viele Gedanken über das Strecken vor einem Wettlauf zu machen. Die regelmäßige Übung sorgt schon dafür, daß Sie sich auf die nötigen Dehnungen verlassen können. Sie brauchen keine Zeit mit Streckübungen vor dem Laufen oder nach dem Radfahren oder Ballspielen zu vergeuden. Wenden Sie den Sonnengruß als Aufwärmübung an und führen Sie nach dem Spiel oder Lauf einige Haltungen im Stehen aus. Üben sie aber *regelmäßig*.

Eine repräsentative Auswahl

Man muß üben, um sich auf die zweite Folge vorzubereiten, was Sie anhand der bisherigen Folge von Haltungen ja auch getan haben. Rückwärtsbeugen gehört zur fortgeschrittenen Übung, sogar die einfachen Rückenstärkungsübungen zu Beginn dieses

Kapitels. Man sollte erst damit beginnen, wenn die erste Folge richtig verstanden und völlig vertraut geworden ist. Deshalb spreche ich hier auch von der *zweiten* Folge.

Einige Asanas sind unter bestimmten Umständen nicht angezeigt; auf gar keinen Fall sollten untrainierte Menschen sie einzeln ausführen. Genauer gesagt, sollten sie weder von Anfängern, Übergewichtigen und schwangeren Frauen durchgeführt werden noch bei Rückenschäden, chronischen Wirbelsäulenverkrümmungen, zusammengewachsenen oder kranken Wirbeln und entzündeten Bandscheiben oder bei Bandscheibenvorfall. Außerdem kann die zweite Folge auch bei Schwindel oder Gleichgewichtsstörungen kontraindiziert sein.

Wer zu einer der oben erwähnten Gruppen gehört, braucht die Aufsicht eines in dieser Technik ausgebildeten professionellen Yogatherapeuten *und* die eindeutige Empfehlung des behandelnden Arztes. Wenn Sie irgendwelche Zweifel hegen, ob Sie die Haltungen ausführen können oder nicht, sollten Sie Ihren Hausarzt fragen.

Dieses Kapitel heißt «Einführung in die zweite Folge», weil es nicht alle Haltungen der vollständigen zweiten Folge enthält. Diese besteht aus 38 Asanas (einschließlich verschiedener Kombinationen und Abwandlungen), und mir fehlte leider der Platz, um sie hier alle aufzunehmen. Da es mir aber ein Anliegen war, daß dieses Buch möglichst vielen Menschen in optimaler Weise helfen sollte, habe ich mich dazu entschlossen, eine repräsentative Auswahl der Haltungen aus der zweiten Folge für das Power-Yoga-Training aufzunehmen.

Ich habe alle Haltungen ausgewählt, die als Gegenhaltungen zu vorhergehenden Haltungen unabdingbar sind. In der zweiten Folge gibt es – wie in der ersten – immer wieder eine Grundhaltung mit zwei oder drei fortgeschritteneren Varianten. Meistens habe ich nur die Grundhaltung (und einige meiner eigenen Lieblingshaltungen) aufgeführt. Ein weiterer Grund, einige der schwierigeren Haltungen auszulassen, war der, daß es beinahe unmöglich ist, sie ohne Trainer oder Lehrer zu erlernen.

Es ist auch in der Gymnastik oft notwendig, daß der Trainer einen beim Erlernen einer neuen Bewegungsabfolge vor einem Sturz oder einer Verletzung bewahrt. Die Hilfe kann darin bestehen, daß der Trainer beim Einnehmen einer bestimmten Haltung hilft, das Gleichgewicht zu halten. Dasselbe trifft beim Yoga zu. Wenn Sie vollkommen warm sind und regelmäßig geübt haben, kann Ihnen ein Lehrer helfen, eine Haltung einzunehmen, darin zu bleiben oder auch etwas zustande zu bringen (beispielsweise einen Handstand), was Sie alleine nicht könnten.

Weiterüben

Als ich die Asanas erlernte, übte ich jeden Tag, was ich am Vortag gelernt hatte. Wenn ich soweit war, übte ich noch eine oder zwei Haltungen dazu. Als ich die erste Folge abgeschlossen hatte, machte ich einfach mit der zweiten weiter, um dann mit der Abschlußfolge aufzuhören.

Allerdings werden Sie möglicherweise nicht die Zeit für die gesamte erste Folge haben, bevor sie mit der zweiten beginnen. Wenn Sie also die Asanas der ersten Folge beherrschen, können Sie langsam anfangen, die Asanas der zweiten Folge zu lernen. Das kann sechs Monate bis zwei oder drei Jahre dauern, je nachdem, wie regelmäßig Sie üben und in welchem körperlichen Zustand Sie am Anfang sind. Die Asanas der zweiten Folge werden gewöhnlich direkt nach den Aufwärmhaltungen *und* den Asanas im Stehen aus der ersten Folge ausgeführt. Um mit den Haltungen in diesem Kapitel zu beginnen, sollten Sie völlig aufgewärmt sein, ja schwitzen; die Haltungen im Stehen zum Aufwärmen dazuzunehmen, trägt sicher dazu bei.

Oft nehme ich noch bis zur Hälfte der ersten Folge hinzu, einfach, um noch etwas lockerer zu werden, und gehe dann zur zweiten Folge über. Vergessen Sie aber nicht – ganz gleich, wie lange Sie üben oder welche Haltungen Sie ausführen –, immer mit der Abschlußfolge aufzuhören. (Wenn Sie aber die Haltungen der vollständigen Abschlußfolge nicht praktizieren, sollten Sie möglicherweise die Asanas in diesem Kapitel auch nicht lernen – es hängt davon ab, aus welchem Grund Sie die umgekehrten Haltungen auslassen). Die Asanas der zweiten Folge werden also immer nach dem Aufwärmen und den Asanas im Stehen und vor der Abschlußfolge durchgeführt.

Die Haltungen

Vorsicht: Die Asanas in diesem Teil erfordern Bewußtheit, Vorbereitung und vorheriges Training. Versuchen Sie nicht, diese Asanas auszuführen, bevor Sie nicht die letzten Teile gründlich gelesen und die darin beschriebenen Haltungen mindestens drei bis zwölf Monate lang geübt haben und meistern.

1 Heuschreckenhaltung A und B: Shalabhasana A und B

Shalabha bedeutet Heuschrecke.

Technik

Anmerkung: Diese Haltung leitet eine Reihe von rückwärtsgebeugten Asanas ein, die bis zum fünften, dem «schönen Donnerkeil» (Laghu-Vajrasana) weitergeführt wird. Es ist sicherlich am besten, alle Haltungen nacheinander ohne zu lange Unterbrechungen durchzuführen, da jede dazu beiträgt, die Wirbelsäule zu erwärmen und auf die nächste Haltung vorzubereiten. Den meisten gelingen mindestens die ersten vier Haltungen. Die fünfte ist die schwierigste der ganzen Gruppe und kann ausgelassen werden, bis die ersten vier leichter gehen. Wenn Sie am Anfang nur bis dahin kommen, dann nehmen Sie sich aber die Zeit und Mühe, die Kranichhaltung (6. Asana) und die intensive Dehnung (volle Vorwärtsbeugung – 14. Asana) als zwei wichtige Gegenhaltungen zu den ersten vier oder fünf Haltungen auszuführen.

Vorbereitung: Fangen Sie mit Samasthiti an. Führen Sie den Sonnengruß A bis zum hinabschauenden Hund aus. Anstatt sich dann zwischen den Armen in eine sitzende Stellung hindurchzuschwingen, legen Sie sich einfach auf den Bauch. Legen Sie die Arme auf beiden Seiten mit der Handfläche nach oben nach hinten, drücken Sie Füße und Schulterblätter zusammen, und berühren Sie den Boden mit der Mitte der Stirn.

Einatmen. Heben Sie Kopf, Schultern und Beine hoch.
Ausatmen. Drücken Sie die Handrücken auf den Boden. Blicken Sie nach oben (Abb. 8.1).

Bleiben Sie fünf Atemzüge lang in dieser Haltung (Abb. 8.1)

Einatmen. Bleiben Sie in der Haltung, winkeln Sie aber die Ellbogen ab, und drehen Sie die Hände um, so daß die Finger nach vorne zeigen und die Handflä-

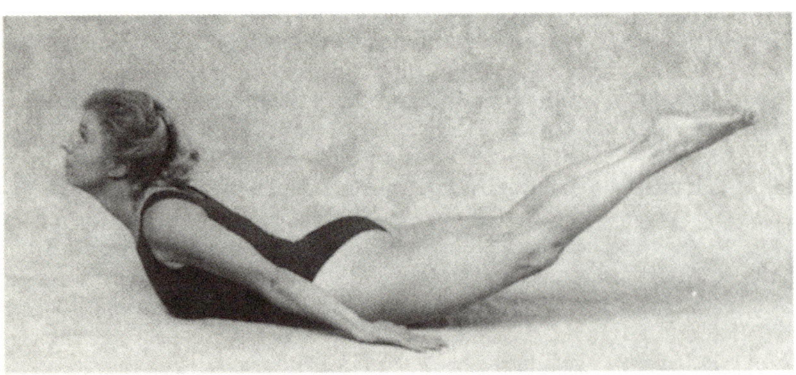

Abb. 8.1

chen auf dem Boden liegen, möglichst neben der Taille, damit die Arme beim Hochheben wie Heuschreckenbeine aussehen. Der Blick ist immer nach nach oben gerichtet.
Ausatmen.

Bleiben Sie fünf Atemzüge lang in dieser Haltung (diese Haltung ist nicht abgebildet. Folgen Sie den Anleitungen).

Einatmen. Aufschauender Hund.
Ausatmen. Hinabschauender Hund.
Einatmen. Legen Sie sich auf den Bauch.

2 Froschhaltung: BHEKASANA

Bheka bedeutet Frosch. Diese Haltung dehnt die Oberschenkel und die Oberseite der Füße genauso wie die intensive horizontale Gesicht-Bein-Dehnung aus der ersten Folge.

Technik

Einatmen. Spreizen Sie die Beine, beugen Sie die Knie, greifen Sie nach hinten, und umfassen Sie die Oberseite der Füße mit den Händen (Abb. 8.2). Drehen Sie die Hände wenn möglich so, daß die Handgelenke nach hinten zeigen und die Handflächen auf der Oberseite der Füße liegen, mit den Fingern nach vorne, wie in der Vergrößerung zu sehen (Abb. 8.3).
Ausatmen. Üben Sie Druck auf die Oberseite der Füße aus, um Zehen und Fersen neben den Hüften immer näher zum Boden zu bringen (Abb. 8.4). Schließlich werden die Fersen den Boden berühren. Heben Sie Kopf und Schultern hoch. Der Blick ist nach oben gerichtet.

Anmerkung: Achten Sie unbedingt darauf, daß die Füße richtig ausgerichtet sind, bevor Sie Druck auf die Füße ausüben. Lassen Sie nicht zu, daß sich die Füße nach außen drehen – wie ich bereits bei der intensiven horizontalen Gesicht-Bein-Dehnung im 5. Teil betonte. Das würde eine falsche Ausrichtung der Knöchel und Knie zur Folge haben. Wenn Sie also merken, daß sich Ihre Fersen in dieser Haltung drehen, dann nehmen Sie sie in die Hand, und arbeiten Sie daran, sie zu dehnen.

Abwandlung (etwas leichter):
Einatmen. Strecken Sie sich nach hinten, und umfassen Sie die Füße.
Ausatmen. Drücken Sie die Fersen ans Gesäß. Achten Sie darauf, den Rücken nicht unwillkürlich zu krümmen, um die Dehnung der Oberschenkelmuskeln zu vermeiden. Drücken Sie statt dessen das Schambein auf den Boden (Abb. 8.5). Atmen Sie dabei weiter!

Abb. 8.2

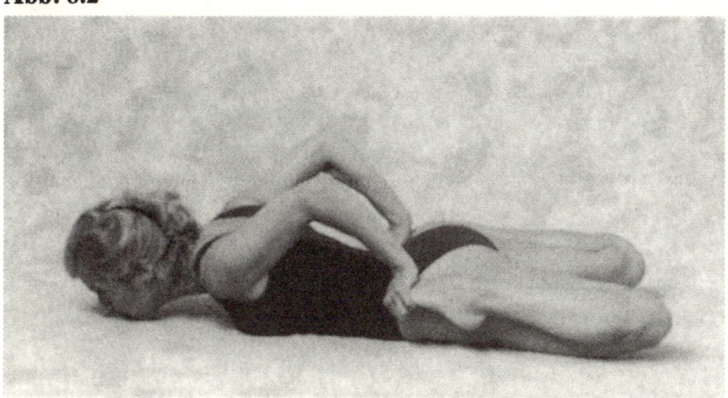

Abb. 8.3

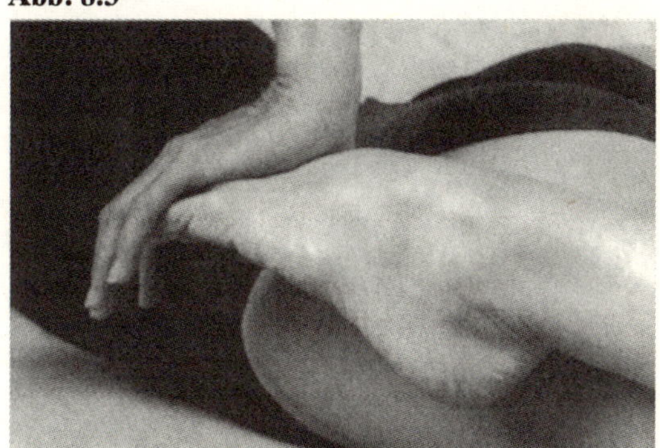

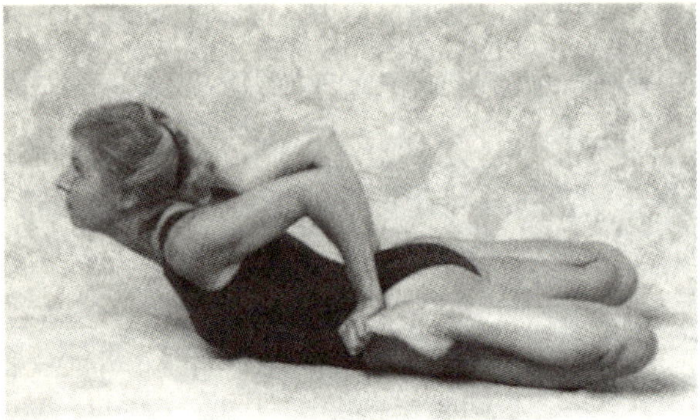

Abb. 8.4

Abb. 8.5

Abb. 8.6

Abb. 8.7

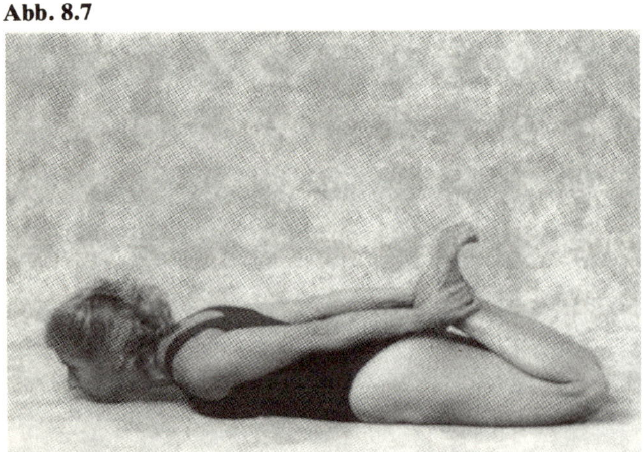

Abb. 8.8

Abwandlung (ganz leicht):
Einatmen. Stützen Sie sich auf den rechten Ellbogen, und umfassen Sie den linken Knöchel mit der linken Hand.
Ausatmen. Drücken Sie auf den linken Fuß, um ihn zum Gesäß zu bringen. Die linke Hüfte bleibt auf dem Boden (Abb. 8.6).

Anmerkung: Sie werden die Dehnung im Oberschenkel mehr oder weniger spüren. Achten Sie aber darauf, wo genau Sie sie spüren. Ein Läufer oder Radfahrer beispielsweise spürt sie am stärksten in den Oberschenkeln. Arbeiten Sie daran, die Wärme aufrechtzuerhalten, damit Sie ohne übermäßigen Druck eine anständige Dehnung zustande bringen. Wenn Sie Ihre Knie spüren, bringen Sie das Bein nochmals in die richtige Haltung, indem Sie den Wadenmuskel entspannen und den Fuß parallel zum Schenkel halten. Sollte das Knie immer noch weh tun, hören Sie auf!

Bleiben Sie fünf Atemzüge lang in dieser Haltung (Abb. 8.4, 8.5 oder 8.6).

Einatmen.
Ausatmen. Lösen Sie sich aus der Haltung, und lassen Sie sich wieder auf den Boden herunter.
Einatmen. Aufschauender Hund.
Ausatmen. Hinabschauender Hund.
Einatmen. Legen Sie sich auf den Bauch.

3 Bogenhaltung: DHANURASANA

Dhanu bedeutet Bogen. Das ist die Umkehrung von Urdhva-Dhanurasana (die 20., freiwillige Haltung am Schluß der ersten Folge).

Technik

Einatmen. Greifen Sie nach hinten, und umfassen Sie die Knöchel (Abb. 8.7).
Ausatmen. Nehmen Sie die Füße zusammen, so daß die Zehen (und wenn möglich die Fersen) sich berühren.
Einatmen.
Ausatmen. Heben Sie die Knie, die Oberschenkel und schließlich auch das Schambein vom Boden. Nehmen Sie die Arme zu Hilfe, um die Beine zu heben. Die Beine sollten gerade bleiben! Der Blick ist nach oben gerichtet. Das Gewicht liegt auf dem Unterleib (Abb. 8.8).

Anmerkung: Achten Sie darauf, daß das Kreuz nicht überdehnt wird. Dem können Sie mit Uddiyana-Bandha vorbeugen, wobei die schrägen Bauchmuskeln besonders stark zusammengezogen werden, die wir die ganze Übung hindurch immer wieder angespannt haben.

Bleiben Sie fünf Atemzüge lang in dieser Haltung (Abb. 8.8).

Einatmen.
Ausatmen. Lösen Sie sich, lassen Sie sich wieder auf den Boden herunter, nehmen Sie die Hände von den Knöcheln, und legen Sie sie neben die Schultern.
Einatmen. Aufschauender Hund.
Ausatmen. Hinabschauender Hund.
Einatmen. Legen Sie sich auf den Bauch.

4 Kamelhaltung: USHTRASANA

Ushtra bedeutet Kamel. Diese Haltung bildet mit der nächsten, der Schönen-Donnerkeil-Haltung, zwei zusammengehörende rückwärtsgebeugte Bewegungen, wobei die Kamelhaltung einfacher ist, der schöne Donnerkeil etwas schwieriger.

Technik

Wichtige Anmerkung: Die letzten Haltungen – Heuschrecke, Frosch und Bogen – sollen Sie erwärmen. Wenn Sie diese Haltungen gut durchführen können, die nächste Ihnen aber unmöglich erscheint, dann machen Sie sich keine Gedanken. Für Yogis, Tänzer oder Turner ist die Haltung wohl nicht schwierig, aber für praktisch alle anderen – Ringer, Golfspieler, Bodybuilder, Läufer, Radfahrer und so weiter – ist sie nicht gerade einfach. Die erste Folge sollte Sie auf die zweite vorbereiten. Wenn Sie sich nach langer und fleißiger Übung der ersten Folge in Form fühlen, dann versuchen Sie wenigstens, die Abwandlungen der Haltungen mit Hilfe eines Partners durchzuführen. Sie können auch diese und die nächste Haltung überspringen und statt dessen die Heldenhaltung (Virasana) aus dem 5. Teil (Abb. 5.18) und die liegende Heldenhaltung (Supta-Virasana) (Abb. 8.13) ausführen. Fahren Sie danach mit der darauffolgenden Haltung fort. Wenn Ihnen die liegende Heldenhaltung erst einmal leichtfällt, sind Sie für diese und die nächste Haltung besser vorbereitet.

Einatmen. Knien Sie sich auf den Boden, wobei Sie Oberschenkel und Füße leicht spreizen; die Zehen zeigen gerade nach hinten, die Füße liegen flach auf dem Boden.

Ausatmen. Legen Sie die Handflächen auf die Hüften, drücken Sie das Becken nach vorne, heben Sie die Rippen, und beugen Sie sich langsam nach hinten (Abb. 8.9).

Einatmen.

Ausatmen. Umfassen Sie die rechte Ferse mit der rechten Hand und die linke Ferse mit der linken Hand. Die Daumen liegen auf der Fußaußenseite. Drücken Sie das Becken weiter nach vorne. Achten Sie besonders auf Mula-Bandha und Uddiyana-Bandha, weil das einer Stauchung des Kreuzes vorbeugt. Das ist außerordentlich wichtig. Ihre Aufmerksamkeit sollte hier fast ausschließlich auf die Bandhas gerichtet sein, vor allem auf das obere, Uddiyana Bandha. Der Blick ist nach hinten (über einen Punkt zwischen den Augenbrauen hinaus) gerichtet (Abb. 8.10). Wenn Wirbelsäule und Hals nach hinten gedehnt sind und die Dehnung der Vorderseite des Körpers auf die Bauchgegend drückt, fällt das Atmen schwerer. Versuchen Sie sich zu entspannen und so tief wie möglich zu atmen, insbesondere dann, wenn Sie sich unbehaglich fühlen sollten.

Abb. 8.9

Abb. 8.10

Bleiben Sie fünf Atemzüge lang in dieser Haltung (Abb. 8.10).

Einatmen. Kehren Sie in die Ausgangslage zurück, beugen Sie sich nach vorne, setzen Sie sich auf die Fersen, und lassen Sie den Kopf auf den Boden sinken. Die Arme können Sie neben sich nach hinten legen oder vor sich als Kopfstütze verwenden. Bleiben Sie fünf bis zehn Atemzüge lang in dieser Haltung.
Ausatmen. Springen Sie zurück.
Einatmen. Aufschauender Hund.
Ausatmen. Hinabschauender Hund.
Einatmen. Springen Sie in die kniende Stellung zurück.

5 Schöner-Donnerkeil-Haltung: Laghu-Vajrasana

Laghu hat eine ganze Reihe reizvoller Bedeutungen, von «klein und unscheinbar» über «hell, schnell, geschwind, flink, nicht schwer oder schwierig» zu «ansprechend, angenehm, stattlich und schön». *Vajra* bedeutet Donnerkeil.

Technik

Einatmen. Knien Sie sich mit leicht gespreizten Oberschenkeln und Füßen auf den Boden.
Ausatmen. Beugen Sie sich nach hinten, wobei Sie das Becken nach vorne pressen. Umfassen Sie die Waden so nahe bei den Knien wie möglich, und lassen Sie den Kopf auf den Boden sinken (Abb. 8.11). Das Gewicht sollte hauptsächlich vorne auf den Knien liegen und nur zu einem geringen Teil auf dem Kopf. (Am Anfang wird wegen der Anspannung in den Oberschenkeln wahrscheinlich einiges Gewicht auf dem Kopf liegen). Der Blick ist nach hinten über einen Punkt zwischen den Augenbrauen hinaus gerichtet (Abb. 8.12).

Vorsicht: Es ist fast unmöglich, sich so, wie man die Haltung eingenommen hat, wieder daraus zu erheben, wenn man nicht bereits nahezu perfekt ist. Das

Abb. 8.11

Abb. 8.12

Abb. 8.13

Abb. 8.14

Abb. 8.15

gesamte Gewicht sollte vorne liegen und die Position der Oberschenkel so senkrecht wie möglich zum Boden sein. Die einzige andere Möglichkeit, wieder aus dieser Haltung herauszukommen, ist die, sich in die liegende Heldenhaltung sinken zu lassen (Abb. 8.13). Seien Sie sich aber sicher, daß Sie die liegende Heldenhaltung *mühelos* und ohne Anstrengung ausführen können, bevor Sie beginnen.
Eine weitere Möglichkeit ist die, daß Ihnen jemand hilft. Ihr Partner läßt Sie dann auf den Boden herunter (Abb. 8.14), hält Sie fünf Atemzüge lang so fest und zieht Sie danach wieder hoch, um Sie erst dann loszulassen, wenn Sie sich wieder ganz unter Kontrolle haben. Je nach Biegsamkeit und Angst des Übenden kann man ihn (bei Anfängern) unter den Schulterblättern oder (bei Fortgeschrittenen) um die Oberschenkel halten, aber nie im Kreuz. Denn dort verspüren fast alle Übenden eine Stauchung, und wenn man sie im Kreuz stützt, wird die Stauchung nur schlimmer.

Abwandlung: Wenn die Oberschenkel entweder zu verspannt oder zu schwach sind, um Ihr Gewicht zu tragen, während Sie den Kopf zum Boden senken, ohne daß dieser hart aufstößt, dann setzen Sie sich so weit zurück wie möglich (wie in der Heldenhaltung im 5. Teil), und stützen Sie sich mit den Unterarmen ab (Abb. 8.15). Lehnen Sie sich möglichst bis in die liegende Heldenhaltung zurück (Abb. 8.13). Drükken Sie Knie und Hüften auf den Boden, und dehnen Sie die Oberschenkel. Pressen Sie auch das Kreuz auf den Boden. Spannen Sie die schrägen Bauchmuskeln an! Der Rücken sollte sich nicht krümmen. Wenn das der Fall ist, müssen Sie wieder in die Stellung von Abb. 8.15 zurück und sich ganz langsam zu Boden sinken lassen. Heben Sie in der liegenden Heldenhaltung die Brust, legen Sie den Kopf zurück, heben Sie die Hüften, und greifen Sie mit den Armen nach den Waden. Dann krümmen Sie die Wirbelsäule und strecken und stärken die Oberschenkel. Wie in der Bogen- und Kamelhaltung wird die Wirbelsäule in dieser Haltung nach hinten gezogen, was die Vorderseite des Körpers streckt und einigen Druck auf Bauch und Zwerchfell ausübt; das kann dazu führen, daß Ihnen das Atmen schwerfällt – Sie atmen dann ziemlich schnell und oberflächlich. Verlangsamen und vertiefen Sie den Atem, entspannen Sie sich, und führen Sie Mula- und Uddiyana-Bandha aus.

Anmerkung: Diese Haltung ist aus vielerlei Gründen interessant, aber etwas finde ich besonders erstaunlich: Wenn Sie sehr angespannte Oberschenkel haben (wie ich zum Beispiel nach zehn Jahren Skilaufen), dann werden die Oberschenkel hier sehr stark gedehnt. Sobald sie sich aber an die Dehnung gewöhnt haben, werden sie kontrahiert, um die Rückwärtsbeugung des Körpers zu unterstützen, und das stärkt sie wiederum ungemein.

Bleiben Sie fünf Atemzüge lang in dieser Haltung (Abb. 8.12, 8.13, 8.14 oder 8.15).

Einatmen. Richten Sie sich mit Hilfe der Oberschenkel auf.
(Oder: *Ausatmen.* Legen Sie sich zwischen die Beine.
Einatmen. Setzen Sie sich auf.)
Ausatmen. Legen Sie die Hände neben sich.
Einatmen. Stemmen Sie sich hoch.
Ausatmen. Springen Sie zurück.
Einatmen. Aufschauender Hund.
Ausatmen. Hinabschauender Hund.
Einatmen. Springen Sie in die Hocke.

6 Kranichhaltung: BAKASANA

Technik

Anmerkung: Diese Haltung ist eine *unbedingt notwendige* Gegenhaltung zu den letzten Übungen. Das heißt, daß sie nicht ausgelassen werden darf, auch wenn sie nicht gelingt. Arbeiten Sie dann mit der Abwandlung.

Einatmen. Sie sitzen in der Hocke, die Füße stehen parallel und nebeneinander. Nehmen Sie die Knie auseinander, und lehnen Sie den Rumpf zwischen den Oberschenkeln nach vorne.

Abb. 8.16

Abb. 8.17

Ausatmen. Lehnen Sie den Rumpf noch weiter zwischen den Oberschenkeln nach vorne; bemühen Sie sich, die Achselhöhlen zwischen die Knie zu bringen. Legen Sie die Handflächen auf den Boden (Abb. 8.16).
Einatmen. Neigen Sie sich nach vorne, heben Sie das Gesäß hoch, stellen Sie sich auf die Zehenspitzen, und drücken Sie die Knie unter die Achselhöhlen in die Rückseite der Oberarme (Abb. 8.17).
Ausatmen. Lehnen Sie sich noch mehr nach vorne, heben Sie die Zehen vom Boden, und halten Sie das Gleichgewicht (Abb. 8.18). Strecken Sie die Arme, und heben Sie die Füße (Abb. 8.19). Der Kopf bleibt erhoben, der Blick ist nach oben gerichtet. Das hilft Ihnen, das Gleichgewicht zu halten. Schauen Sie nicht zwischen den Beinen nach hinten, sonst kippen Sie wahrscheinlich um.

Abwandlung: Nach dem vielen Rückwärtsbeugen fühlt sich diese Haltung herrlich an, denn sie ist eine Gegenstellung zu allen vorausgehenden Haltungen. Auch wenn es Ihnen nicht gelungen ist, die Knie auf die Rückseite der Arme zu legen und das Gleichgewicht zu halten, so entspricht schon die Hocke einer vorwärtsgebeugten Haltung. Versuchen Sie, das Gewicht ein wenig nach vorne auf die Rückseite der Arme zu verlagern, vielleicht erst mit einem Bein, halten Sie dann an, und atmen Sie.
Nach und nach werden Sie erst den einen Fuß, dann den anderen vom Boden heben können. Wenn Sie Angst haben, nach vorne aufs Gesicht zu fallen, kann jemand vor Ihnen stehen und seine Hände unter Ihre Schultern legen, um Sie aufzufangen, falls Sie vornüberzukippen drohen (Abb. 8.20). Aber Ihr Partner muß achtgeben. Jemandem beim Yoga Hilfestellung leisten heißt, für die Sicherheit des anderen verantwortlich zu sein. Wenn Ihr Partner Ihnen versichert, daß er Sie auffängt, muß er dies gegebenenfalls auch wirklich tun. Vielleicht bitten Sie ihn, seine Hände unter und ganz leicht auf Ihre Schultern zu legen. Lehnen Sie sich langsam nach vorne, damit er spürt, wie sich Ihr Gewicht anfühlt. Der Blick ist nach oben gerichtet.

Bleiben Sie fünf Atemzüge lang in dieser Haltung (Abb. 8.18, 8.19 oder 8.20).

Abb. 8.18

Abb. 8.19

Abb. 8.20

Ausatmen. Springen Sie aus der Kranichhaltung heraus nach hinten (Abb. 8.21). Wenn das nicht geht, setzen Sie sich auf den Zehen ab, und springen Sie dann nach hinten.

Einatmen. Aufschauender Hund.

Ausatmen. Hinabschauender Hund.

Einatmen. Schwingen Sie sich nach vorne, und setzen Sie sich hin.

Abb. 8.21

7 Bharadvajasana

Bharadvaja war einer der Helden im *Mahabharata* (wörtlich: Große Geschichte), einem der beiden großen Epen Indiens, das um 200 v. Chr. in Sanskrit niedergeschrieben wurde. Diese Haltung ist also nach einer Person benannt, und deshalb gibt es auch keine Übersetzung dafür.

Technik

Einatmen. Winkeln Sie den linken Unterschenkel so unter den linken Oberschenkel ab, daß der linke Fuß wie in der intensiven horizontalen Gesicht-Bein-Dehnung neben der linken Hüfte liegt. Die Zehen sind gerade nach hinten gerichtet. Legen Sie den rechten Fuß in die halbe Lotoshaltung hoch (so daß die rechte Ferse in der Nähe des Nabels liegt – Abb. 8.22).

Ausatmen. Greifen Sie nach hinten, und fassen Sie den rechten Fuß in der halben Lotoshaltung mit der rechten Hand (Abb. 8.23). Drehen Sie sich rechts nach hinten, strecken Sie den rechten Arm aus, und legen Sie die linke Hand an die Außenseite des rechten Knies, so daß die Finger nach innen zeigen. Klemmen Sie die Finger unter das Knie, und versuchen Sie, die Handfläche flach auf den Boden zu legen. Das Handgelenk zeigt nach außen, vom Knie weg (Abb. 8.24). Wenn dies nicht geht, legen Sie die Hand einfach auf das Knie. Schauen Sie über die rechte Schulter zurück. Achten Sie darauf, daß *beide* Gesäßknochen auf dem Boden bleiben.

Anmerkung: Diese Haltung ist bei steifen Hüften etwas heikel, denn hier werden zwei der schwierigsten Haltungen aus der ersten Folge kombiniert, nämlich die gebundene halbe Lotoshaltung und die intensive horizontale Gesicht-Bein-Dehnung. Anfangs sind in den meisten Fällen zwei oder drei und

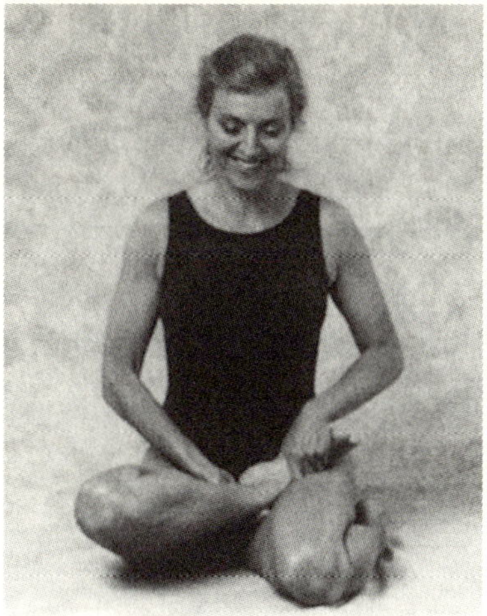

Abb. 8.22

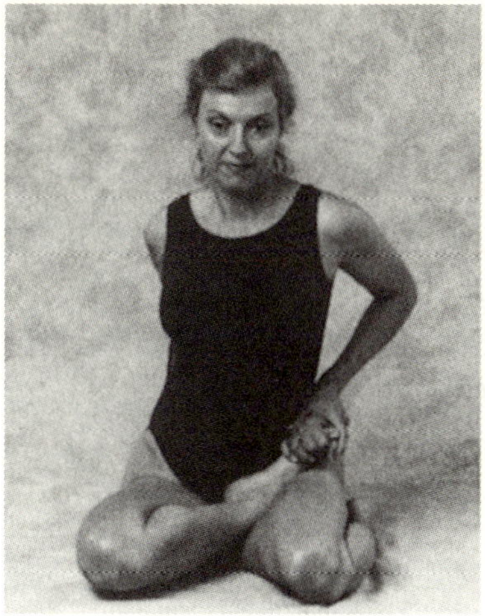

Abb. 8.23

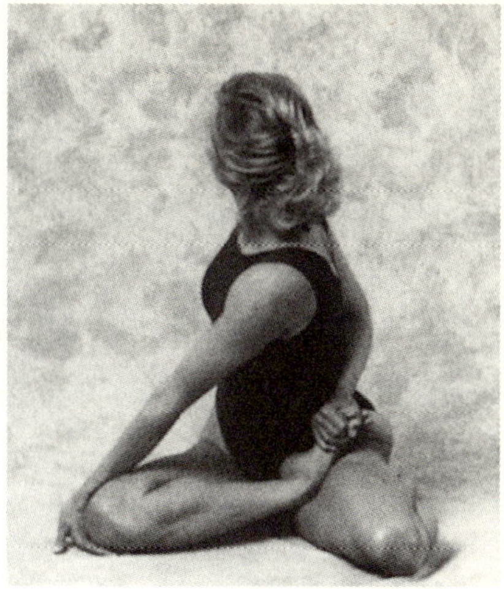

Abb. 8.24

möglicherweise noch mehr Atemzüge nötig, um die Haltungen richtig zu koordinieren. Wenn die Hüften aber erst einmal elastischer geworden sind und Sie etwas leichter mit einem nach hinten abgewinkelten Bein den halben Lotossitz einnehmen können, sollten Sie nur noch einen vollen Atemzug brauchen, bis Sie in der Haltung sind. Für den Fall, daß Sie in der halben Lotoshaltung den Fuß nicht fassen können, empfehle ich Ihnen, einfach nach vorne zu schauen und so gut Sie können an dieser Sitzhaltung zu arbeiten.

Für mich ist diese Haltung nach der ganzen Reihe von rückwärtsgebeugten Stellungen eine richtige Erleichterung. Sie beruhigt und massiert die Wirbel im unteren Rumpf- und Lendenbereich und fördert deren Biegsamkeit. Außerdem ist sie äußerst wohltuend für die Nieren. Die Beinstellung führt dazu, daß die Blutzufuhr dort verringert wird, dafür wird die Blutzirkulation im Rumpf erhöht. Wenn der Arm von hinten nach vorne greift, um den Fuß zu fassen, drückt der Unterarm auf die Nieren – zuerst auf der einen, dann auf der anderen Seite –, massiert sie auf diese Weise und stimuliert die Blutzufuhr zu diesem Organ.

Bleiben Sie fünf Atemzüge lang in dieser Haltung (Abb. 8.24).

Einatmen.
Ausatmen. Lösen Sie sich, und kreuzen Sie die Beine (oder drehen Sie den Oberkörper nach vorn, und halten Sie die Beine, wie sie sind).
Einatmen. Wenn Sie mit gekreuzten Beinen sitzen, stemmen Sie sich hoch; falls Sie in der halben Lotoshaltung sind, legen Sie die Hände auf den Boden, rollen sich zur Seite, ziehen den großen Zeh nach vorne und stehen auf dem linken Fuß auf (Abb. 8.25).
Ausatmen. Springen Sie zurück (indem Sie im Sprung die halbe Lotoshaltung lösen).
Einatmen. Aufschauender Hund.
Ausatmen. Hinabschauender Hund.
Einatmen. Schwingen Sie sich nach vorne.
Wiederholen Sie die Übung auf der linken Seite.

Abb. 8.25

8 Halbe Herr-der-Fische-Haltung: ARDHA-MATSYENDRASANA

Ardha bedeutet halb, *matsya* Fisch, *matsyendra* Herr der Fische. Ein einfacher Fisch, der in einem Teich unter einem Blatt lag, hörte hingerissen und regungslos zu, als der Gott Shiva auf einer Bank beim Teich seiner Gemahlin Parvati die Geheimnisse des Yoga enthüllte. Shiva, der erkannte, daß der Fisch beim Zuhören Yoga erlernt hatte, gab dem einfachen Wesen göttliche Gestalt. So wurde der Fisch zu Matsyendra, dem ersten Yogalehrer.

Technik

Einatmen. Winkeln Sie das linke Bein unter den rechten Oberschenkel ein, und führen Sie die linke Ferse bis neben die rechte Hüfte. Setzen Sie sich nicht auf die Ferse! Das linke Knie überkreuzt das rechte Bein. Stellen Sie die rechte Fußsohle neben dem linken Oberschenkel auf den Boden, so daß die Außenseite des rechten Knöchels die Außenseite des linken Oberschenkels in der Nähe des linken Knies berührt (Abb. 8.26).

Abb. 8.26

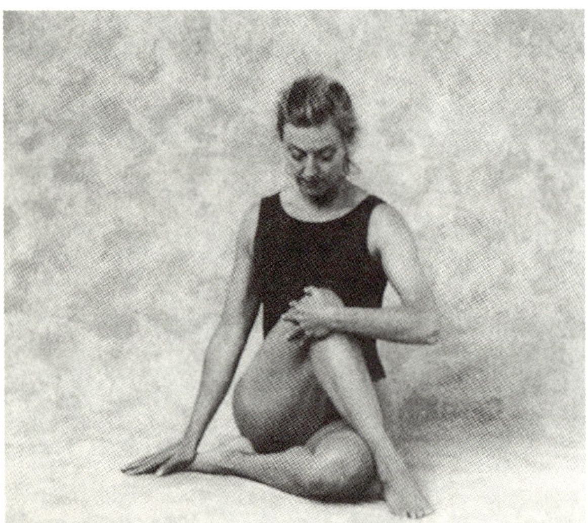

Abb. 8.27

Ausatmen. Drehen Sie sich nach rechts.
Einatmen. Legen Sie die Rückseite des linken Oberarms (den Trizeps) an die Außenseite des rechten Oberschenkels. Heben Sie die linke Achselhöhle an die Außenseite des rechten Oberschenkels. Die linke Achselhöhle sollte bündig und ohne Zwischenraum am rechten abgewinkelten Knie anliegen. Drehen Sie die Brust am Oberschenkel vorbei nach außen (Abb. 8.27).
Ausatmen. Strecken Sie die linke Hand aus, um den rechten Fuß zu umfassen, und legen Sie die Finger unter die Außenseite des rechten Fußes. Halten Sie den Arm gestreckt (Abb. 8.28). Drehen Sie die Innenseite des Ellbogens etwas einwärts, damit der Ellbogen nicht überdehnt wird.
Einatmen.
Ausatmen. Drehen Sie sich noch weiter nach rechts, und strecken Sie den rechten Arm hinter dem Rükken herum zur Taille. Versuchen Sie, den linken Oberschenkel mit den Fingern der rechten Hand zu berühren. Strecken Sie sich noch mehr, und umfassen Sie mit der rechten Hand die Innenseite des linken Oberschenkels. Schauen Sie über die rechte Schulter nach hinten (Abb. 8.29). Halten Sie das linke Knie niedergedrückt und beide Gesäßknochen am Boden.

Abwandlung: Das ist dieselbe Drehung wie in Marichyasana C am Ende des 5. Teils in der ersten Folge, Sie sollten also mit der Drehung vertraut sein. Sie versuchen, beide Seiten der Brust am hochgezogenen Oberschenkel vorbeizuziehen. Bemühen Sie sich, die Haltung so gut wie möglich durchzuführen, und beachten Sie die vorbereitenden Bewegungen in Abb. 8.27.

Bleiben Sie fünf Atemzüge lang in dieser Haltung (Abb. 8.27 oder 8.29).

Einatmen.
Ausatmen. Kommen Sie aus der Drehung heraus.
Einatmen. Legen Sie die Hände auf den Boden, stemmen Sie sich hoch.
Ausatmen. Springen Sie zurück.
Einatmen. Aufschauender Hund.
Ausatmen. Hinabschauender Hund.
Einatmen. Schwingen Sie sich nach vorne.

Wiederholen Sie die Übung auf der linken Seite.

Abb. 8.28

Abb. 8.29

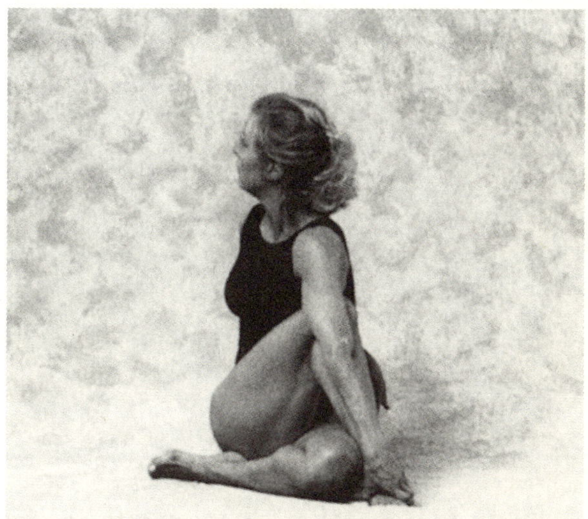

9 Geänderte Bein-Kopfhaltung: Eka-Pada-Shirshasana

Eka bedeutet eins, *pada* Bein oder Fuß, wie wir bereits aus zahlreichen früheren Haltungen wissen. *Shirsha* ist der Kopf. *Eka-Pada-Shirshasana* bedeutet also Bein-Kopf-Haltung.

Anmerkung: Nur ganz wenigen wird es gelingen, ihren Fuß hinter den Kopf zu legen, es sei denn, sie sind entweder sehr biegsam oder haben sehr lange Yoga geübt. Nicht einmal ich kann den Fuß ohne einen ausgesprochen erwärmten Körper und ohne Hilfe hinter den Kopf nehmen! Aber die hier angeführten Abwandlungen der Haltungen sind ganz ausgezeichnet für die Hüften. Wir wenden sie in unseren Kursen deshalb gerne an, weil sie sich zum Weiten der steifen Hüften von Sportlern ganz außerordentlich gut bewähren. So werden mit den nachfolgenden Abwandlungen Kniegelenkbeuger und Hüften noch dehnbarer, und die meisten sollten dies ausführen können.

Technik

Abwandlung:
Einatmen. Heben Sie das rechte Bein bis in Brusthöhe hoch. Legen Sie den rechten Arm unter das Wadenbein, und umfassen Sie den rechten Fuß mit der linken Hand.
Ausatmen. Ziehen Sie den Fuß gegen die Mitte der Brust, und atmen Sie ein paarmal (Abb. 8.30). Diese Dehnung wird vielen schon genügen. Wenn das auch bei Ihnen der Fall sein sollte, atmen Sie in dieser Haltung fünfmal ein und aus. Blicken Sie geradeaus.

Weiterführende Abwandlung für Fortgeschrittene:
Einatmen. Drücken Sie das Knie nach hinten.
Ausatmen. Heben Sie die Fußsohle wie einen Telefonhörer zum Ohr (Abb. 8.31). Versuchen Sie dabei, die Brust zu heben und die Rippen zu weiten. Atmen Sie fünfmal in dieser Haltung. Blicken Sie über die Nasenspitze hinaus. Wenn Sie das lange genug geübt haben und es etwas leichter geht, können Sie sich an die dritte Vorbereitungsstufe wagen, um den Fuß hinter den Kopf zu heben.

Abb. 8.30

Abb. 8.31

Fortgeschrittenste Abwandlung:
Einatmen. Heben Sie das rechte Bein hoch, und stellen Sie den rechten Oberarm vor die Rückseite des rechten Oberschenkels. Drücken Sie den Oberschenkel mit dem Arm nach hinten, und versuchen Sie, die Schulter vor die Wade zu bekommen.
Ausatmen. Strecken Sie das Bein, und greifen Sie mit dem linken Arm hinter dem Kopf nach dem rechten Fuß (Abb. 8.32). Blicken Sie über die Nasenspitze geradeaus.

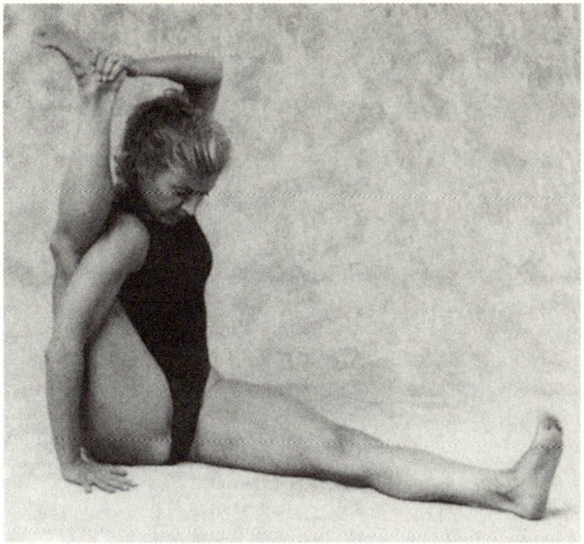
Abb. 8.32

Bleiben Sie fünf Atemzüge lang in dieser Haltung (Abb. 8.30, 8.31 oder 8.32).

Einatmen. Strecken Sie den Rücken, heben Sie die Brust so hoch wie möglich in die Dehnung hinein.
Ausatmen. Lösen Sie sich aus der Haltung, und legen Sie die Hände so auf den Boden, daß der rechte Ellbogen vor der Rückseite des rechten Oberschenkels bleibt. Wenn Sie eine der beiden fortgeschritteneren Übungen durchgeführt haben, sollte die Rückseite des rechten Oberschenkels immer noch oben und über der Rückseite des Oberarms liegen.

Abb. 8.33

Abb. 8.34

Versuchen Sie, das Bein so hoch wie möglich auf den Arm und die Schulter zu bekommen.
Einatmen. Heben Sie sich in dieser Stellung in die Hand-Arm-Haltung (Abb. 8.33). Schwingen Sie das rechte Bein über den rechten Arm nach hinten, winkeln Sie das linke Bein unter sich nach hinten ab (Abb. 8.34).
Ausatmen. Springen Sie nach hinten.

Anmerkung: Diese Bewegung sieht aus, als sei sie sehr schwierig, aber wenn Sie sie erst einmal beherrschen, macht sie richtig Spaß. Als sie mir das erste Mal gelang, ohne daß ich den Boden mit dem einen oder anderen Fuß berührte, fühlte ich mich einfach großartig.

Einatmen. Aufschauender Hund.
Ausatmen. Hinabschauender Hund.
Einatmen. Schwingen Sie sich nach vorne.

Wiederholen Sie die Übung auf der linken Seite.

10 Feuerfliegenhaltung: TITTIBHASANA

In Indien ist *Tittibha* eine Vogelart, aber auch ein der Feuerfliege ähnliches Insekt. Wie gut Ihnen diese Haltung gelingt, hängt von der Übung der beiden Schildkrötenhaltungen in der ersten Folge ab und von der gesamten Vorbereitung, die wir eben für das letzte Asana durchführten. Ich liebe diese Haltung. Als ich sie gerade erst lernte, glitten meine Beine jeweils ab, und ich kippte regelmäßig nach hinten. Damals mochte ich sie deshalb nicht. Wenn Sie die Hüften aber erst einmal so weit trainiert haben, daß Ihnen die Haltung gelingt, ist sie eine ausgezeichnete Stärkung und fühlt sich wunderbar an.

Technik

Einatmen. Springen Sie an die Außenseite der Arme, und heben Sie die Beine so hoch wie möglich auf die Rückseite der Arme; dann setzen Sie sich hin (Abb. 8.35).
Ausatmen. Stoßen Sie sich nach vorne ab, wobei Sie das Gewicht auf die Hände verlagern, und drücken

Abb. 8.35

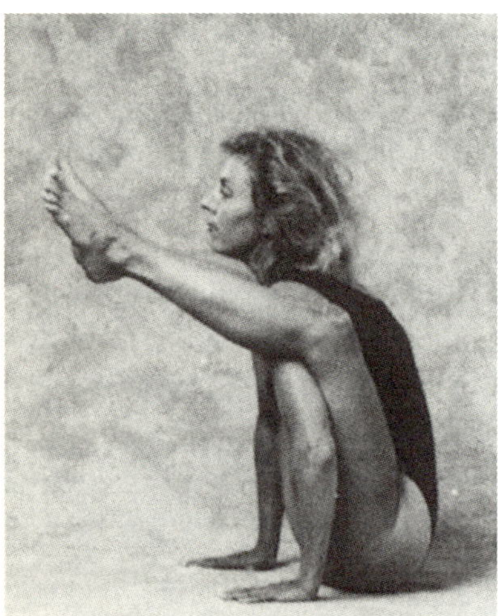

Abb. 8.36

Abb. 8.37

Abb. 8.38

Abb. 8.39

Sie sich in die Haltung hoch (Abb. 8.36). Versuchen Sie, Beine und Arme gestreckt zu halten und das Gesäß so hoch zu heben, daß die Beine parallel zum Boden sind. Der Blick ist nach oben gerichtet.

Anmerkung: Theoretisch springen Sie in einem Atemzug aus dem hinabschauenden Hund des letzten Vinyasa direkt in die Haltung. Da aber die meisten sich etwas abmühen müssen, um die Schultern unter die Knie zu bekommen (Abb. 8.37), wie wir es in der Schulterdruckhaltung in der ersten Folge geübt haben, atmen Sie so oft ein und aus, wie Sie brauchen, um sich auf das Hochheben vorzubereiten. Die erste Folge sollte Ihnen nun so vertraut sein, daß Sie wissen, wie Sie sich in die Haltung hineinarbeiten können.

Bleiben Sie fünf Atemzüge lang in dieser Haltung (Abb. 8.36).

Einatmen. Stemmen Sie sich hoch, und lehnen Sie sich nach vorne.
Ausatmen. Nehmen Sie zuerst ein Bein (Abb. 8.38), dann das andere zurück (Abb. 8.39) und springen Sie nach hinten.
Einatmen. Aufschauender Hund.
Ausatmen. Hinabschauender Hund.
Einatmen. Schwingen Sie sich nach vorne.

11 Pfauenfederhaltung: PINCHA-MAYURASANA

Wie die meisten Sanskritworte hat auch *pincha* mehrere Bedeutungen. Hier bezeichnet es eine Feder, aber es kann auch Kinn bedeuten. *Mayura* heißt Pfau. In dieser Haltung gleichen Beine und Rumpf, wenn sie in die Luft gehoben werden, der königlichen Bewegung des Pfaus, wenn er seine Schwanzfedern hebt und zum Rad ausbreitet.

Anmerkung: Auch diese Haltung mag ich sehr. In meinen Kursen macht sie den Teilnehmern immer großen Spaß, und offenbar lernen alle sie gerne. Ich glaube, daß jeder sich darin so stark fühlt, als habe er alles unter Kontrolle. Zuerst sehen die einen den anderen dabei zu und denken etwa: «O je, *das* werde ich wohl nie zustande bringen», und ein paar Wochen später können sie es auch. In all den Jahren habe ich gesehen, wie diese Haltung (und der Handstand) unweigerlich das Selbstbild der Menschen so verändert hat, daß sie sich nicht mehr schwach und ängstlich, sondern stark und vertrauensvoll fühlten. Diese für die psychischen und physischen Kräfte ausgezeichnete Haltung fördert Kraft und Mut.

Abb. 8.40

Abb. 8.41

Abb. 8.42

Technik

Vorbereitung: Ziehen Sie Ihre Matte an eine freie, stabile Wand. Knien Sie sich mit dem Gesicht zur Wand hin, und legen Sie die Unterarme parallel etwa schulterbreit auf die Matte, so daß die Fingerspitzen einige Zentimeter vor die Wand zu liegen kommen (Abb. 8.40). Strecken Sie die Beine, und bleiben Sie so (Abb. 8.41). Das ist wie der hinabschauende Hund, nur liegen die Unterarme hier auf dem Boden. Diese Haltung weitet verspannte Schultern, besonders, wenn Sie mit Hilfe eines Partners üben (Abb. 8.42).

Einatmen. Trippeln Sie auf die Ellbogen zu, so daß die Hüften über den Kopf gehoben werden.
Ausatmen. Schwingen Sie ein Bein in die Luft, um sich ins Gleichgewicht zu bringen (Abb. 8.43). Lassen Sie sich nicht zur Wand fallen. Heben Sie die Beine einige Male sorgfältig und kontrolliert, ohne die Wand zu berühren, bis Sie den Gleichgewichtspunkt gefunden haben (wenn es gar nicht klappt, können Sie doch die Wand berühren). Sie sollten so nahe an der Wand sein, daß die Beine nicht weit über den Kopf hinausreichen und der Rücken nicht übermäßig nach innen gewölbt wird, aber doch genügend weit weg, daß Sie den Gleichgewichtspunkt finden

Abb. 8.43

Abb. 8.44

können, ohne gegen die Wand zu stoßen und dann umzufallen. Wenn Sie die Wand zu Hilfe genommen haben, stoßen Sie die Füße so weit ab, daß Sie das Gleichgewicht halten können (Abb. 8.44). Blicken Sie so weit nach oben wie möglich.

Anmerkung: Steife Schultern sind in dieser Haltung ein Hindernis. Auch wenn Sie stark genug sind, um Ihr Gewicht zu tragen, so wird es Ihnen doch schwerfallen, sich in die Haltung zu heben und zu balancieren, wenn Sie Oberarme und Schultern nicht in einer geraden Linie ausrichten können. Die Schultern fallen sonst leicht ein, und Sie werden Schwierigkeiten haben, den Kopf nicht zu Boden sinken zu lassen. Am leichtesten ist das Gleichgewicht zu halten, wenn Sie den richtigen Schwerpunkt gefunden haben. Bei perfekter Ausführung (an der auch ich immer noch arbeite) sieht die Haltung so aus, daß der Rumpf eine Gerade mit den Füßen, Knien, Hüften, Schultern und Ellbogen bildet. Auf dem Foto sehen Sie, wie mein Kreuz sich etwas zu stark nach innen wölbt, weil meine Schultern zu eng sind. Ich muß immer noch daran arbeiten, mich aus den Schultern heraus aufzurichten und die Bandhas, besonders Uddiyana Bandha, ganz intensiv zu halten. Die auf Abb. 8.42 gezeigte Unterstützung ist außerordentlich hilfreich, um das Schultergelenk zu weiten.

Bleiben Sie fünf Atemzüge lang in dieser Haltung (Abb. 8.44).

Einatmen.
Ausatmen. Lösen Sie sich aus der Haltung, setzen Sie ein Bein nach dem anderen auf den Boden, und bringen Sie die Hände in die richtige Stellung für den Liegestütz.
Einatmen. Aufschauender Hund.
Ausatmen. Hinabschauender Hund.
Einatmen. Springen Sie in den Stand, und schauen Sie auf (wie in der 7. Haltung des Sonnengrußes A).
Ausatmen. Beugen Sie sich zusammen, bis die Nase die Knie berührt (wie in der 8. Haltung des Sonnengrußes A).
Einatmen. Richten Sie sich wieder auf, und nehmen Sie Samasthiti ein.

12 Der Handstand: URDHVA-MUKHA-VRIKSHASANA – freigestellt

Urdhva bedeutet aufwärts, *mukha* Gesicht, *vriksha* Baum. Im Yoga ist der «Baum mit aufwärtsgerichtetem Gesicht» also ein Handstand.
Wichtig: Ein Yogameister, der diese Haltung vollkommen beherrscht, nimmt sie direkt aus der nachfolgenden Haltung (Urdhva-Dhanurasana) heraus ein, indem er einfach die Beine aus der rückwärtsgebogenen Haltung nach oben schwingt wie ein Turner. Da dies aber wohl außerhalb unserer Möglichkeiten liegt, wenigstens für die meisten, lernt man diese Haltung gewöhnlich für sich, und am besten beginnt man an einer Wand.
Legen Sie eine rutschfeste Matte an eine freie Wand, oder üben Sie auf einem Holz- oder Teppichboden.
Es gibt drei verschiedene Möglichkeiten, den Handstand zu erlernen:

Erste (leichteste) Methode

Einatmen. Stellen Sie sich mit erhobenen Armen vor die Wand.
Ausatmen (ziemlich energisch). Legen Sie die Hände wenige Zentimeter vor der Wand entfernt in Schulterbreite auf den Boden. Schwingen Sie ein Bein nach oben, und lassen Sie das andere als Gegengewicht unten (Abb. 8.45); kommen Sie wieder zu Boden. Stellen Sie sich vor, Sie würden den Boden mit den Armen von sich wegstoßen. Das beansprucht die Trapezmuskeln (die trapezförmigen Rückenmuskeln) und hilft Ihnen, die Arme *gestreckt* zu halten.

Üben Sie diese Auf- und Abbewegung, so daß Sie jedesmal mit dem Schwungbein etwas höher kommen und langsam das zweite mitziehen. Lassen Sie sich jeweils auf ein Bein herunter. Und ganz wichtig: Führen Sie alles voll kontrolliert aus! Schwingen Sie das Bein nicht so in die Luft, daß Sie gegen die Wand stoßen. Bewegen Sie sich geschmeidig auf und ab. Fallen Sie weder vor die Wand noch auf den Boden.

Erfühlen Sie das Gewicht auf den Händen, jedes Mal ein wenig mehr. Richten Sie sich schließlich ganz auf, wobei Sie die Wand zu Hilfe nehmen, um das Gleichgewicht zu halten. Bleiben Sie so lange wie möglich in dieser Position. Schauen Sie auf den Boden zwischen den Händen. Sacken Sie nicht in sich zusammen.

Die meisten brauchen eine geraume Weile, bis sie sich mit dem Gedanken vertraut gemacht haben, sich in umgekehrter Stellung mit den Händen zu tragen und die damit verbundene Angst zu überwinden. Hierzu ist die Übung der Kranichhaltung eine große Hilfe.

Abb. 8.45

Abb. 8.46

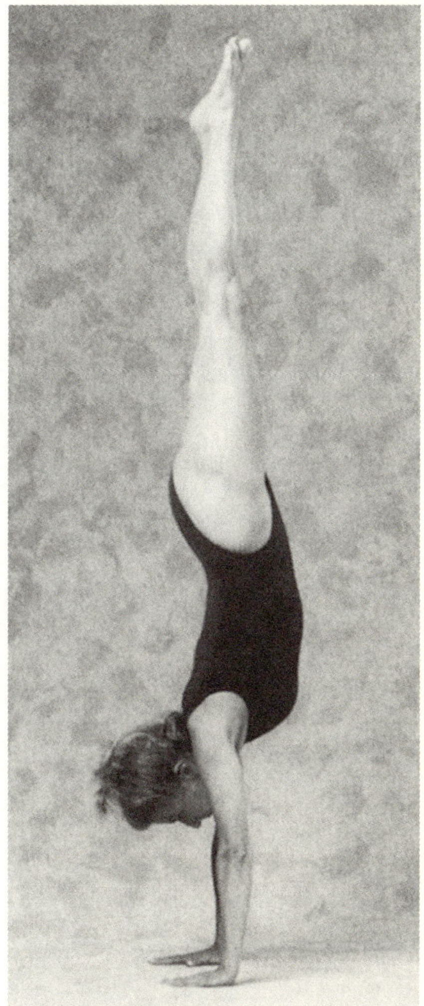

Abb. 8.47

Abb. 8.48

Abb. 8.49

Zweite (etwas schwierigere) Methode

Hierbei beginnen Sie mit den Händen auf dem Boden, anstatt sich den Schwung aus dem Stand zunutze zu machen. Das erfordert etwas mehr Kraft in der Bauchmuskulatur und etwas mehr Mühe und Konzentration.

Einatmen. Legen Sie die Hände in Schulterbreite einige Zentimeter von der Wand entfernt auf den Boden.
Ausatmen. Schwingen Sie mit einem Bein kontrolliert in den Handstand (Abb. 8.45). Balancieren Sie mit Hilfe der Wand. Bleiben Sie oben, solange Sie können. Blicken Sie auf einen Punkt am Boden, um das Gleichgewicht zu halten (Abb. 8.46). Lassen Sie sich ohne Hektik geschmeidig auf ein Bein herunter.

Dritte (schwierigste) Methode

Einatmen. Legen Sie die Hände in Schulterbreite auf den Boden.
Ausatmen. Beugen Sie die Knie, schwingen Sie sich nach oben (Abb. 8.47), und heben Sie die Hüften mit angewinkelten Knien über den Kopf (Abb. 8.48), um dann die Beine in den Handstand zu strecken (Abb. 8.49). Nötigenfalls üben Sie wieder an einer Wand. Atmen Sie immer länger in dieser Haltung. Blicken Sie auf den Boden zwischen den Händen, um das Gleichgewicht zu halten. Lassen Sie sich auf beide Füße herunter, und beugen Sie dabei die Knie, um weich aufzusetzen. Trainieren Sie die Trapezmuskeln, indem Sie gegen den Boden drükken; wenden Sie Kraft an, um sich aus den Schultern hochzuheben (Abb. 8.50). Führen Sie die Bandhas intensiv aus, um das Kreuz gestreckt zu halten.

Bleiben Sie so lange wie möglich in dieser Haltung (Abb. 8.46 oder 8.49).

Lassen Sie sich wieder auf die Matte herab, und legen Sie sich hin.

Abb. 8.50

13 Bogen-nach-oben-Haltung: URDHVA-DHANURASANA

Abb. 8.51

Viele werden schon am Schluß der ersten Folge begonnen haben, diese Haltung zu üben. Im 6. Teil ist sie als 20. Haltung mit verschiedenen Abwandlungen vollständig beschrieben. Wenn Sie sich die Anweisungen und Erklärungen dazu noch einmal vergegenwärtigen wollen, dann sehen Sie dort nach.

Technik

Einatmen. Stellen Sie die Füße im Liegen ans Gesäß, und legen Sie die Handflächen neben die Ohren.
Ausatmen. Stoßen Sie sich mit Armen und Beinen in die Haltung hoch. Die Füße sind parallel. Versuchen Sie Arme und Beine zu strecken. Achten Sie darauf, daß der Kopf entspannt herunterhängt. Heben Sie ihn nicht hoch. Blicken Sie auf den Boden (Abb. 8.51).

Bleiben Sie fünf Atemzüge lang in dieser Haltung (Abb. 8.51).

Einatmen.
Ausatmen. Lassen Sie sich absinken, und erholen Sie sich ein oder zwei Atemzüge lang.

Wiederholen Sie den Bogen nach oben noch zweimal, so daß Sie ihn insgesamt dreimal ausgeführt haben. Bleiben Sie jedesmal fünf Atemzüge lang in der Haltung, und versuchen Sie, sich bei jedem Mal höher zu heben.

Einatmen.
Ausatmen. Kommen Sie wieder auf den Boden herunter. Setzen Sie sich mit gestreckten Beinen auf, und machen Sie gleich mit der nächsten Haltung weiter.

14 Intensive Dehnung (volle Vorwärtsbeugung): Pashchimottanasana

Abb. 8.52

Technik

Einatmen. Umfassen Sie Zehen oder Füße mit den Händen, strecken Sie die Arme, schauen Sie auf. *Ausatmen.* Beugen Sie sich ganz nach vorne in die volle intensive Vorwärtsbeugung (Abb. 8.52). Bleiben Sie zehn Atemzüge lang in dieser Haltung.

Anmerkung: Führen Sie diese Übung *immer* nach dem Bogen nach oben und dem Handstand aus oder als Abschluß jeder anderen Haltung aus der zweiten Folge. Sie ist sowohl als erste Haltung im 5. Teil als auch am Ende des 6. Teils in allen Einzelheiten beschrieben. Die volle Vorwärtsbeugung ist eine Gegenhaltung zu allen intensiven Dehnungen nach hinten und gleicht sie aus. Außerdem bringt sie die Wirbelsäule wieder ins Lot.

Nach der zweiten Folge werden – wie nach denjenigen der ersten – die Asanas der *vollständigen Abschlußfolge* praktiziert. Wenn Sie ernsthaft üben und das Anfängerniveau überschritten haben, sollten Sie jedesmal die vollständige Abschlußfolge am Ende einer Übungseinheit durchführen. Die geänderten und gekürzten Abschlußfolgen sind nur für Anfänger und Menschen mit wenig Zeit gedacht.

Anhang

Hinweise bei Sportschäden

In diesem Anhang werden zwölf verschiedene Sportschäden sowie allgemeine Hüft-, Schulter-, Rücken- und Nackenbeschwerden behandelt:

1. Chondromalazie (Knorpelerweichung)
2. Maissiat-Streifen-Syndrom
3. Ischias und Musculus-piriformis-Syndrom
4. Kompartment-Syndrom (Tibialis-anterior-Syndrom)
5. Verletzungen der Kniegelenkbeuger
6. Entzündung der Achillessehne
7. Fasciitis plantaris (Fußsohlenfaszienentzündung)
8. Chronische Knöchelverstauchungen
9. Überlastungsbrüche (Streßfrakturen)
10. Hüftschmerzen und Schleimbeutelentzündung des großen Rollhügels (Trochanter) am Oberschenkelknochen
11. Schulterschmerzen und Verletzungen der Rotatorenmanschette
12. Sehnenentzündungen allgemein
13. Nacken- und Rückenschmerzen

Jede Verletzung wird genau beschrieben, so daß Sie beispielsweise unter *Chondromalazie* nachschlagen können, wenn Sie nicht wissen, was das ist. Außerdem habe ich mögliche Ursachen jeder einzelnen Verletzung aufgeführt und was man tun kann – sei es nun innerhalb der Yoga-Übung oder sonst –, um sie zu beheben.

Bei einem spezifischen Sportschaden interessiert es Sie sicher, was sich zur Abhilfe empfiehlt. Dieser Anhang ist daher zum Nachschlagen gedacht. Hier erfahren Sie Einzelheiten über den Zusammenhang zwischen einer bestimmten Verletzung und der Power-Yoga-Übung, die bisher noch nicht Erwähnung fanden. Wenn Sie regelmäßig üben, werden Sie das alles wahrscheinlich gar nicht brauchen. Über die Jahre habe ich alle aufgeführten Schäden unzählige Male bei Sportlern und Fitneßfreaks gesehen. Aber alle, die regelmäßig Yoga geübt und sich an die empfohlene Abfolge der Übungen gehalten haben, konnten die Schäden beheben und ihr Training wieder aufnehmen.

Verletzungen aus heiterem Himmel

Grundsätzlich gibt es beim Sport zwei Arten von Verletzungen. Die eine kommt aus heiterem Himmel. Dazu gehören Brüche, Quetschungen, Muskel-, Sehnen- und Bänderzerrungen, Verrenkungen (Luxationen), Verstauchungen und Prellungen. Allgemein sind das akute Verletzungen, etwa wenn Sie vom Rad stürzen oder den Arm beim

Skilaufen brechen. Gewöhnlich ist eine unverzügliche und meistens ärztliche Behandlung nötig, besonders wenn etwas gebrochen ist, blutet oder einer genauen Diagnose bedarf.
Auch der Yoga kann Sie nicht vor Unfällen schützen, außer dadurch, daß er Sie achtsamer macht. Mit Yoga werden Sie flexibler und beweglicher, so daß das Risiko einer schweren Verletzung bei einem Unfall tatsächlich geringer ist. Nach einem Unfall trägt Ihr Yoga überdies dazu bei, daß Sie Ihre Bewegungsfreiheit und normale Verfassung wiedergewinnen, daß die Muskeln gestärkt und Narbengewebe aufgelöst werden und daß ganz allgemein verletzte Körperteile schneller heilen.

Verletzungen durch chronisches Ungleichgewicht

Die andere Art von Schäden wird durch eine strukturelle Anomalie oder ein Ungleichgewicht im Körperbau hervorgerufen und geht auf frühere Verletzungen zurück, auf zu einseitiges Training, eine schlechte Haltung, Geburtsschäden oder den Lebensstil – auf diese chronischen Schäden habe ich mich das ganze Buch hindurch bezogen. Sie entstehen langsam, auch wenn der Schmerz sich manchmal ganz plötzlich einstellt. Wenn der Schmerz beispielsweise nach einem langen Lauf oder nach einem anstrengenden Ballspiel eintritt, empfehle ich in der Regel, die jeweilige sportliche Betätigung zu unterlassen und mehr Yoga zu üben. Wenn Anfänger plötzlich eine Verletzung haben, frage ich sie – wenn nichts geschwollen ist –, wie viele Yogastunden sie in der Woche nehmen können. Einen langjährigen Yogaschüler, der sich verletzt hat, frage ich zu allererst, wie regelmäßig er geübt hat.
Denken Sie daran, daß es einen Unterschied zwischen «schmerzhaft» und «geschwollen» gibt. Bei Schwellungen sollten Sie gar nichts tun – das heißt weder laufen *noch* Yoga üben, bis die Schwellung zurückgegangen ist. Eis hilft Entzündungen lindern. Wenn die Schwellung abgeklungen ist, was meistens wenige Tage später der Fall ist, können Sie ganz langsam mit Yoga beginnen und nach dem Üben 15 bis 20 Minuten lang Eis auflegen.
Ist der Schmerz ganz vergangen, können Sie wieder Sport treiben – Tennis, Fußball oder was auch immer. Allerdings sollten Sie nicht übertreiben, sondern langsam wieder beginnen: ein bißchen Volleyball spielen, um das Sportfeld laufen und ab und zu einen Ball kicken oder kurz joggen. Hören Sie sofort auf, wenn der Schmerz wiederkehrt. Nehmen Sie sich einige Wochen Zeit, um ganz allmählich wieder mehr Sport zu treiben. Meistens können Sie um so schneller wieder Sport treiben, je mehr Yoga Sie üben. Legen Sie danach immer Eis auf, bis Sie ganz geheilt sind. Wenn Sie am Meer oder in den Bergen wohnen, können Sie die Beine ins Meerwasser oder in einen kalten Bergbach halten – beides hat eine ausgezeichnete entzündungshemmende und therapeutische Wirkung.

1 Chondromalazie

Oft wird jede Art von Knieschmerzen fälschlich als *Chondromalazie* bezeichnet, aber eigentlich ist sie eine Anomalie der Kniescheibe, die von einer falschen Bewegung verursacht wird. Normalerweise gleitet die Kniescheibe in einer knorpelüberzogenen Furche des Oberschenkelknochens auf und ab, wenn das Knie sich beim Gehen oder Laufen streckt und beugt. Sie wird von den großen Streckmuskeln am Oberschenkel (Musculus quadriceps) sowie den äußeren (seitlichen) und inneren Bändern und Sehnen an Ort und Stelle gehalten. Bestimmte strukturelle oder biomechanische Unausgewogenheiten (oder alte akute Verletzungen) können die normale Bewegung der Kniescheibe beeinträchtigen.
Die häufigsten Ursachen einer chronischen Chondromalazie sind biomechanischer Art und auf Verspannungen oder eine Schwäche der Oberschenkelstrecker zurückzuführen. Insbesondere kann eine Schwäche des äußeren Schenkelmuskels (Vastus lateralis), des äußeren Haltebandes am Knie und des Maissiat-Streifens – eines dicken Faszienstreifens (Organ- oder Muskelhülle), der bei der Hüfte vom Oberschenkel seitlich bis zur Außenseite des Knies führt –, gepaart mit einer Schwäche des inneren Schenkelmuskels (Vastus medialis), die Ausrichtung der Kniescheibe verschieben, so daß diese beim

Kniebeugen leicht seitwärts (aus ihrer Furche hinaus) rutscht. Diese Fehlausrichtung führt dazu, daß die Kniescheibe auf ihrer knorpeligen Unterlage reibt, diese abschleift und mit der Zeit Schmerz erzeugt.

Die Symptome sind gewöhnlich Schmerzen um die Kniescheibe herum oder darunter, besonders auf der Knieinnenseite. Hügel hochlaufen, Treppensteigen oder in der Hocke im Garten arbeiten verschlimmern meistens die Schmerzen. Die Symptome verschwinden manchmal während des Laufens, nur um sich danach oder am nächsten Tag wieder einzustellen. Aber sie verschwinden nicht ganz. Das Knie fühlt sich nach dem Laufen oder Radfahren, ebenso nach langem Sitzen, etwas steif an; man hat dabei das Gefühl, als würde es «nachgeben».

Glücklicherweise gehört die Chondromalazie zu den Schäden, die am besten auf Power-Yoga ansprechen. Beinahe bei jedem grundlegenden Auslöser von Körperschäden, den ich erwähnte, habe ich auch *Verspannung* oder *Schwäche* gesagt. Wenn Sie zu einem Sportarzt gehen, um eine Verletzung zu diagnostizieren und zu behandeln, wird er als eine der ersten Maßnahmen die Stärkung der Streckmuskeln (Quadriceps) empfehlen, entweder mittels Gewichtheben mit gestreckten Beinen oder statischer Kontraktionen des Oberschenkelstreckers. Power-Yoga wirkt deshalb so schnell und gut bei Chondromalazie, weil in den Haltungen im Stehen die statischen Kontraktionen – zur *Stärkung* – des Quadriceps so stark betont werden.

Stärken allein genügt jedoch noch nicht, es ist nur die halbe Lösung. Wenn Sie nur üben, um die Oberschenkelstrecker zu stärken, wird dann das strukturelle Ungleichgewicht behoben? Natürlich nicht, die Streckmuskeln werden einfach angespannter. In der Einführung in die zweite Folge im 8. Teil haben wir begonnen, den Quadriceps zu dehnen. Dadurch entsteht ein Gleichgewicht zwischen Kraft und Flexibilität, die Kniescheiben bewegen sich wieder in ihrer ursprünglichen Bahn und nehmen ihre richtige Lage wieder ein.

2 Maissiat-Streifen-Syndrom

Der Maissiat-Streifen ist kein Muskel, sondern ein dicker Faszienstreifen (Muskelhülle) an der Außenseite des Schenkels, der von der Hüfte zur Seite des Knies verläuft. Er stabilisiert das Knie, wenn es sich beugt. Gewöhnlich gleitet die Faszie an der Knieaußenseite vorwärts und zurück, besonders an der Stelle, wo Schenkelknochen und Schienbein zusammentreffen. Jeder Druck oder Zug in dieser Gegend, wo der Maissiat-Streifen über den Knochen gleitet, kann zu Reibungen und daraus resultierenden Entzündungen oder Reizungen führen.

Am häufigsten kommt das Maissiat-Streifen-Syndrom bei Leuten mit hohen Fußgewölben, versteiften Füßen, O-Beinen, unterschiedlich langen Beinen oder einwärtsgedrehten (pronierenden) Füßen vor. Bei Ski- und Eisläufern, Sprintern und Radfahrern kann es auf Überbeanspruchung durch Schnelligkeitstraining, Kraftübungen an Steigungen oder seitlich abgenützte Schuhe zurückzuführen sein. Auch das Laufen auf Kreisbahnen verursacht das Syndrom. In Kursen und Privatstunden habe ich erlebt, daß das Maissiat-Streifen-Syndrom auch bei Basketball-, Tennis-, Badminton- und Squashspielern auftritt.

Wenn es sich bemerkbar macht, übergehen es die meisten. Wenn Sie aber nichts tun, wird es schlimmer. Auch hier wirkt sich Yoga sehr positiv aus. Die Haltungen im Stehen erfordern eine exakte Wahrnehmung des Gleichgewichts und der Ausrichtung der Füße. Die bewußte Verschiebung und Korrektur leichter struktureller Unausgewogenheiten der Füße kann ein entsprechendes Problem nahezu sofort rückgängig machen. Alle Haltungen im Stehen sind dafür gut und sollten sich positiv auf die Außenseite des Oberschenkels auswirken. In der 6. Haltung des 5. Teils, Marichyasana B, wird die Außenseite des Oberschenkels wohltuend gedehnt.

3 Ischias und das Musculus-piriformis-Syndrom

Der Ischiasnerv beginnt beiderseits der Lendenwirbel im Kreuz und zieht sich durch das Gesäß und die Rückseite der Beine bis zu den Füßen. Jede Art von Anspannung oder Druck irgendwo an diesem Nerv verursacht Ischias, ganz gleich, ob von einem Schlag beim Laufen, Druck von einem verspannten Muskelgewebe, Plattfüßen, hohen Fußgewölben, einem biomechanischen Ungleichgewicht oder einer schlecht ausgerichteten Wirbelsäule. Bei jeder Unregelmäßigkeit im Knochenbau der Beine werden die Stöße ständig wiederholter Bewegungen einer Sportart an die Kreuzgegend weitergeleitet, und der Ischiasnerv wird gereizt. Ischias beginnt als dumpfer Schmerz im Kreuz, Gesäß oder an der Rückseite der Oberschenkel. Bei fortgesetztem Training wird es schlimmer.

Der Ischiasnerv führt unter einem tiefliegenden Gesäßmuskel, dem birnenförmigen Musculus piriformis, vom Becken in den Oberschenkel. Der birnenförmige Muskel gehört zu den Hüft-Drehmuskeln (Rotatoren). Diese können sich besonders beim Laufen, aber auch beim Basketball- und Golfspielen oder in jeder anderen Sportart verspannen, bei der die Hüften ständig gedreht werden. Wenn sich der birnenförmige Muskel anspannt, drückt er auf den Ischiasnerv und verursacht so das Musculus-piriformis-Syndrom. Dieses ist oft die Ursache für Ischiasschmerzen und nicht leicht zu diagnostizieren.

Bei Ischias wirkt Power-Yoga wie ein Zaubertrank. Beinahe alles, was Sie tun sollten, um Ischias vorzubeugen oder zu behandeln, hat mit Stärken und Dehnen zu tun. Gewöhnlich lassen die Ischiasschmerzen bereits einige Wochen nach Beginn der regelmäßigen Yogaübung nach. Einige Haltungen haben eine wahrhaft wundersame Wirkung. Die Haltungen im Stehen sind insofern hilfreich, als hier mit der Dehnung und Weitung der Hüften begonnen wird, und außerdem werden Wirbelsäule und die Rückseite der Beine gestreckt. Die gebundene halbe Lotoshaltung ist sowohl im Stehen als auch im Sitzen sehr wohltuend. Alle vorwärtsgebeugten Haltungen im Sitzen sind eine außerordentliche Hilfe, weil sie Gesäß und Kreuz dehnen. Aber es ist wichtig, daß beim Vorwärtsbeugen auf Dehnung und Verlängerung der Wirbelsäule geachtet wird, wie wir im 4. Teil sahen. Unkorrektes Vorwärtsbeugen oder Dehnen verschlimmert den Ischias häufig, besonders wenn die Ursache dafür in der Wirbelsäule zu suchen ist, wie etwa im seltenen Fall einer Diskushernie (Bandscheibenvorfall).

Im Yoga gibt es eine besondere Haltung im Sitzen, die sehr nützlich ist, um Stauchungen zu lösen, die zu Ischias führen. Dabei werden der birnenförmige Muskel und die anderen seitlichen Rotatoren gedehnt. Wenn Ihr Ischias nun mit einer vom Training verspannten Muskulatur zusammenhängt, wird diese Übung Ihnen helfen.

Winkeln Sie das linke Bein im Sitzen unter den rechten Oberschenkel ein, so daß der linke Fuß neben der rechten Hüfte liegt. Sitzen Sie nicht auf dem Fuß. Überkreuzen Sie das linke Bein mit dem rechten, und führen Sie den rechten Fuß neben die linke Hüfte. Das eine Knie liegt schließlich auf dem anderen. Wenn Sie glauben, das würden Sie nie schaffen, ist das nur gut. Es bedeutet, daß es Ihnen nützen wird. Üben Sie dies täglich auf beiden Seiten, so oft und so lange Sie können. Wenn Sie ein Knie über das andere bringen, sollte der Ischias vergangen sein!

Da Ischias aus so einfachen Ursachen wie einer Muskelverspannung und so komplizierten wie einer Diskushernie entstehen kann, ist es wichtig, daß Sie einen Orthopäden oder Sportarzt zu Rate ziehen, bevor Sie mit dieser Übung beginnen, wenn Sie den Verdacht hegen, Sie könnten Ischias haben.

4 Kompartment-Syndrom (Tibialis-anterior-Syndrom)

Wenn jemand sagt, er leide an einem Kompartment-Syndrom, prüfe ich nach, ob die Waden angespannt sind. Grundsätzlich bezieht sich der Begriff auf zweierlei im Unterschenkel: Entweder treten die Schmerzen im vorderen Teil des Schienbeins auf oder hinten (innen). Beides wird gewöhnlich durch Wadenmuskelverspannung verursacht. Im ersten Fall werden die Gegenmuskeln der Waden an der

Vorderseite des Schienbeins einfach überbeansprucht; ihre Verbindung zum Knochen oder der Knochenmembran kann abreißen; im zweiten Fall werden die Waden derart angespannt, daß jeder Druck und jede strukturelle Unregelmäßigkeit zu einem Muskelabriß führen kann.

Beim vorderen Kompartment-Syndrom schmerzt gewöhnlich das Muskelgewebe entlang der vorderen (äußeren) Seite des Unterschenkels und ist in der Regel auf kleine Muskelrisse zurückzuführen. Die beiden Hauptmuskeln an der Vorderseite des Schienbeins, der «Tibialis anterior» (vorderer Schienbeinmuskel) und «Extensor digitorum longus» (der lange Zehenstreckmuskel), sind nicht so stark (oder angespannt) wie die Wadenmuskeln. Wenn Power-Yoga nicht hilft, die Waden zu dehnen und die Gegenmuskeln zu stärken, verursacht die Verkürzung und darauffolgende Verspannung der Wadenmuskeln schließlich winzige Risse oder Zerrungen beim vorderen Muskel, manchmal entlang der Außenkante des Schienbeins. (Wenn der Schmerz im Gewebe oder Muskel zu spüren ist, handelt es sich wahrscheinlich um das Kompartment-Syndrom. Wenn der Schmerz in den Knochen sitzt, ziehen Sie besser die Möglichkeit eines Überlastungsbruchs in Erwägung.)

Schmerzen im weichen Gewebe hinter dem Knochen an der Innenseite des Unterschenkels nennt man Tibialis-posterior-Syndrom. Der mitten in der Wade vertiefte Muskel heißt «Tibialis posterior». Er liegt direkt hinter Schien- und Wadenbein, beginnt am oberen rückwärtigen Ende des Schienbeins, führt das Bein hinunter, wird direkt über dem Knöchel zu einer Sehne, die sich um den Knöchel windet und unten in den Fuß übergeht. Im ganzen Bein ist er unter der Innenkante des Schienbeins mit diesem verbunden. Wenn er sich beim Laufen, Skifahren oder anderem anspannt, zieht er wie die anderen Wadenmuskeln an seinen Verbindungen mit dem Knochen, und kleine Risse oder Entzündungen entstehen.

Auch hier kann Yoga helfen. Legen Sie nach dem Üben Eis auf und, wenn möglich, danach noch ein- oder zweimal am Tag. Hören Sie auf, Sport zu treiben, bis die Schmerzen vergangen sind. Strecken und spannen Sie den Fuß täglich an – üben Sie den aufschauenden und den hinabschauenden Hund. Das streckt und stärkt die Muskeln auf beiden Seiten des Knochens. Je nachdem, wie schlimm es ist, lassen Schmerzen und Entzündung oft wenige Tage später schon nach, und Sie können an Sport denken. Unter den Haltungen im Stehen dehnen die Zehenhaltung (Padangushthasana), die Hand-Fuß-Haltung (Padahastasana), die gestreckte Dreieckshaltung (Utthita-Trikonasana), die umgekehrte Dreieckshaltung (Parivritta-Trikonasana) und alle intensiven seitlichen Dehnungen die Wadenmuskeln. Der hinabschauende Hund ist wahrscheinlich die beste Einzelhaltung, da sie die Rückseite der Unterschenkel dehnt und die Vorderseite stärkt. Bei allen vorwärtsgebeugten Haltungen im Sitzen, etwa der intensiven Dehnung (Pashchimottanasana), werden die Waden gedehnt und die Vorderseite der Ober- und Unterschenkel angespannt.

Bei neuen Schülern, die die Haltungen noch nicht so gut beherrschen, daß sie um deren beträchtlichen Nutzen wissen, erwähne ich die *Hocke*. Wenn Sie kein Power-Yoga machen können, wäre das nächstbeste die Hocke. Ich habe Stunden in der Hocke verbracht – an Bushaltestellen, in der Untergrundbahn, im Garten, nach einem Lauf, beim Kochen und zu jedem anderen möglichen Zeitpunkt –, um meine Waden und Achillessehnen zu strecken, die vom jahrelangen Tragen von Stöckelschuhen verkürzt waren.

Damit die Hocke nützt, ist zweierlei zu beachten: 1. Die Füße müssen parallel sein; die Zehen dürfen sich nicht nach außen drehen, sonst geht die Wirkung verloren, und 2. müssen Sie die Fußgewölbe heben und das Gewicht auf die Außenseite der Füße verlagern, wenn Ihre Füße sich nach innen senken (pronieren). Mit nach innen gesenkten Füßen unrichtig hocken behebt keinerlei Schäden. Die Knöchel müssen gehoben sein, denn dadurch wird der Tibialis anterior vorne am Schienbein gestärkt und der Druck vom Tibialis posterior hinter dem Schienbein (und Teil der Wade) genommen. Aber: Wenn Ihre Knie in der Hocke schmerzen, sollten Sie das nicht tun.

Noch etwas: Wenn Sie *regelmäßig* üben, werden Sie dieses Problem wahrscheinlich nie haben.

5 Verletzungen der Kniegelenkbeuger

Dies sind sehr unangenehme Verletzungen. Ich sage es nur sehr ungern, und die meisten wissen es wahrscheinlich schon. Bei dieser Diagnose müssen Sie eine geraume Weile aussetzen, und es dauert lange, bis es geheilt ist. Wenn es sich um einen ganz kleinen Riß handelt, dauert es manchmal nur wenige Monate. In anderen Fällen kann es zwei bis drei Jahre dauern. Weshalb es so lange dauert, weiß ich auch nicht. Vielleicht, weil es unmöglich ist, den Kniegelenkbeugern Ruhe zu gönnen. Wir brauchen sie ja ständig, um überhaupt gehen zu können. Verletzungen in diesem Bereich können von mikroskopisch kleinen bis zu ernsthaften Rissen der Muskelfasern reichen. Das ist wirklich nicht angenehm. Ich habe es 1963 erlebt, als ich einmal einen Spagat aus dem Sprung heraus machen wollte – ich glitt auf dem nassen Gras aus, und meine Beine wurden weiter auseinandergerissen, als die Kniegelenkbeuger zuließen, und ich hatte einen Muskelriß. Den plötzlichen, brennenden Schmerz auf der Rückseite der Oberschenkel kann sicher jeder nachvollziehen. Es tut sehr weh.

Bei den meisten Leuten, die einen Ausgleichssport treiben, etwa Langlauf, ist die Verletzung in der Regel ein winziger Riß, manchmal in der Nähe des Muskelansatzes am Gesäßknochen oder irgendwo am Muskelbauch. Wenn die Schmerzen langsam zunehmen, bedeutet das oft, daß die Kniegelenkbeuger einfach vom Laufen immer verspannter werden und regelmäßig gedehnt werden sollten.

Wenn der Schmerz plötzlich eintritt, handelt es sich wahrscheinlich um eine akute Belastung und einen klassischen Muskelriß, vermutlich von einem Schnelligkeitstraining oder Berglauf mit verspannten Muskeln. Schlimme Muskelrisse kommen häufiger bei Sprintern oder in Sprintsituationen vor – etwa beim Fußball, wo der Sportler plötzlich losrennt, in Windeseile eine kurze Strecke zurücklegt und dann abbremst. Bei Sprintern werden sowohl die Kniegelenkbeuger als auch die Oberschenkelstrecker (Quadriceps) vom Laufen verspannt. Wenn die kräftigen Streckmuskeln sich zusammenziehen und die Kniegelenkbeuger bei einem solchen Zug nicht genügend nachgeben, führt das leicht zu einer Verletzung.

Beinahe alle Haltungen im Stehen – die Haltungen der ersten Folge überhaupt – dehnen die Kniegelenkbeuger. Wenn Sie eine Kniegelenkbeugerverletzung oder -zerrung haben, müssen Sie regelmäßig und mit stark erwärmtem Körper üben. Haltungen wie der hinabschauende Hund, die intensive Dehnung oder die rückwärtsgebeugte liegende Zehenhaltung wirken auf die Rückseite der Beine. In den ersten Wochen kann das Dehnen (nicht der winzige Riß) möglicherweise noch etwas schmerzen, aber langsam werden Sie gelöster und gewöhnen sich an die Dehnung, bis Sie sich sogar auf sie freuen!

Wenn Sie einen frischen Muskelfaserriß haben, müssen Sie – nach den unabdingbaren ersten Ruhetagen mit Eiswickeln – anfangen, den Muskel zu dehnen, und zwar so sanft, daß der Heilungsprozeß nicht unterbrochen wird, aber dennoch genügend stark ist, daß entstehendes Narbengewebe den Muskel nicht noch mehr verkürzt. Der Schlüssel ist progressives Üben. Täglich dehnen Sie etwas mehr, je nachdem, welche Rückmeldung Ihnen der Muskel gibt. Mit fortschreitender Heilung können Sie intensiver dehnen. Das ist ein ausgezeichnetes Beispiel dafür, daß man getrost sagen kann, nichts sei so wirksam für verletzte Kniegelenkbeuger wie Power-Yoga, und das wegen der dabei entstehenden Wärme. Ohne Wärme wäre es geradezu gefährlich, einen verletzten Kniebeuger zu dehnen.

Gehen Sie regelmäßig zu einem guten Massagetherapeuten. Kneten, Streichen und Tiefenmassage tragen dazu bei, die Muskeln zu lockern und die Blutzirkulation zu fördern. Das ersetzt allerdings kein Yoga! (Weitere Ausführungen zur Massage auch im nachfolgenden Kapitel.)

6 Entzündung der Achillessehne

Die Achillessehne verbindet die Wadenmuskeln mit dem Fersenknochen. Eine Entzündung der Achillessehne – mit oder ohne Schwellung – ist sehr schmerzhaft und wird durch Mikrorisse der Sehne hervorgerufen. Eine solche Verletzung ist leicht zu vermeiden, aber viele verletzen sich, weil sie nicht wissen, wie man sich davor schützt. Achillessehnenverletzungen kommen vorwiegend bei Läufern vor, aber es kann auch Leichtathleten, Fußballspieler, Tennisspieler, Tänzer und beinahe alle treffen, die in ihrem Sport laufen. Sogar Kletterer können sie sich zuziehen, weil die Ferse beim Klettern tiefer liegt als die Zehen, die das Körpergewicht tragen. Auch leicht vermeidbare Fehler gefährden die Achillessehne: Einer ist beispielsweise das Berghochlaufen in Schuhen, die nicht nachgeben; aber auch beim Hinunterlaufen wird die Ferse mit dem ganzen Gewicht belastet, und die Achillessehne bekommt jeden Stoß ab. Ein anderer ist Dauerlauf auf ungeeignetem Untergrund. Joggen am Strand mag zwar reizvoll sein, aber für die Achillessehne ist es eine enorme Belastung. Der Fuß versinkt bei jedem Schritt im Sand, was nicht nur die Achillessehne übermäßig belastet, sondern auch die Fußsohlenfaszie (siehe dazu den nächsten Abschnitt).

Zweifellos sind verspannte Muskeln auf der Rückseite der Beine der gemeinhin verbreitetste Faktor, der zu einer Entzündung führt, insbesondere wenn man verkürzte Wadenmuskeln hat. Die Muskeln üben einen ständigen Zug auf die Sehne aus, was zu einer pausenlosen Dauerbelastung führt. Schließlich fängt die Achillessehne trotz ihrer Größe und Stärke an zu reißen.

Der Schmerz beginnt damit, daß man die Sehne immer öfter spürt, dann tut es etwas weh und wird schließlich richtig schmerzhaft. Während des Laufens vergeht der Schmerz, wenn die Sehne erwärmt wird, aber beim Abkühlen kehrt auch der Schmerz wieder zurück. Jedesmal, wenn Sie den Fuß heben, um eine Stufe hochzusteigen, ziehen Sie ihn nach oben. Die Achillessehne sollte in dieser Stellung entspannt sein und genügend Spiel von den Wadenmuskeln bekommen, daß sie sich ganz strekken und die Beugung des Fußrückens zulassen kann. Wenn der Wadenmuskel aber steif ist, muß sich die Sehne gegen einen Widerstand dehnen. Kraft und Biegsamkeit sollten in einander entgegengesetzten und zusammenarbeitenden Muskeln gleich groß sein, sonst geht etwas schief.

In beinahe allen Haltungen der ersten Folge geht es um die Dehnung der Rückseite des Körpers. Üben Sie so viel und so oft Yoga, wie Sie können. Bei einer Schwellung oder einem kleinen Buckel auf der Achillessehne haben Sie höchstwahrscheinlich eine ernstzunehmende chronische Entzündung. Hören Sie auf, Sport zu treiben. Legen Sie Eis auf (eine Viertelstunde bis zwanzig Minuten dreimal täglich), bis die Schwellung vorbei ist. Drehen Sie den Knöchel immer wieder hin und her, und fangen Sie mit dem leichten Sonnengruß an. Damit beginnen die Dorsal- und Plantarflexionen (das Fußhochziehen und Strecken des Fußes und der Zehen). Üben Sie progressiv. Wenn die Achillessehne bei Berührung nicht mehr schmerzt, können Sie ganz langsam wieder anfangen zu trainieren. Gehen Sie schleunigst zu einem Massagetherapeuten, und lassen Sie sich Tiefenmassagen, transversale Reibungsmassagen sowie Knet- und Streichmassagen geben. Er sollte stets mit leichtem Streichen beginnen, um den Widerstand gegen die tiefergehende Arbeit zu vermindern. Sie brauchen zwar diese tiefere Massage, aber sie sollte nicht so intensiv sein, daß dabei Quetschungen entstehen. Allerdings ist es sicherlich auch nicht immer nur angenehm. Die Rückseiten der Beine zu bearbeiten, verschafft der Achillessehne sofortige Erleichterung. Um mit Ida Rolf zu sprechen, der meisterhaften Körpertherapeutin und Begründerin des Rolfing: «Arbeiten Sie dort, wo es nicht weh tut.» Wenn Ihre Sehne immer noch stark entzündet ist, kann und wird Ihr Masseur wahrscheinlich nicht direkt am verletzten oder gerissenen Gewebe arbeiten, sondern darum herum. Sobald der Schmerz nachgelassen hat, wird er mit der transversalen Reibungsmassage beginnen, um entstehendes Narbengewebe aufzulösen und die Blutzirkulation anzuregen. Massage hilft. Sie ist kein Ersatz für Yoga, aber eine ausgezeichnete Zusatztherapie.

Dann sollten Sie auch Ihre Trainingsschuhe unter die Lupe nehmen. Wenn der Absatz keine Stütze mehr ist oder die Schuhe eher aussehen wie Pantoffeln, dann kaufen Sie sich neue. Fersenpolster in den Turnschuhen sind am Anfang eine Hilfe, weil durch das Anheben der Ferse der Abstand verringert wird, den die Sehne bei der Dehnung zurücklegt. Das fördert die Heilung. Im Prinzip aber sollten Einlagen seltener und seltener verwendet, mehr und mehr dagegen die Sehnen und Muskeln mit Yoga gedehnt werden.

7 Fasciitis plantaris (Plantarfaszienentzündung)

Die Plantarfaszie führt an der Fußsohle von der Zehenbasis bis zum Fersenknochen. Bei einer Entzündung dieses fibrösen Bandes – manchmal Fersenspornsyndrom genannt – haben Sie Schmerzen unter dem Fußgewölbe oder in der Fersengegend, die bis in die Mitte der Sehne ausstrahlen. Die Entzündung wird von winzig kleinen Rissen an der Ansatzstelle der Sehne am Fersenbein (Calcaneus) oder entlang des seilähnlichen Sehnenstrangs unter dem Fußgewölbe verursacht. Ein Fersensporn entsteht manchmal beim Sehnenansatz am Fersenbein. Das tut im allgemeinen äußerst weh, und von jeder Sportart, bei der man laufen muß, ist unbedingt abzusehen.

Eine Faszienentzündung ist der Entzündung der Achillessehne insofern ähnlich, als auch hier eine Überbeanspruchung die Ursache darstellt: Plattfüße, hohe Fußgewölbe oder übermäßiges Pronieren (Einwärtsdrehen) des Fußes; in allen Fällen wird die Plantarfaszie auf dieselbe Weise beansprucht wie die Achillessehne.

Verspannte Waden beeinflussen die Plantarfaszie weniger, weil der Fersenknochen zwischen der Sehne und den verkürzten Muskeln an der Rückseite der Beine sie schützt. Hingegen kann eine Verspannung der Kniegelenkbeuger und Wadenmuskeln die Bewegungsfreiheit des Knöchels einschränken, wodurch ein Ungleichgewicht zwischen dem Strecken und Anziehen des Fußes entsteht. Das kann zu Belastung, Rissen und einer Entzündung der Plantarfaszie führen.

Wie bei der Achillessehne macht sich auch diese Sehnenentzündung langsam bemerkbar und braucht ebenfalls geraume Zeit, um zu heilen. Ferseneinlagen, die die Ferse polstern, und eine Polsterung am Sehnenansatz können wohl etwas helfen. Aber nichts ersetzt die Ruhe und die Unterbrechung der sportlichen Betätigung. Denken Sie daran: Ruhe, Eiswickel und Yoga machen Sie schneller wieder fit als irgend etwas anderes, und das möglicherweise schon in einigen Tagen. Eine transversale Reibungsmassage der Sehne – nicht unbedingt an der schmerzhaften Stelle, aber darum herum – vermindert den Zug auf die Sehne und verbessert die Blutzirkulation, so daß die Heilung schneller eintritt. Massage der Knöchel und Beine löst Verspannungen ebenfalls, erhöht die Bewegungsfreiheit und vermindert dadurch indirekt die Belastung der betroffenen Stelle. Vergessen Sie nicht, daß Ihre Füße eine gute Gewölbestütze brauchen. Abgelaufene Schuhe gehören in den Müll! Treiben Sie einen anderen Sport, der Ihre Füße nicht belastet, beispielsweise Schwimmen.

8 Chronische Knöchelverstauchungen

Wenn sich jemand ständig die Knöchel verstaucht, dann deshalb, weil er schwache oder steife Knöchel hat (möglicherweise von einer früheren Verletzung her) oder weil ein biomechanisches Ungleichgewicht der Füße vorliegt, wie etwa Plattfüße, steife Füße mit hohen Fußgewölben oder übermäßig pronierende (einwärtsgedrehte) Füße. Sie können ein plötzliches Umknicken beim Fußballspielen oder Querfeldeinlaufen nicht immer vermeiden, aber Sie können Kraft und Biegsamkeit fördern, um die Folgen zu mindern.

Hier gilt derselbe Rat wie für die meisten anderen Verletzungen: Trainingspause, bis Schwellungen und Schmerzen völlig vergangen sind. Fangen Sie sofort mit Eiswickeln an. Machen Sie einfache Drehübungen mit dem Knöchel, wenn die Schwellung abgeklungen ist. Fangen Sie nach einigen Tagen wieder mit dem Sonnengruß an. Steigern Sie die Yogaübung ganz langsam. Stellen Sie den Fuß nicht länger still, als zum Abklingen der Schwellung nötig ist. Heilung durch Bewegung ist bei Verstauchungen oder Zerrungen immer das beste.

Mit dem Sonnengruß werden Füße und Knöchel sachte gedehnt und gestärkt. Die Haltungen im Stehen stärken die Knöchel ebenfalls und fördern mit dem besonderen Augenmerk auf die richtige Stellung der Füße die Wahrnehmung eines etwaigen strukturellen Ungleichgewichts. In den Haltungen im Sitzen werden die Füße nach allen Seiten hin bewegt. Die Übung stärkt somit die Knöchel und vermindert Steifheit.

9 Überlastungsbrüche

Überlastungsbrüche (auch Streßfrakturen genannt) sind die häufigsten Knochenverletzungen im Hochleistungssport und lassen sich in der Regel auf unglückliche Sprünge oder plötzliche Stöße zurückführen, zum Beispiel beim Laufen, Skateboardfahren oder Windsurfen. Dabei können winzige Risse in einem Knochen entstehen. Offensichtlich hat ein Läufer ein höheres Überlastungsbruchrisiko als ein Skateboardfahrer. Aber solche Brüche kommen auch häufig beim Fuß- und Basketball vor und etwas weniger oft beim Baseball. Ein Überlastungsbruch kann im Kreuzgelenk, den Unterschenkelknochen, den Mittelfußknochen, einem Lendenwirbel oder in der Schamfuge, wo die beiden Hüftknochen zusammenkommen, auftreten. Am häufigsten sind Verletzungen in den Füßen und Unterschenkelknochen.

Überlastungsbrüche sind schwer zu diagnostizieren, weil sie auf Röntgenbildern erst etwa drei bis vier Wochen nach Einsetzen der Symptome erkennbar werden. Die Behandlung besteht im völligen Unterlassen jeglichen Laufens und jeglicher Erschütterung. Um dennoch fit zu bleiben, können Sie schwimmen, radfahren oder wassertreten, bis der Bruch ausgeheilt ist.

Yoga lindert die Schmerzen auch nicht sofort. Hingegen können Fehlhaltungen des Körpers nach und nach begradigt werden, was die Art verändert, wie Sie beispielsweise beim Laufen oder einem Sprung auf der Fußsohle aufsetzen. Der Aufprall findet an einer anderen Stelle statt, die Bruchstelle kann heilen, und einer künftigen Verletzung wird ebenfalls vorgebeugt.

10 Hüftschmerzen und Schleimbeutelentzündung des großen Rollhügels (Trochanter) am Oberschenkelknochen

Wenn ein Sportler über Hüftschmerzen klagt, muß man wissen, daß damit ein weiteres Spektrum von Verletzungen gemeint sein kann. Schmerzen tatsächlich die Hüften, oder ist es das Gesäß oder Kreuz? Bei seitlichen Hüftschmerzen kann es sich um die Zerrung eines Abduktoren (Muskel, der zur Beinspreizung dient) handeln, insbesondere etwa des mittleren Gesäßmuskels (Gluteus medius). In diesen Fällen sollten die Haltungen im Stehen und gedrehten Haltungen im Sitzen Linderung verschaffen. Die Schulterdruckhaltung (Bhujapidasana) im 6. Teil ist eine ausgezeichnete Dehnung für die abziehenden Schenkelmuskeln. Dadurch werden die großen Schenkelanzieher (Adduktoren) gestärkt und die Abzieher (Abduktoren) gestreckt.

Seitliche Hüftschmerzen können auch von einer Schleimbeutelentzündung des Rollhügels (Trochanter) herrühren, dem knaufähnlichen oberen Ende des Oberschenkelknochens. Das kommt öfter vor, als man denkt.

Als ich 1971 einige Wochen lang auf Betonplätzen Tennis spielte, bekam ich plötzlich eine akute Schleimbeutelentzündung des Trochanter. Damals übte ich nicht regelmäßig Yoga, und die Schmerzen waren auf dem Höhepunkt der Entzündung so schlimm, daß ich zu Boden fiel, als ich eines Morgens aufstehen wollte. Nach eingehenden Röntgenuntersuchungen der Wirbelsäule und Hüften, bei denen alles in Ordnung war, wurde eine Schleimbeutelentzündung diagnostiziert. Ich hörte mit dem Tennisspielen auf, und nach einem Monat waren die Schmerzen verschwunden. Sie traten zehn Jahre später noch einmal auf, nachdem ich im Sommer viel in den Bergen gewandert war. Außerdem hatte ich in jenem Jahr an einem Marathonlauf teilgenommen. Eines Tages fing meine Hüfte beim Jogging an zu schmerzen. Ich spürte sie in den folgenden Wochen beim Laufen jedesmal. Damals wußte ich noch nichts von Eiswickeln, aber von Yoga. Ich übte also mehr Yoga, lief weniger Kilometer, und schließlich verschwand die Schleimbeutelentzündung wieder. Sämtliche Haltungen, die die Hüfte seitlich dehnen, besonders die gestreckte Dreieckshaltung (Utthita-Trikonasana) und die umgekehrte Dreieckshaltung (Parivritta-Trikonasana), verschafften mir eine wunderbare Erleichterung.

Eis lindert gewöhnlich die Entzündung. Die Schleimbeutel können durch eine Vielzahl struktureller Unregelmäßigkeiten gereizt werden, etwa ungleich lange Beine, unregelmäßiges Laufen oder Laufen in der Stadt, wo man ständig vom Gehsteig hinunter und wieder hinaufspringen muß. Wenn also ein biomechanisches Ungleichgewicht die Ursache der Entzündung ist, korrigiert die Yogaübung mit der Zeit das Ungleichgewicht, und damit verschwindet die Entzündungsursache.

11 Schulterschmerzen und Verletzungen der Rotatorenmanschette

Schmerzen im Schultergelenk können – ähnlich wie Schmerzen im Hüftgelenk – vielerlei Ursachen haben. Die häufigsten sind wohl Risse oder Zerrungen in einem der vier Muskeln der Rotatorenmanschette, die das Gelenk drehen (rotieren). Power-Yoga ist ganz ausgezeichnet für die Wiederherstellung der Bewegungsfreiheit im Schultergürtel und die Heilung entsprechender Verletzungen. Haltungen wie der hinabschauende Hund, die gestreckte seitliche Winkelhaltung (Utthita-Parshvakonasana), die gestreckte Beinhaltung C (Uttana-Padasana C), die intensive seitliche Dehnung (Parshvottanasana) und Marichyasana A–C wirken Wunder im Schulterbereich.
Von Clifford Sweatte, der einer der ersten war, die sich in den Vereinigten Staaten mit Ashtanga-Yoga beschäftigten, stammt folgende unglaubliche Geschichte von einem Radunfall, die sehr anschaulich illustriert, wie außerordentlich wirksam diese Yogaform ist: «Ich hatte eine Naht am Kopf, eine Mikrofraktur im Schulterblatt und eine verletzte Rotatorenmanschette an der Schulter, die den Ärzten zufolge nur operativ wiederhergestellt werden konnte. Drei Wochen später kam Sri K. Pattabhi Jois aus Indien und wollte wissen, warum ich beim Sonnengruß meinen linken Arm nicht heben konnte. Vier Wochen später – nachdem ich täglich zwei Stunden lang Yoga geübt hatte – schwamm ich in Kona in Hawaii drei Kilometer über die Kealakekua Bay und übte beim Yoga die fortgeschrittene Folge. Ja, Yoga ist eine großartige Therapie! Die Ärzte konnten es kaum glauben.»

12 Sehnenentzündungen allgemein

Als ich dieses Buch auf meinem Laptop schrieb, bekam ich erst Sehnenentzündung, und danach tauchten die ersten Anzeichen des Karpaltunnelsyndroms auf (bei dem die Finger aufgrund einer Stauchung des Nervus medianus zu kribbeln beginnen). Beide Handgelenke waren betroffen, aber das rechte ganz besonders heftig. Sie schmerzten so, daß ich nachts oft davon wach wurde. Wenn ich nicht gerade schrieb, saß ich da und hielt mein rechtes Handgelenk mit der linken Hand, oder die Hand lag in einer behelfsmäßigen Schlinge. Im Sommer 1992 wurde es besonders schlimm, als ich sehr viel schrieb und redigierte und stundenlang nur den rechten Zeigefinger betätigte, um den Text auf dem Computerbildschirm vor- und zurückzublättern.
Da hörte ich mit dem Schreiben auf und bediente den Computer nur noch mit der linken Hand. Ich machte täglich Eiswickel für die Handgelenke und übte Yoga. Nach etwa drei Wochen verschwanden die Schmerzen. Sie kamen auch nie wieder – allerdings habe ich auch nie mehr so lange am Stück geschrieben wie damals.
Ruhe, Eiswickel und Yoga – das ist das Grundrezept für beinahe alle Verletzungen, und Sehnenentzündungen sind keine Ausnahme. Eine Bänderzerrung ist genaugenommen zwar keine Sehnenentzündung, aber da sie im allgemeinen gleich behandelt wird, können wir sie hier mit aufnehmen. Wenn Sie Power-Yoga üben, achten Sie auf die korrekte Ausrichtung, besonders beim Liegestütz im Sonnengruß. Wird er falsch ausgeführt, können eine Unausgewogenheit im Schulterbereich oder eine Schulterentzündung schlimmer werden. Obwohl man beim Sonnengruß das Gefühl hat, die Handgelenke würden stark belastet, so führt diese Yogaform schließlich dazu, daß sie gestärkt und widerstandsfähiger gegen Belastungen und Zerrungen werden. Ich hatte jahrelang einen Schüler, der Aikido betrieb. Er kam immer wieder mit Verletzungen des Handgelenks vom Aikidotraining und übte dann einige Wochen lang Yoga, um die Handgelenke wieder fit zu machen.
Ellbogen- und Unterarmverletzungen oder -schmerzen tauchen oft in Sportarten auf, wo Bälle geschlagen oder geworfen werden – etwa beim Baseball,

Volleyball, Basketball, Tennis, Badminton und Squash. Beim Langlaufen kommen sie von einer Überbelastung beim Abstoßen mit den Stöcken. Im allgemeinen passieren solche Verletzungen aus völlig harmlosen Gründen – einfach weil die Muskeln, Sehnen und Bänder einer größeren Belastung ausgesetzt sind, als sie aushalten können.
Stellen Sie sich vor, wie stark der Zug auf die Extensoren (Wurfmuskeln), die Sehnenansätze und Bänder beispielsweise beim ständig wiederholten Werfen eines Handballs ist, besonders wenn Muskeln und Bindegewebe vom Trainieren völlig verspannt sind, was beinahe immer der Fall ist. Yoga hilft auch hier.

13 Nacken- und Rückenschmerzen

Sehr häufig beginnen Leute mit Yoga, um Rücken- oder Nackenschmerzen loszuwerden. Die Schmerzen können irgendwo am Rücken auftreten, vom Nacken zum Kreuz oder dazwischen, und von Verletzungen, Überbelastung bis zu degenerativen Prozessen der Wirbelsäule reichen. Ich erinnere mich, wie ich eines Abends zusah, wie sechzig Anfänger zum ersten Mal den hinabschauenden Hund auszuführen versuchten. Gerade an dem Abend war ich mit dem Schreiben dieses Kapitels über Verletzungen beschäftigt und dachte über Rückenbeschwerden nach. Nun hatte ich reihenweise verkrümmte, unausgewogene, schlecht ausgerichtete, verletzte, überbelastete, übertrainierte und sonstwie geschädigte Rücken vor mir. Man sieht so selten jemanden mit einer vollkommenen Haltung und geraden Wirbelsäule, daß es eigentlich erstaunlich ist, daß nicht alle Yoga machen, nur um den Körper gerade auszurichten.
Über dieses Thema sind schon Tausende von Büchern und Artikeln erschienen; es ist einfach zu weitläufig, um hier behandelt zu werden. In meinen Kursen empfehle ich jeweils Privatstunden und Beratungen für Teilnehmer mit Rücken- und Nackenschmerzen oder Wirbelsäulenverletzungen, bevor sie in der Gruppe weitermachen. Das gibt sowohl ihnen wie mir die Sicherheit, daß wir das Problem genau kennen und wissen, wie einzelne Haltungen abgeändert werden müssen, um ihrem jeweiligen Bedürfnis Rechnung zu tragen.
Immer wieder habe ich in diesem Buch das Wie und Warum der Übung erläutert. Beraten Sie sich mit Ihrem Arzt. Beschaffen Sie sich so viele Informationen wie möglich. Lernen Sie dazu. Und üben Sie dann Power-Yoga – Ihr Leben lang! Sie werden sehen, es wirkt!

Grundsätze des Power-Yoga

1. Um sich zu dehnen, muß der Körper erwärmt sein.

2. Kraft, nicht Schwerkraft, fördert die Biegsamkeit.

3. Sport bringt den Körper nicht in die richtige Form.

4. Alle Sportverletzungen entstehen durch Fehlhaltungen und einseitige Muskeltätigkeit.

5. Muskuläre Unausgewogenheit und Fehlhaltungen verschwinden nicht von selbst.

6. Hartes wird weich, wenn man es erwärmt.

7. Ein Trainingsstopp allein behebt noch kein Ungleichgewicht.

8. Auch ein durchtrainierter Körper muß neue Übungen langsam erlernen.

9. Dehnen und Aufwärmen sind nicht dasselbe.

Bibliographie

Arya, Pandit Usharbudh, D. Litt., *Philosophy of Hatha Yoga.* Honesdale, Pa., Himalayan International Institute of Yoga, Science and Philosophy of the USA, 1985

Bailey, Alice, *Initiation.* Menschliche und Solare Einweihung. Genf, Lucis Trust, 4. Auf. 1988

Chopra, Deepak, *Die heilende Kraft: Ayurveda, das altindische Wissen vom Leben, und die modernen Naturwissenschaften.* Bergisch-Gladbach, Lübbe, 1990

Feuerstein, George, *Encyclopedic Dictionary of Yoga.* Paragon House, 1990.

Iyengar, B.K.S., *Licht auf Yoga.* Bern, München, Wien, O. W. Barth, 1993

Iyengar, B.K.S., *Der Urquell des Yoga.* Bern, München, Wien, O. W. Barth, 1995

Kabat-Zinn, Jon, *Gesund durch Meditation.* Bern, München, Wien, O. W. Barth, 1994

Krishna, Gopi, *Kundalini. Erweckung der geistigen Kraft im Menschen.* Bern, München, Wien, O. W. Barth, Neuausg. 1983

Luk, Charles (Lu K'uan Yu), *Taoist Yoga: The Alchemy of Immortality.* York Beach, Me., Samuel Weiser 1970

Mishra, Rammurti, S., M. D., *Fundamentals of Yoga: A Handbook of Theory, Practice, and Application.* New York, Harmony Books, 1987

Motoyama, Hiroshi, *Theories of The Chakra: Bridge to Higher Consciousness.* Wheaton, III., Theosophical Publishing House/Quest Books, 1981

Nikhilananda, Swami (Hrsg. und Biographie), *Vivekananda. The Yogas and Other Works.* New York, Vivekananda Center, 1953

Ornish, Dean, *Revolution in der Herztherapie.* Stuttgart, Kreuz, 3. Aufl. 1993

Rieker, Hans-Ulrich, *The Yoga of Light: Hatha Yoga Pradipika, India's Classical Handbook* (Kommentar). London, Unwin Hyman Limited, 1989

Strauss, Richard, ed., *Sports Medicine.* Philadelphia, W. B. Saunders, 1984

Thich Nhat Hanh, *Das Wunder der Achtsamkeit.* Zürich, München, Berlin, Theseus, 5. Aufl. 1995

Register